HOW **PHILOSOPHY** WORKS

"万物的运转"百科丛书
精品书目

 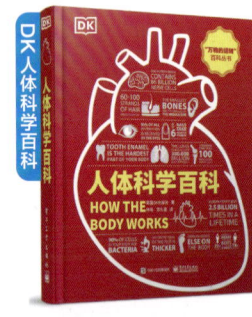  

   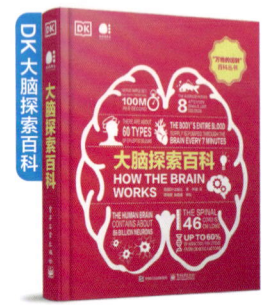

更多精品图书陆续出版,
敬请期待!

"万物的运转"百科丛书

哲学思想百科
HOW PHILOSOPHY WORKS

英国DK出版社 著

李锦程 译

电子工业出版社
Publishing House of Electronics Industry
北京·BEIJING

Original Title: How Philosophy Works
Copyright © 2019 Dorling Kindersley Limited
A Penguin Random House Company

本书中文简体版专有出版权由Dorling Kindersley Limited授予电子工业出版社。未经许可,不得以任何方式复制或抄袭本书的任何部分。

版权贸易合同登记号　图字：01-2020-6110

图书在版编目（CIP）数据

哲学思想百科 / 英国DK出版社著；李锦程译. —北京：电子工业出版社，2021.8
（"万物的运转"百科丛书）
书名原文：How Philosophy Works
ISBN 978-7-121-41303-2

Ⅰ.①哲… Ⅱ.①英… ②李… Ⅲ.①哲学思想—通俗读物 Ⅳ.①B1-49

中国版本图书馆CIP数据核字（2021）第105926号

责任编辑：郭景瑶
印　　刷：鸿博昊天科技有限公司
装　　订：鸿博昊天科技有限公司
出版发行：电子工业出版社
　　　　　北京市海淀区万寿路173信箱　邮编：100036
开　　本：850×1168　1/16　印张：16　字数：512千字
版　　次：2021年8月第1版
印　　次：2024年9月第2次印刷
定　　价：128.00元

凡所购买电子工业出版社图书有缺损问题，请向购买书店调换。若书店售缺，请与本社发行部联系，联系及邮购电话：（010）88254888，88258888。
质量投诉请发邮件至zlts@phei.com.cn，盗版侵权举报请发邮件至dbqq@phei.com.cn。
本书咨询联系方式：（010）88254210，influence@phei.com.cn，微信号：yingxianglibook。

www.dk.com

本书主要贡献者简介

马库斯·威克斯（Marcus Weeks）（编辑顾问）：曾在谢菲尔德大学学习哲学和音乐。在成为一名作家之前，他做过教师、钢琴维修师和长号手。他撰写了很多关于哲学、心理学、音乐和艺术的书籍，其中包括参与撰写由英国DK出版社出版的"人类的思想"百科丛书中的部分图书。

罗克珊娜·拜亚苏（Roxana Baiasu）：在牛津大学、维也纳大学和伯明翰大学等世界各地的大学教授哲学，并在欧洲哲学、维特根斯坦哲学、女性主义哲学和宗教哲学等众多领域出版过著作。

罗伯特·弗莱彻（Robert Fletcher）：曾为《谈论政治》（*Talking Politics*）和《政治评论》（*Politics Review*）等杂志撰写政治发展方面的文章。他曾在牛津大学任教，目前专门从事心灵哲学领域的研究。

安德鲁·祖德克（Andrew Szudek）：作家兼编辑，曾在剑桥大学学习哲学，专攻维特根斯坦哲学和心灵哲学。他撰写过很多非虚构类书籍。

玛丽安·塔尔博特（Marianne Talbot）：在牛津大学教授哲学三十余年，她的哲学播客已被下载超过800万次。

前言　　　　　　　　　　11

1 基础

引言	15	化质	48
万物本原	16	奥康剃刀	49
宇宙起源	18	科学革命	50
神圣几何	20	怀疑世界	52
一切皆变	22	心灵与身体	54
一切即一	23	身体作为机器	56
芝诺悖论	24	单一实体	58
元素与力	26	心灵作为白板	60
不朽的种子	28	无限心灵	62
原子理论	30	事实与观念	64
审视观念	32	心灵塑造世界	66
两个世界	34	真理的类型	68
洞穴寓言	36	现实作为过程	70
唯一世界	38	历史终结	72
形式即功能	40	阶级冲突	74
地心宇宙	42	有用的真理	76
自然目的	44	真理的价值	78
经院哲学	46	观念作为工具	80

2 分析哲学

引言	85
词的意义	86
罗素的描述理论	88
图像化世界	90
意义与观察	92
拒斥形而上学	94
私人语言是不可能的	96
维特根斯坦的语言游戏	98
科学与可证伪性	100
科学真理的本质	102
言语作为行为	104
科学革命	106
观点	108
女性主义认识论	110

3
大陆哲学

引言	115
意向对象	116
现象学	118
时间意识	120
人的意义	122
向死而生	124
自由与身份	126
他者	128
性别认同	130
活的身体	132
批判理论	134
权力运作	136
解构	138
女性主义的后现代主义	140

4
心灵哲学

引言	145
二元论	146
语言的局限	148
行为主义	150
心脑同一论	152
消除式唯物主义	154
功能主义	156
生物学的自然主义	158
泛灵论	160
身体的本质	162

5
伦理学

引言	167
规则与原则	168
伦理与法律	170
自由意志	172
我们是否具有道德知识	174
是否存在道德真理	176
事实与价值的区分	178
亚里士多德的美德伦理学	180
休谟的伦理学	182
义务论	184
功利主义	186
存在主义伦理学	188
动物权利	190
安乐死	192
克隆	194

6 政治哲学

引言	199
由谁统治	200
为君主专制辩护	202
政府与公民	204
资本主义民主	206
如何证明产权正当	208
同意与义务	210
公民享有何种权利	212
自由的类型	214
权利是否应受到限制	216
我们如何应对变革	218
劳动是人类生存的自然条件	220
做出更客观的政治决策	222
视角主义与政治	224
正义战争	226
女性与父权制	228

7 逻辑学

引言	233
理性	234
识别论证	236
分析论证	238
评估论证	240
演绎论证	242
归纳论证	244
谬误	246
形式逻辑	248

原著索引	250
致谢	256

前言

自哲学在古代文明中诞生，好奇心就一直是其背后的驱动力。人类没有简单地接受事物本身的样子，而是天生倾向于质疑周围的世界和人类在其中的位置，并试图用理性的解释，也就是哲学化，来满足自己的好奇心。

哲学起源于古代人对宇宙的本质和结构的惊叹。研究宇宙的本质和结构被称为形而上学，是哲学的一个分支。若干世纪之后，自然科学从它的内部诞生了。然而，哲学家提出了科学无法回答的问题，这些问题关乎存在本身的性质，以及知识的本质和局限。前者所属的领域被称为本体论，后者所属的领域被称为认识论。其他更为实际的问题则成为道德哲学和政治哲学的主题，比如我们该如何生活，什么是好的，什么是坏的，我们应该如何组织社会。

这些问题不仅是哲学的基础，也是普通人谈论的话题。在本书中，你会读到许多不同的理论和建议。它们是哲学家对这些问题的回答，以及他们为自己的观点提供的论据。

本书第1章追溯从泰勒斯到尼采，也就是从公元前6世纪到公元19世纪末的形而上学和认识论的历史。第2章和第3章继续讲述整个20世纪的故事，重点介绍平行发展的分析哲学和大陆哲学。第4章探讨心灵哲学。第5章和第6章分别关注伦理学和政治哲学。最后的第7章讨论逻辑学。

1 基础

起初，哲学和科学一样。哲学家试图寻找事物存在方式的自然解释。然而至关重要的是，他们还询问："我们如何知道？我们的解释在什么情况下是正确的？"

引言

本章探讨形而上学和认识论的核心问题，即什么是存在之物的本质，以及到底什么是知识。本章考察哲学家回答这些问题的历史——一个延续到19世纪末的故事。接下来的第2章和第3章则重点介绍20世纪的分析哲学和大陆哲学，以完成这一故事。

第一批古希腊哲学家问道："万物是由什么构成的？"这是形而上学的基本问题，它促进了人们对宇宙结构的探索，使人们提出了更为抽象的关于存在本身性质的问题（被称为本体论，是形而上学的分支）。几个世纪以来，哲学家为这些问题提供了形形色色的答案，启发了不同的思想方法和流派。例如：一些人认为宇宙由单一的实体构成，这种观点被称为"一元论"；另一些人则提出宇宙由两种元素构成，这种观点被称为"二元论"。同样，有些人认为宇宙永恒不变，有些人则认为宇宙不断变化。

这些观点相互对立，成为哲学争论的主题。它们引出了更多的疑问，比如我们如何能够认识这个世界，我们如何获取知识。这些问题则属于认识论或知识论。根据一些被称为"理性主义者"的哲学家的说法，知识主要来自人类的思考能力；对另一些被称为"经验主义者"的哲学家来说，人类知识的主要来源是观察。继而，这些理论提出了关于人类认识的本质，甚至思想的本质的问题。

从历史上看，理性主义学派可以追溯到柏拉图（Plato）。柏拉图认为，我们的感官是不可靠的，但真理可以通过理性反思达到。勒内·笛卡儿（René Descartes）、巴鲁赫·斯宾诺莎（Baruch Spinoza）和戈特弗里德·莱布尼兹（Gottfried Leibniz）在17世纪复兴了这一观念。另一方面，经验主义学派可以追溯到亚里士多德（Aristotle）。亚里士多德声称，只有我们的感官值得信任。约翰·洛克（John Locke）、乔治·贝克莱（George Berkeley）和大卫·休谟（David Hume）在现代复兴了这一观念。其中，休谟甚至声称我们关于因果关系的信念是不可靠的。对于伊曼努尔·康德（Immanuel Kant）来说，休谟的怀疑论走得太远。相反，康德提出，我们通过感知获取知识，但是我们所感知的世界已事先为我们先天观念所塑造。康德对理性主义和经验主义的综合激发了格奥尔格·黑格尔（Georg Hegel）的唯心主义。黑格尔是一元论者，他认为历史由观念的演进推动。

黑格尔的批判者卡尔·马克思（Karl Marx）颠覆了这一观念。马克思认为，经济条件而非观念，才是历史发展的推动力。在同一时代，弗里德里希·尼采（Friedrich Nietzsche）提出了一个更为激进的观念——客观真理乃是一种错觉。尼采声称，"真理"这一概念是我们过往的宗教时代的残留物，实际上根本不存在真理，只存在"视角"或个人的观点。尼采的"上帝死了"这一宣告给后来的哲学家带来了挑战：要么寻找新的基础，要么学会在没有基础的状态下生活。

# 万物本原

西方哲学起源于所谓的米利都学派。该学派由以古希腊爱奥尼亚省的米利都（现为土耳其的一部分）的泰勒斯（Thales，约公元前624年—公元前546年）为首的一群思想家组成。

寻求理性的解释

泰勒斯及包括阿纳克西曼德（Anaximander）和阿纳克西米尼（Anaximenes，约公元前585年—公元前528/525年）在内的其他爱奥尼亚哲学家是已知的第一批思想家。他们质疑先前被广泛接受的关于宇宙本质的神话解释，转而面向自然本身，用理性和观察深入了解自然，为未来的科学和哲学思想铺平了道路。

泰勒斯常常被称为"第一个哲学家"，他同时是著名的天文学家、工程师和政治家。泰勒斯的探究令他相信，世界上的一切事物，即整个自然，都源自一个单一的源头。亚里士多德后来将之称为世界的始基、世界的基本性质或原理。泰勒斯推论，它必定是一种单一的物质实体，宇宙中的其他事物都是从它衍生出来的。

最终，泰勒斯得出结论，这种单一的物质必定是水。他的结论是根据观察得出的：水是重要的资源，对所有的生命形态来说都必不可少，并且所有的生物都是潮湿的；水能够从液态变成固态和气态，因此，所有的物质在某个转变阶段都必定是水；陆地（在当时看起来）漂浮在由水构成的海洋上；潮湿的物质变干后，转化为空气和泥土。泰勒斯的观念经常被归纳为"万物皆水"，其实更准确地说，他认为水是万物的基本来源。

> "没有什么比思想更活跃，因为思想可以飞越整个宇宙。"
> ——米利都的泰勒斯（公元前6世纪）

实际探究

泰勒斯具有讲究实效的头脑，他将理智的严谨应用到哲学和几何学上。人们认为，他发现金字塔的高度可以通过测量其阴影来确定。一个人的影子的长度，每天都有一次和他的身高完全一样。泰勒斯注意到，如果在这个时候测量金字塔的阴影，其高度就可以得出。

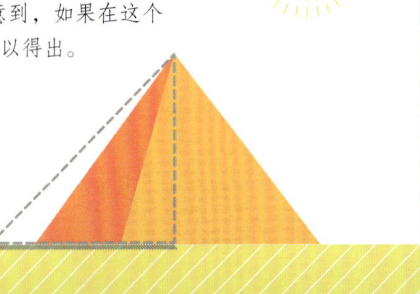

四种元素

古希腊人认为，世界是由土、水、气和火四种元素组成的，亚里士多德则在其中加上了第五个元素，即"精华"。这四种元素大致符合我们对物质四种状态的现代理解：固体、液体、气体和等离子体。对于泰勒斯来说，水是首要的，它生成其他元素。对于阿纳克西米尼来说，气是首要的元素。

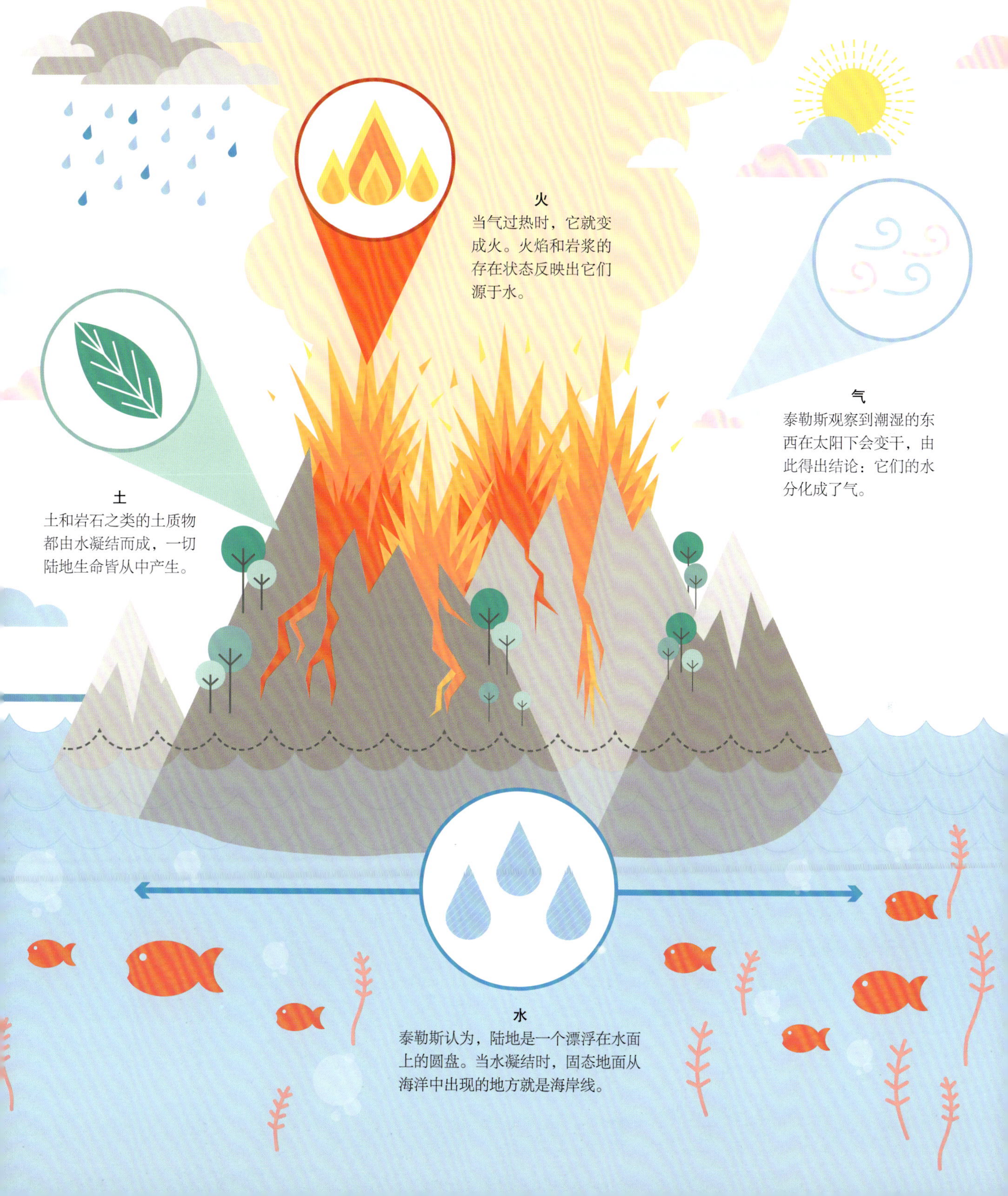

基础
万物本原 16 / 17

火
当气过热时，它就变成火。火焰和岩浆的存在状态反映出它们源于水。

气
泰勒斯观察到潮湿的东西在太阳下会变干，由此得出结论：它们的水分化成了气。

土
土和岩石之类的土质物都由水凝结而成，一切陆地生命皆从中产生。

水
泰勒斯认为，陆地是一个漂浮在水面上的圆盘。当水凝结时，固态地面从海洋中出现的地方就是海岸线。

宇宙起源

泰勒斯的学生阿纳克西曼德（约公元前610年—公元前546年）提出了一种解释宇宙起源和结构的新理论，这与同时代的米利都人的思想截然不同。

无限

阿纳克西曼德出生在古希腊的米利都，曾跟随泰勒斯学习。他广泛游历，求学于古巴比伦和古埃及的学者。阿纳克西曼德从旅行中获得了地理学和天文学知识，这帮助他发展出一个令人惊叹的关于万物是如何形成的原创解释。像其他早期的古希腊哲学家一样，他相信存在一个基本的深层原理或始基，它是宇宙万物的本原。然而，阿纳克西曼德不认为它是一种特殊的物质实体，比如泰勒斯认

宇宙的诞生

阿纳克西曼德是第一个对宇宙的起源提供理性而全面描述的思想家。在观察的基础上，他提出了一个解释天体运行与地球上自然现象的理论。

1 起初
一颗小小的种子从无限中分离出来。它包含了宇宙的所有基本成分，包括天体及其所处的空间。

2 对立面的分离
在从无限中分离出来的种子内部，冷与热、湿与干这样的对立力量开始出现。一个冷的中心形成了，它被蒸气和膨胀的火球所环绕。

3 太阳、月亮和星星
火球膨胀时，分解出三个同心环或"轮子"，其中心是地球。光通过这些不透明的环上的孔发出，被观测为太阳、月亮和星星。"月亮轮"上的孔周期性地关闭，产生了月球的相位。

基础
宇宙起源

为的水，而是提出了无限（apeiron）（意为"无边无际"）的概念。他认为，万物起源于无限，宇宙本身起源于无限的一小部分。

阿纳克西曼德把宇宙的诞生描述为一种对立面的分离，尤其是冷和热的分离。这种分离产生了三个同心的被他比作车轮的轮缘的火环。地球处在这些火环的中心，呈鼓状，就像轮子的轮毂。阿纳克西曼德的空间概念是其最为显著的洞见，他意识到天体并非位于与地球等距的圆形穹顶上，而是在不同的空间位置上绕地球转动。更值得注意的是，他推断，由于地球处在宇宙的中心位置，它不受水或任何其他物质的支撑，而是在太空中自由浮动。

一个鼓状地球
地球是圆柱形的，自由漂浮在太空中，我们生活在它的一个表面上。陆地围绕着中央海，同时又被圆形海洋所环绕。

> "无限不是元素，而是产生元素的事物。"
> ——米利都的阿纳克西曼德
> （公元前6世纪）

生物学

阿纳克西曼德认为，地球最初被水覆盖着，后来由于太阳的热量变得干燥才形成了陆地。第一种生命形态是像鱼一样的生物，有着坚韧多刺的皮肤。这种防御性的覆盖层为它们更为脆弱的后代提供了保护，而这些后代就是出生后便居住在陆地上的第一批人类。

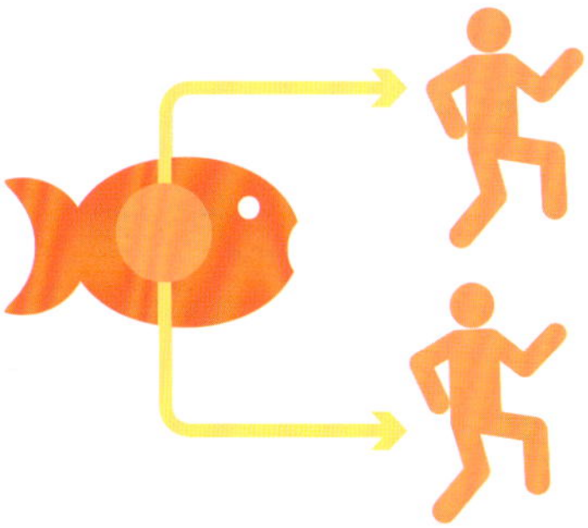

# 神圣几何

毕达哥拉斯（Pythagoras，约公元前570年—公元前495年）也许是最著名的前苏格拉底哲学家。他是一位近乎神话般的人物，建立了一个致力于探索科学、数学和神秘主义的类宗教团体。

由数支配的宇宙

毕达哥拉斯以数学家的身份闻名于世，他将"直角三角形两条直角边的平方和等于斜边的平方"这一定理命名为"毕达哥拉斯定理"。然而，在他生活的时代，他因信仰灵魂轮回（重生）而更为人所知。由于毕达哥拉斯没有留下任何书面遗产，人们对他的真实思想知之甚少，而且许多归于他的思想很可能是别人的想法。然而，可以肯定的是，他在意大利南部建立了一个团体，以训练他的追随者进行哲学和科学研究。亚里士多德后来将其称为"毕达哥拉斯学派"。他们研究天文学和几何学，探究数、数学和自然世界之间的联系。例如，毕达哥拉斯学派，尤其是菲洛劳斯（Philolaus），发现了音乐和声乃是基于使用前

神圣的数

数对毕达哥拉斯学派来说具有神秘的意义，因为他们把数学和自然世界联系起来。前四个整数尤其重要，具体表现在：1是与万物起源相关的基础数字；2是物质的来源；3是开始、中间和结束；4是元素的数量。它们加起来就是完美的数字10。

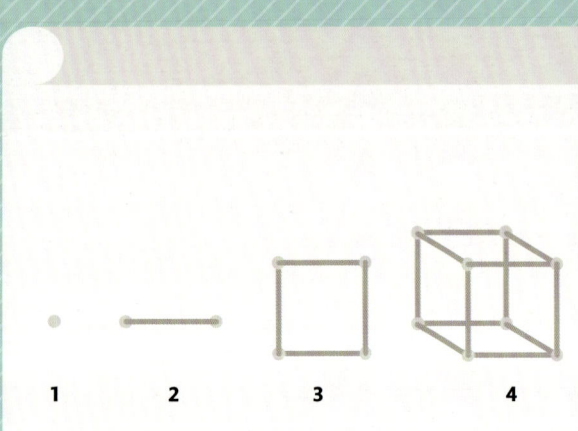

几何对象
毕达哥拉斯学派崇尚数字1，他们相信所有的数都是从1衍生出来的。例如：几何图形可以从一个点开始创建，连接两个点形成一条线段，连接两组长度相等且相互垂直的平行线段形成一个正方形，以一定的方式连接多个相同的正方形就形成了一个正方体。

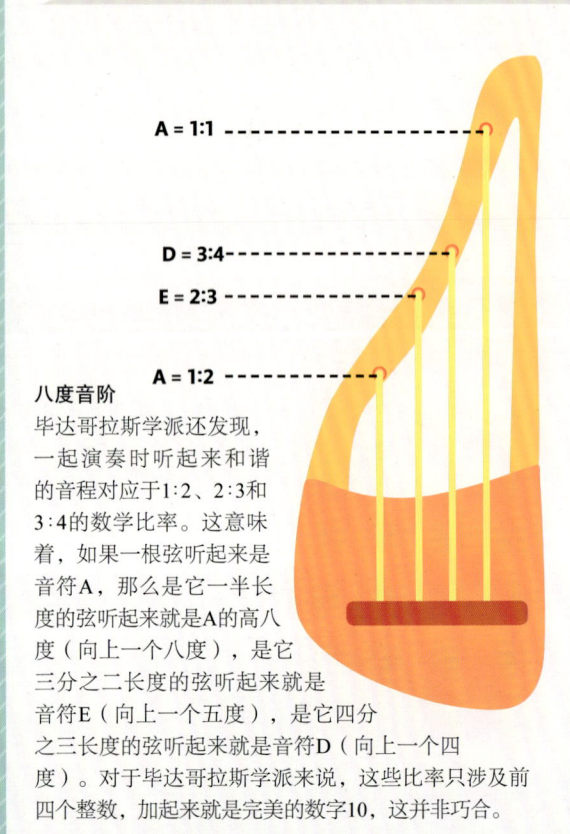

八度音阶
毕达哥拉斯学派还发现，一起演奏时听起来和谐的音程对应于1:2、2:3和3:4的数学比率。这意味着，如果一根弦听起来是音符A，那么是它一半长度的弦听起来就是A的高八度（向上一个八度），是它三分之二长度的弦听起来就是音符E（向上一个五度），是它四分之三长度的弦听起来就是音符D（向上一个四度）。对于毕达哥拉斯学派来说，这些比率只涉及前四个整数，加起来就是完美的数字10，这并非巧合。

四个整数的数学比率（见下图）。

据说，毕达哥拉斯曾跟随泰勒斯学习几何学。他也熟悉米利都学派，尤其是阿纳克西曼德的宇宙论。阿纳克西曼德的主要论断是，宇宙产生自"无限"这样一种取之不尽、不可观测和赋予生命的实体。毕达哥拉斯认为，宇宙必定存在一个由数学定律决定的基础结构，正是数学定律赋予无限以界限，赋予宇宙以形式。对于毕达哥拉斯学派来说，宇宙和其中的一切都由数支配。因此，数具有神圣的意义。

> "毕达哥拉斯学派……认为，数学是一切事物的原理。"
> ——亚里士多德，《形而上学》（公元前4世纪）

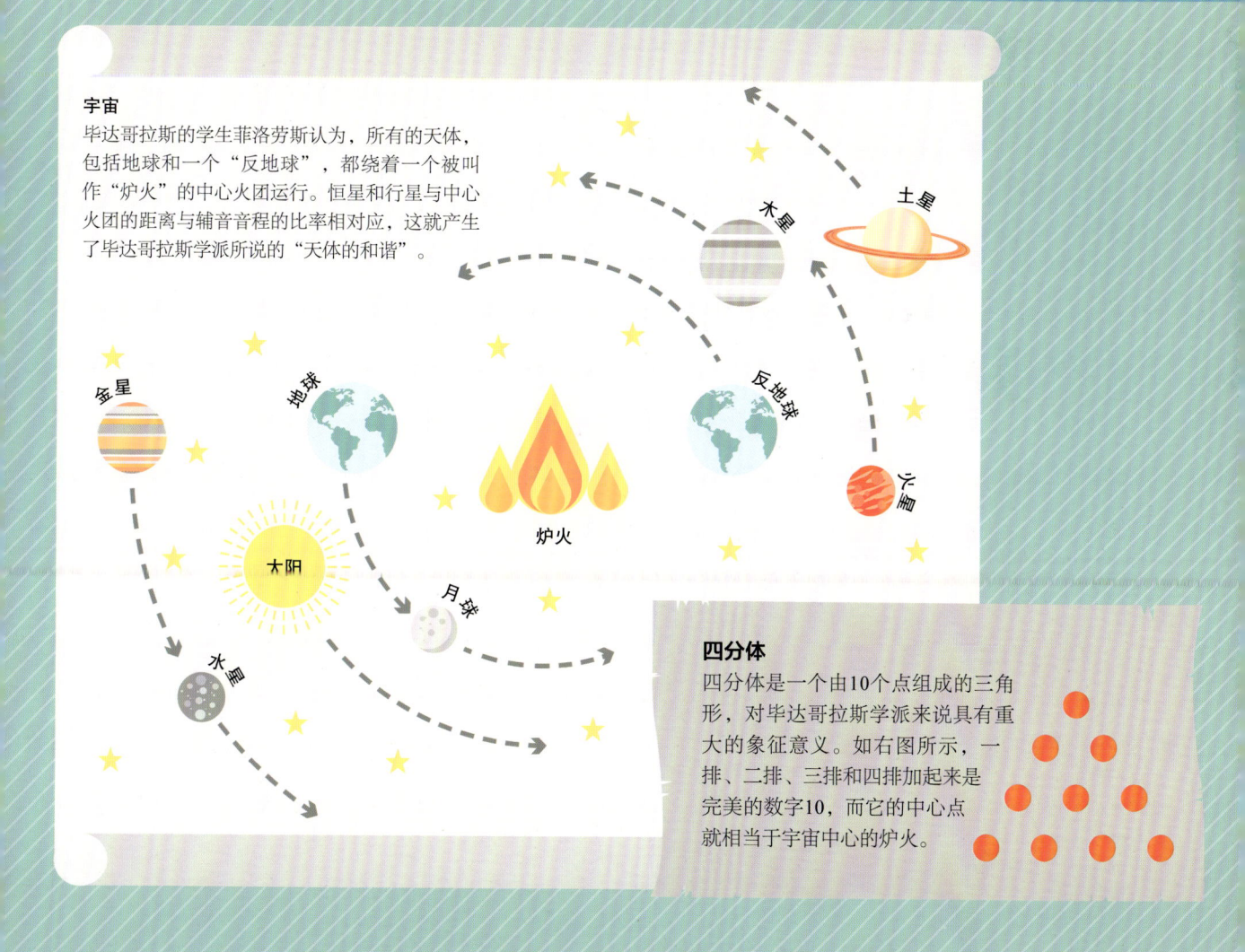

宇宙

毕达哥拉斯的学生菲洛劳斯认为，所有的天体，包括地球和一个"反地球"，都绕着一个被叫作"炉火"的中心火团运行。恒星和行星与中心火团的距离与辅音音程的比率相对应，这就产生了毕达哥拉斯学派所说的"天体的和谐"。

四分体

四分体是一个由10个点组成的三角形，对毕达哥拉斯学派来说具有重大的象征意义。如右图所示，一排、二排、三排和四排加起来是完美的数字10，而它的中心点就相当于宇宙中心的炉火。

一切皆变

当其他思想家相信始基（宇宙深层的基本原理）是一种永恒不变的实体时，赫拉克利特（Heraclitus，约公元前535年—公元前475年）认为，宇宙由永恒的变化支配着。

逻各斯

赫拉克利特所说的逻各斯，即万物存在的原因或解释，是他的宇宙论的核心。虽然他对逻各斯的定义有些神秘，但我们可以把逻各斯视作类似于我们现在所知的支配宇宙的自然法则或物理定律。

赫拉克利特与其同时代人的思想有一个根本性的差异。他认为，支配宇宙的不是一种物质实体，而是一个持续变化的过程。他观察到，随着时间的推移，没有什么是不变的：白天变成黑夜，季节往而又返，生物由生到死。他总结道，一切都处于不断变化的状态之中。

赫拉克利特认为，一切事物的本质处在变化的过程中，而这种变化是由存在于一切事物中的"战争"引起的。每个事物都由两种对立的性质组成，并同时具有这两种性质的特征。然而，随着时间的推移，这两种性质中的一种逐渐占据主导地位，打破以前的平衡。例如，生与死处在不断的冲突中，也相互依存。赫拉克利特将火视为逻各斯的象征：它总在变化，却保持着独特的自身。

同一条河

赫拉克利特的名言是"一切皆流"。他将世界比作一条河流，河水不断流动，所以一个人不能两次踏入同一条河。然而，河流也是一个单一的、不变的实体，如果它的水停止流动，河流就会变成湖泊，或者完全干涸。

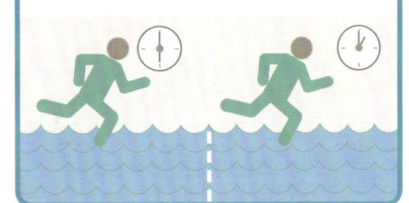

持续的战争

赫拉克利特认为，所有的事物都根据逻各斯产生，由两种相互冲突的对立的性质构成。光明与黑暗、生与死、冷与热都在不断地争夺统治地位。然而，正如上坡的路和下坡的路是同一条山路，对立面并非天生相害。事实上，两者的紧张关系维持着世界。因此，赫拉克利特声称："战争是万物之父。"

一切即一

巴门尼德（Parmenides，约公元前515年—公元前450年）的立场与赫拉克利特的观点截然相反。他认为，我们在世界上所感知到的变化是一种错觉，现实是永恒不变的。

变化的错觉

与赫拉克利特不同的是，巴门尼德的思想仅仅基于逻辑，不考虑观察。因此，比起宇宙由什么构成这一问题，他的研究更多地关注存在本身的性质。

首先，他声称一个事物或是或非，即要么是存在的，要么是不存在的。其次，他认为不能说无（虚空）存在，因为只有事物可以存在。再次，他说，因为不存在叫作"无"的东西，所以事物源自无或归于无都是不可能的。由此可知，改变是不可能的。因为改变只能是一个特殊的事物（比如种子）在变成其他东西（比如植物）时成为无，但没有哪一个事物可以被归于无，那么存在的事物必定一直存在，也将永远存在。准确地说，没有什么可以说是不与他物相同的。

与这种对现实的理性描述相反，我们所感知的世界似乎变幻无常。巴门尼德说，这是由于我们的感官具有欺骗的本性，而只有理性可以揭示事物的真实本质，即一个单一、不变的实体。在其中，"一切即一"。

真理之路

巴门尼德在他谈论自然的哲学诗中，把我们对世界的感知，也就是我们解释我们所见世界之变化的方式，描述成"意见之路"。然而，"真理之路"解释了我们所看到的变化为何是错觉：存在是一个单一、不变的实体。

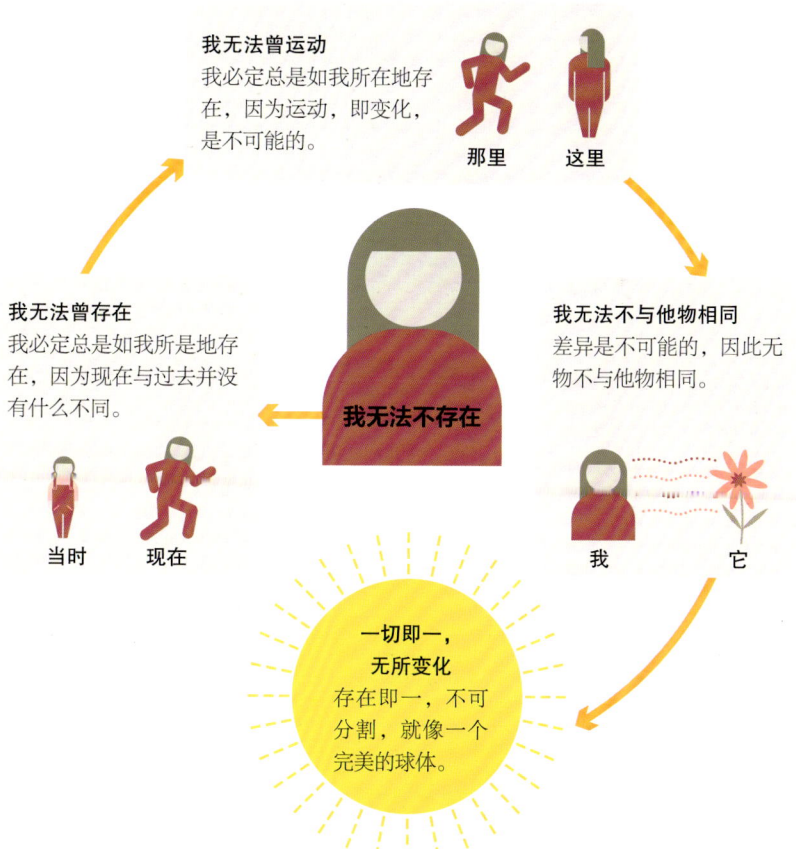

✓ 知识点

▶ 巴门尼德有时被称为（研究是、存在和现实的本质的）"本体论之父"。

▶ 一个是错觉，另一个是现实和真理，这种存在两个世界的观念对柏拉图产生了重大影响。

▶ 存在是一个单一、不变的实体，这一观点被称为"巴门尼德一元论"。

芝诺悖论

作为巴门尼德的学生，埃利亚的芝诺（Zeno of Elea，约公元前490年—公元前430年）认为，一切形式的变化皆为虚幻。为了证实这一点，他设计了一系列论证。它们似乎证明了运动是不可能的。

不变的现实

和他的老师巴门尼德一样，埃利亚的芝诺也是运用逻辑论证来证明观念正确的先驱，即使这些观念有悖于事物呈现给我们的样子。例如，巴门尼德关于永恒不变的现实的概念与来自我们感官的证据相矛盾，芝诺也表明，似乎世界上发生的变化在逻辑上是不可能的，只是一种错觉。他通过提出一些悖论来证明这点，而这些悖论的逻辑论证将导致显而易见的荒谬结论。

芝诺那些与运动相关的悖论最为著名。在他看来，运动是一种特殊的变化，即一个对象的位置从一个地方变化到另一个地方。在二分法悖论中，他展示了一个跨越有限距离的简单行走如何成为一个涉及无数阶段、不可能完成的无限任务（见左下图）。在阿基里斯与乌龟的悖论中，他一步步地描述了一场赛跑，在其中，一个跑得快的人永远追不上一只跑得慢的乌龟，以此讥讽关于速度和运动的传统观念（见右下图）。第三个悖论有关箭的飞行，芝诺巧妙地证明了箭从未真正移动过。芝诺争辩说，如果我们接受瞬间指的是时间中一个没有持续性的时刻这一观念，

1 领先一步起跑
比赛一开始，乌龟从领先阿基里斯的位置起跑，慢慢地向前移动，阿基里斯向前跑以追上乌龟。

二分法

为了走一段路，一个人必须先走一半的路。但是，在到达中间点之前，他必须走四分之一的路，在此之前是八分之一的路……如此前推，没有尽头。因此，无论走多远，都需要经历无限多个较短的阶段，包含无限多的任务，而完成这些任务则需要无限的时间。同样的情况适用于任何明显移动的物体。因此，运动实际上是不可能的。

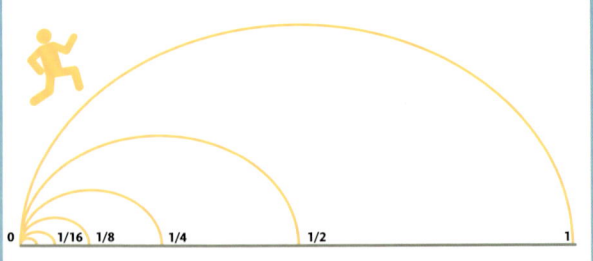

阿基里斯与乌龟

运动健将阿基里斯与乌龟之间的比赛大概是芝诺最为著名的悖论了。为了比赛的公平性，阿基里斯让乌龟领先一步起跑。常识表明阿基里斯在某个时刻会超过乌龟。但是，芝诺成功地合乎理性地论证了阿基里斯只能不断缩小与乌龟之间的差距。

基础
芝诺悖论 24/25

那么，在任何给定的瞬间，飞箭就在它现在的位置，而不是其他地方。它在空间中占据了一个固定的位置，并静止不动。他说，时间包含无限多的瞬间，如果箭在每一瞬间都不动，它就永远没有移动。因此，运动是不可能的，我们对运动的经验一定是某种错觉。

芝诺的逻辑显然无可挑剔，我们很难在他的论证中找到缺陷。现代数学理论，如微积分，已被用来揭开他的悖论，但并非每个人都对此解释表示满意。哲学家罗素认为，这些悖论"极其微妙，极其深刻"，芝诺无疑是一位数学天才。

> **知识点**
>
> ▶**悖论**就是运用看似合理的逻辑得出一个常识认为荒谬或矛盾的结论。
> ▶**谬误**是一种推理错误，例如一个无效的逻辑论证。悖论属于谬误的一种，要发现其中的缺陷是很困难的。
> ▶**芝诺悖论**是反证法推理的实例，表明了反证的不足。

"我的著作是为了维护巴门尼德的论证，与取笑他的人对峙。"
——埃利亚的芝诺（公元前5世纪）

2 缩小差距
在阿基里斯到达乌龟起跑位置的时候，乌龟已经向前爬了一段距离，因而阿基里斯仍然要追赶乌龟。这时，乌龟领先一步继续下一个阶段的比赛，尽管这次它领先的距离比之前的要短。

3 卡在第二位
当阿基里斯到达乌龟先前的位置时，乌龟又一次前进到它前面的位置。阿基里斯在比赛的每一个阶段都只能到达乌龟先前到达的位置，而此时乌龟已经又往前爬了。

元素与力

与巴门尼德对宇宙的静态看法不同，恩培多克勒（Empedocles，约公元前490年—公元前430年）提出了一个动力系统理论，该系统由吸引力和分离力所驱动的四种元素组成。

宇宙的构成材料

尽管恩培多克勒接受了巴门尼德的主张，即没有什么东西来自虚无，也没有什么东西可以被毁灭，但他不满于一个单一不变的世界这样的观念。他所看到的世界以多样性和变化为标志。为了调和这两种观念，他提出了一种基于早期哲学家所确定的四种元素（他称之为"根"），即土、水、气和火的理论。他认为，这些元素都是不变的和永恒的，满足了任何事物都不能被创造或被毁灭的观念。

恩培多克勒将这些元素描述为构成所有物质或宇宙的材料。这些元素按不同比例组合成各种各样的物质。但是，与这些元素不同，由它们构成的物质并非永恒不变。

由此，恩培多克勒解释道，世上的变化不是错觉。元素可以随着物质的分解而分离，并以不同的比例重新组合形成新的物质。他认为存在一个不断变化的过程，而宇宙是一个以四种元素的持续分离和组合为特征的动力系统。

爱与恨

恩培多克勒认为，宇宙变化的本质由两种对立的宇宙力量——爱与恨驱动着。爱是吸引的创造性力量，使元素以各种形式结合在一起。恨是排斥的破坏性力量，将元素彼此分离，导致了物质的衰变。元素本身既不被创造，也不被毁灭，而是不断地被重新排列。

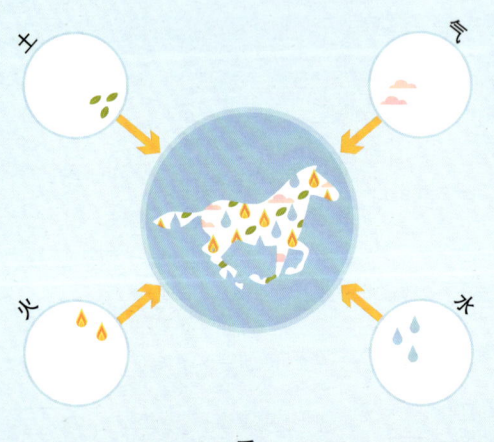

爱

作为吸引力，爱把各种比例和组合的元素聚在一起，创造出宇宙中不同的物质对象。火元素是赋予某一事物生命的东西。

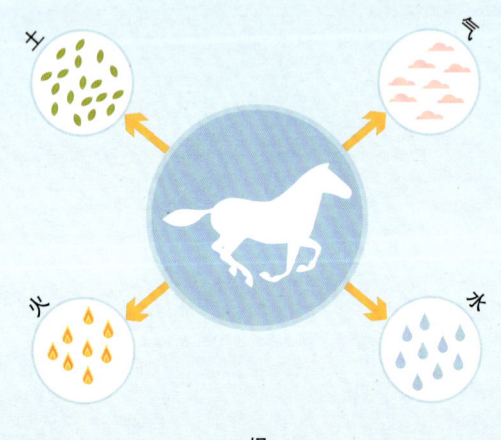

恨

物质事物不是永久的，而是要经历一个衰变的过程。在这个过程中，恨这一排斥的力量将元素分开。接着，这些元素以不同的组合进行改变，以生成其他事物。

基础
元素与力

为了解释这些元素的活动,恩培多克勒从赫拉克利特那里得到一个观念,即对立力量的作用。他认为,作为物质甚至生物形成之原因的宇宙吸引力和分离力,支配着元素结合和分解的方式。因此,宇宙中固有的持续变化是由这些对立力量的平衡或控制随时间的波动而造成的。

宇宙循环

爱与恨的力量被锁定在争夺支配权的战斗中,创造了一个永恒的宇宙循环。当爱完全战胜恨时,元素就不能彼此分离开来形成宇宙的各种物质。元素在爱与恨的冲突中分离,物质与生命得以被创造出来。然而,当恨占据主导时,所有被创造的事物都会被分解成不同的元素,直到爱的影响把它们重新聚在一起。

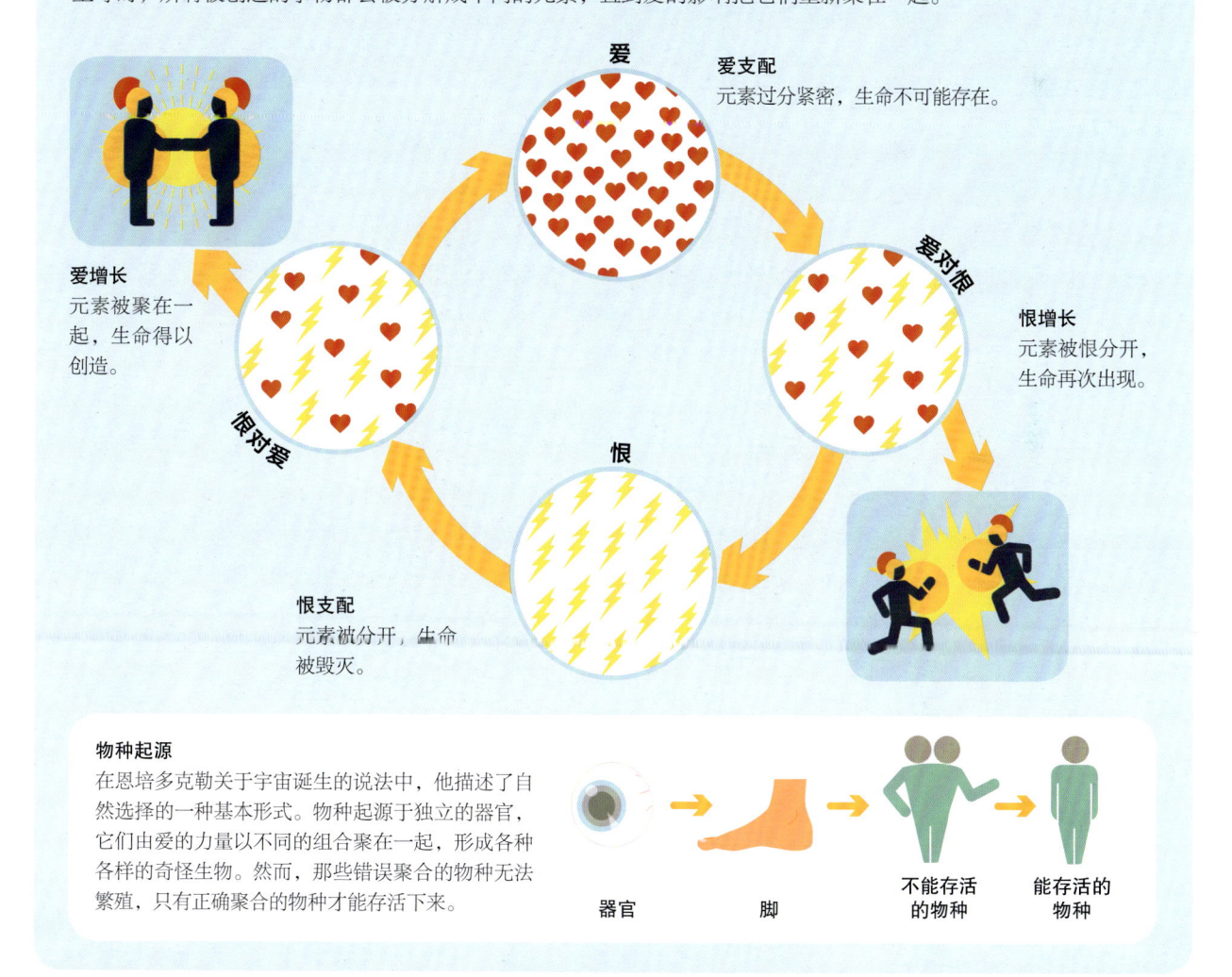

爱增长
元素被聚在一起,生命得以创造。

爱

爱支配
元素过分紧密,生命不可能存在。

爱对恨

恨增长
元素被恨分开,生命再次出现。

恨对爱

恨

恨支配
元素被分开,生命被毁灭。

物种起源

在恩培多克勒关于宇宙诞生的说法中,他描述了自然选择的一种基本形式。物种起源于独立的器官,它们由爱的力量以不同的组合聚在一起,形成各种各样的奇怪生物。然而,那些错误聚合的物种无法繁殖,只有正确聚合的物种才能存活下来。

器官 → 脚 → 不能存活的物种 → 能存活的物种

不朽的种子

阿纳克萨戈拉（Anaxagoras，约公元前510年—公元前428年）在他新颖的宇宙理论中提出，由于宇宙来源于单一的原始物质，有形宇宙中的一切事物都包含其他事物的一部分。

一切中的一切

像那个时代的大多数哲学家一样，阿纳克萨戈拉接受了巴门尼德关于宇宙的永恒本质的论证，却同时认为可能存在变化和多样性。阿纳克萨戈拉认为，宇宙起源于一个由相互联结的微粒组成的"团"或统一体。这些微粒是永恒的、不可分割和不可毁灭的，是一切有形物质的"种子"。但是，在原始状态下，它们彼此无法区分，也尚未呈现出不同的形式。在某个时刻，宇宙所源自的"团"开始旋转。这个运动像离心机一样，把微粒分离开，并将之排列组合成不同的物质。每一种独立的物质，就像它所衍生自的统一体一样，都是这些无限小的基本微粒的混合物。虽然一种特殊类型的"种子"可能占主导地位，使物质具有其独有的特征，但是每种有形事物都包含其他不同类型物质的"种子"。因此，一切事物都包含其他事物的一部分。

宇宙心灵

根据阿纳克萨戈拉的说法，所有物质原始的、统一的"团"都由奴斯，即宇宙心灵这一宇宙的基本力量和支配原则所推动。除发动宇宙的诞生外，奴斯还决定了有形物质的"种子"被排列成不同实体的方式。

支配的力量

奴斯，或者说心灵，既在宇宙起源之处发起变革，又塑造了事物生长的方式。

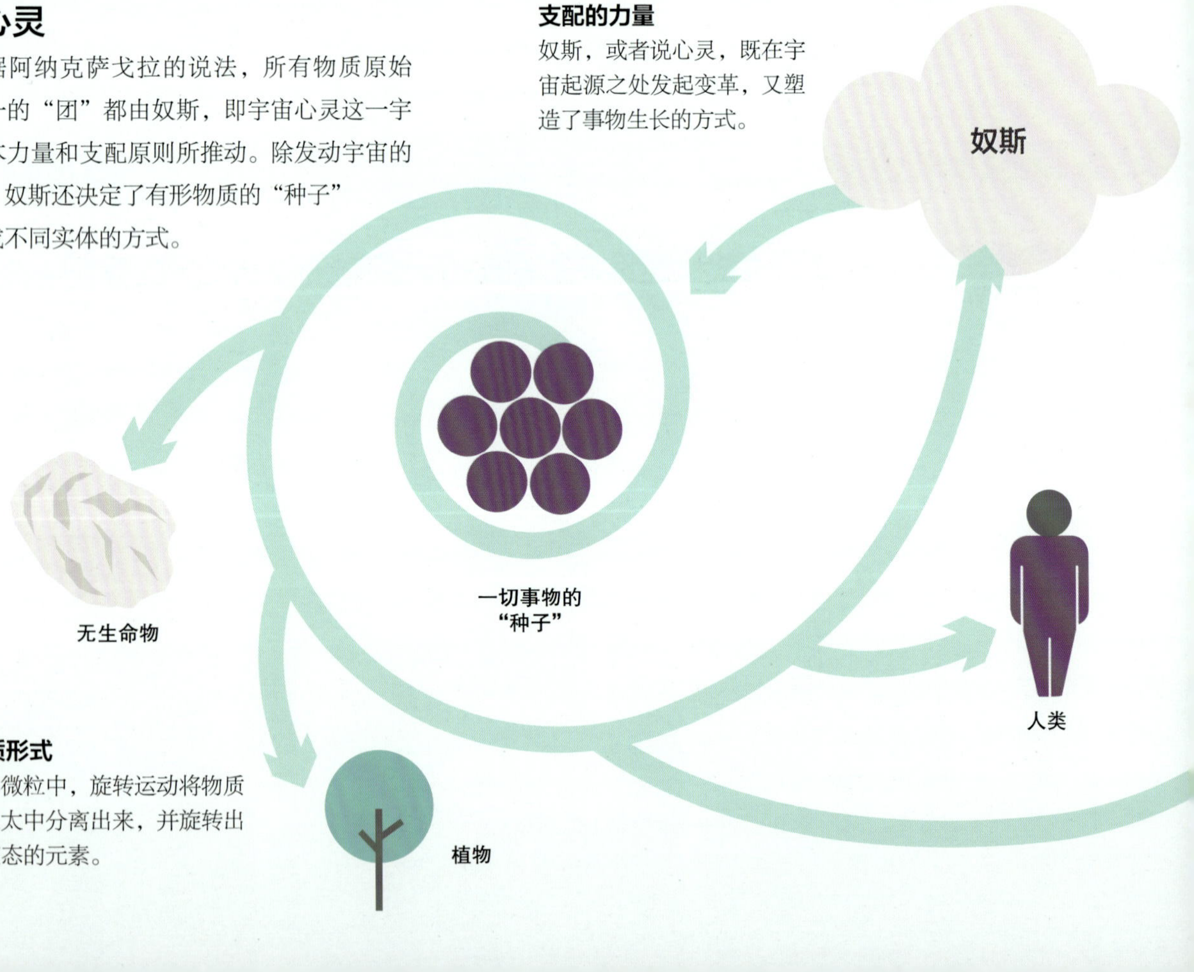

奴斯

一切事物的"种子"

无生命物

人类

各种物质形式

在大量的微粒中，旋转运动将物质从气和以太中分离出来，并旋转出固态和液态的元素。

植物

基础
不朽的种子
28 / 29

无限可分性

根据阿纳克萨戈拉的说法，一切事物的特征都由其所含不同物质的比例决定。当被分成两半时，物质比例在每一部分中保持不变；每一部分本身也可以被分割，分割后的部分仍具有相同的物质比例。

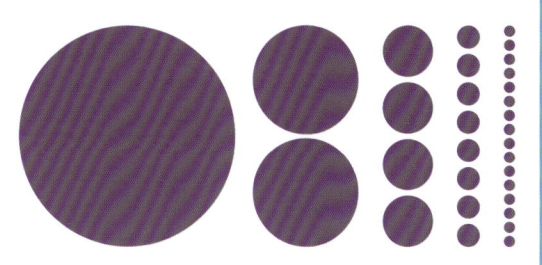

物质保持不变
如果事物的不同部分基本上相同，那么不管大小如何，即使事物被分成无限小的部分，它们仍然是相同的物质。

知识点

› 在阿纳克萨戈拉的著作中，希腊语"奴斯"经常被翻译为"心灵"，但它也有"理性"或"思想"的含义。

› 据说，阿纳克萨戈拉在公元前460年左右**将哲学引入了雅典**，启发了苏格拉底、柏拉图和亚里士多德。

› 在晚年，因考虑到自身安全，阿纳克萨戈拉**离开了雅典**。据记载，他的非正统观点导致他被控不敬。

"每一个事物的'种子'都包含在其他事物中。"

——阿纳克萨戈拉（公元前5世纪）

动物的食物
阿纳克萨戈拉注意到，动物经常食用与自身没有相似之处的食物。例如，山羊吃的叶子与山羊没有相似之处。

从树叶到毛皮
山羊只吃叶子，叶子中没有肌肉、骨骼和毛皮的可见痕迹。然而，山羊的肌肉、骨骼和毛皮不断地被叶子补充。

物质的分量
阿纳克萨戈拉猜想，山羊吃的叶子含有肌肉、骨骼和毛皮，只是数量很少。由此，他认为只要山羊有规律地吃一些少量的肌肉、骨骼和毛皮，它就可以保持健康。

原子理论

公元前5世纪,哲学家留基波(Leucippus)和他的学生德谟克利特(Democritus)提出了一个革命性的思想,即万物都由在虚空中运动的不可毁灭的微粒构成。

原子与虚空

和许多哲学家一样,原子论者(正如他们后来为人所知的那样)试图解释现实的运动和变化。巴门尼德说过,现实的运动和变化仅仅是错觉,因为运动需要虚空存在,而这在逻辑上是不可能的。

然而,原子论者把这一论证颠倒了过来。他们认为,运动显然是可能的,因而虚空必定存在,物质必定可以在其中自由移动。因为物质的运动发生在微观的层面上,所以它不可见。物质由微小的粒子形成,这些微粒被称为"原子"。它们存在于虚空中,宇宙中可以观察到的变化正是由这些原子在虚空中的运动造成的。每一个原子都是一个永恒不变的实体,既不可毁灭,又不可分割,但能与其他原子结合,形成不同的物质。

巴门尼德提出了永恒不变的统一,原子论者则提出了无限多样的永恒微粒,正是这些永恒微粒产生了一个不断变化的宇宙。

构成材料

根据原子论者的看法,原子是每种物质的基本单位。这些物质的构成材料在虚空中不断运动,相互作用——或相互排斥,或相互吸引。有无数种原子存在,它们以不同的组合方式相结合,形成各种各样的物质。然后,它们随着这些物质的衰变而分离。原子本身是不朽的,始终完好无损。它们继续在虚空中运动,不断地结合、分离和改变。

不可分割的原子

一个物体,比如一棵树,可以被分为多个部分,并且这些部分可以再被切割成碎片。但是,这些部分不是无限可分的,因为在基础层面上,原子本身是不可分割的。

✓ 知识点

▶ 原子论者所描述的虚空不仅是空洞的空间,还是物质绝对缺失的空间,类似于真空。

▶ "原子"一词来自希腊语"atomon",意思是"不可切割的"。

基础
原子理论 30/31

原子的种类

德谟克利特认为，原子的大小和形状各不相同，它们的性质决定了不同物质的特征。他提出：液体的原子是光滑的，可以自由地相互穿过；固体的原子比较坚硬，较少运动，但可以与其他原子相结合。

气
气的原子轻而纤细，可以自由地独立运动。

水
水的原子光滑而圆润，赋予水可流动、透明的特征。

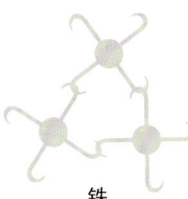
铁
铁的原子具有相互扣紧的钩子，使其异常坚固。

盐
盐具有锯齿状的原子，作用于舌头，让人感觉到盐的味道。

> "无物存在，除了原子和虚空，其他一切皆为思想。"
> ——德谟克利特（公元前5世纪）

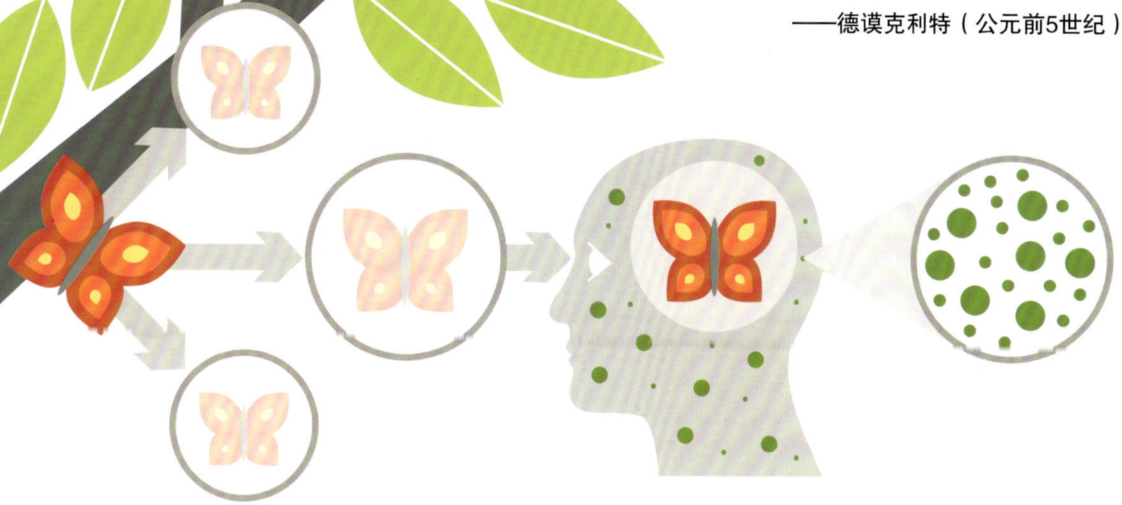

物体
所有的物体都发射出它们的图像微粒，使自身能够被感知。

图像
这些图像微粒被德谟克利特称为"形象"，它们在空气中向各个方向运动。

感觉
图像给感官的原子留下了印象，使感觉得以产生。

心灵
心灵（灵魂）由"火原子"构成，解释感官所接收到的感觉。

审视观念

在雅典的市场上，苏格拉底（Socrates，公元前469年—公元前399年）创造了一道常见的景观。在那里，他让公民和学生参与哲学讨论，挑战他们先入为主的观念。

辩证法

苏格拉底没有留下任何思想方面的书面记录。他有一个著名的宣称，即他唯一确定知道的是他一无所知。他的许多为人所知的思想都来自他的学生柏拉图。柏拉图写了一系列以苏格拉底为主角的文本。在其中，苏格拉底娴熟地提炼和分析各种观点。这是他引出论证和审视论证的方法，即"问答法"。问答法在希腊语中的意思是盘问或询问，它使苏格拉底成为雅典最重要的哲学家之一。

根据柏拉图的说法，苏格拉底把自己描述成知识的"助产士"，帮助人们产生思想。他的方法很简单，即运用被称为对立观点间的对话的"辩证法"这一问答过程，逐渐深入地探究所讨论的主题。通常来说，开场问题是一个看似简单的问题，苏格拉底常常会要求定义一个概念，比如"什么是勇气""什么是美德"。接着，他审视并回答，指出其中的不一致或矛盾之处，并要求对回答进行详细解释。这种方法能够逐渐凸显假设和先入为主的观念，揭示主题的深层含义，并使其回到基本原则。

然后，苏格拉底筛掉可以反驳的观点和论证，只留下他认为正确的东西。由此，他运用辩证法构建了一个更为明智的论证。这样的讨论往往到最后并没有一个明确的答案，但是苏格拉底的主要贡献在于提供了一种新的方式来审视存在，并将哲学从物质世界扩展到道德和正义中。

> "未经审视的生活是不值得过的。"
> ——苏格拉底（公元前5世纪）

苏格拉底的遗产

苏格拉底不仅开创了辩证法，而且把通过反思获得的知识和通过感官获得的知识区分开来。尽管他很少强调这种区别，他的后继者却发展出了理性主义和经验主义两个对立的学派。

作为苏格拉底最著名的学生，柏拉图持有一种早期形式的理性主义。他认为我们关于世界的经验具有欺骗性，只有通过理性反思，我们才能获得真正的知识。柏拉图最出色的学生亚里士多德提出了相反的观念，即知识只能通过观察获得。亚里士多德的观念成为经验主义的核心原则。在现代，笛卡儿复兴了理性主义，洛克则复兴了经验主义。

苏格拉底的反讽

相传，在得知德尔斐的神谕宣布他是世界上最聪明的人之后，苏格拉底开始了一项探究。苏格拉底打算证明神谕是错误的，却发现实际上大多数人比他知道的要少。苏格拉底假装对某个问题一无所知，以便开始他的讨论。然而，当他指出回答中的不一致之处时，很明显，他知道的比他承认的要多。自那以后，这样一种声称无知以引出回应的方式就被称为"苏格拉底的反讽"。

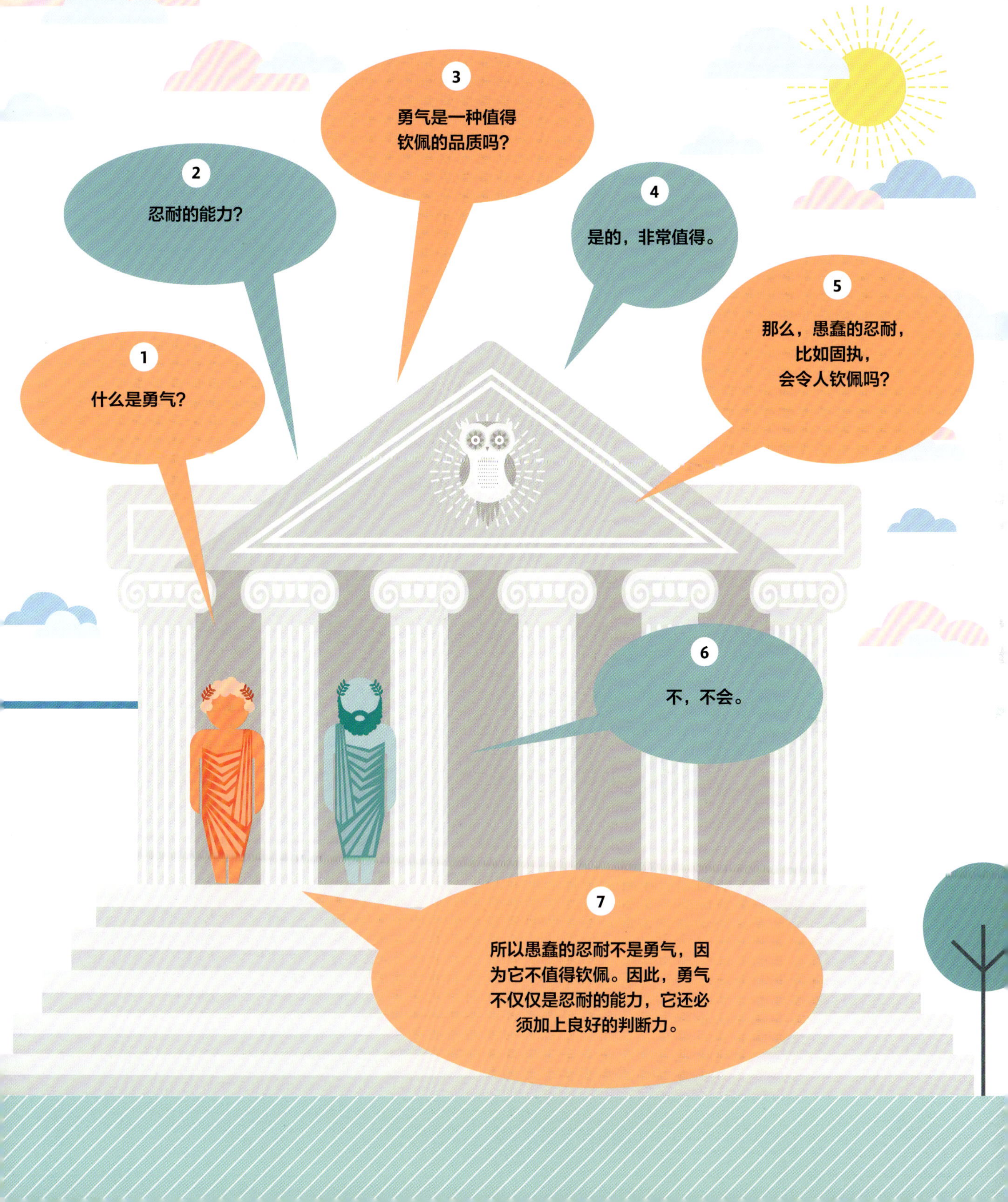

# 两个世界

柏拉图哲学的核心是这样一个观念：我们生活的世界具有欺骗性，我们的感官不值得信任。事实上，对于柏拉图来说，我们的世界只是一个由更高领域的理型所投射的影子。

理型的世界

像在他之前和之后的许多哲学家一样，柏拉图是一个卓有成就的数学家，着迷于几何学。比如，他观察到，在我们周围的世界中，有许多事物是圆的，我们将之视作圆的实例。柏拉图认为，我们之所以能做到这一点，是因为我们的心灵中有一个关于什么是圆的观念，他称之为圆的"理型"或"形式"。与圆的特殊实例不同，这种形式

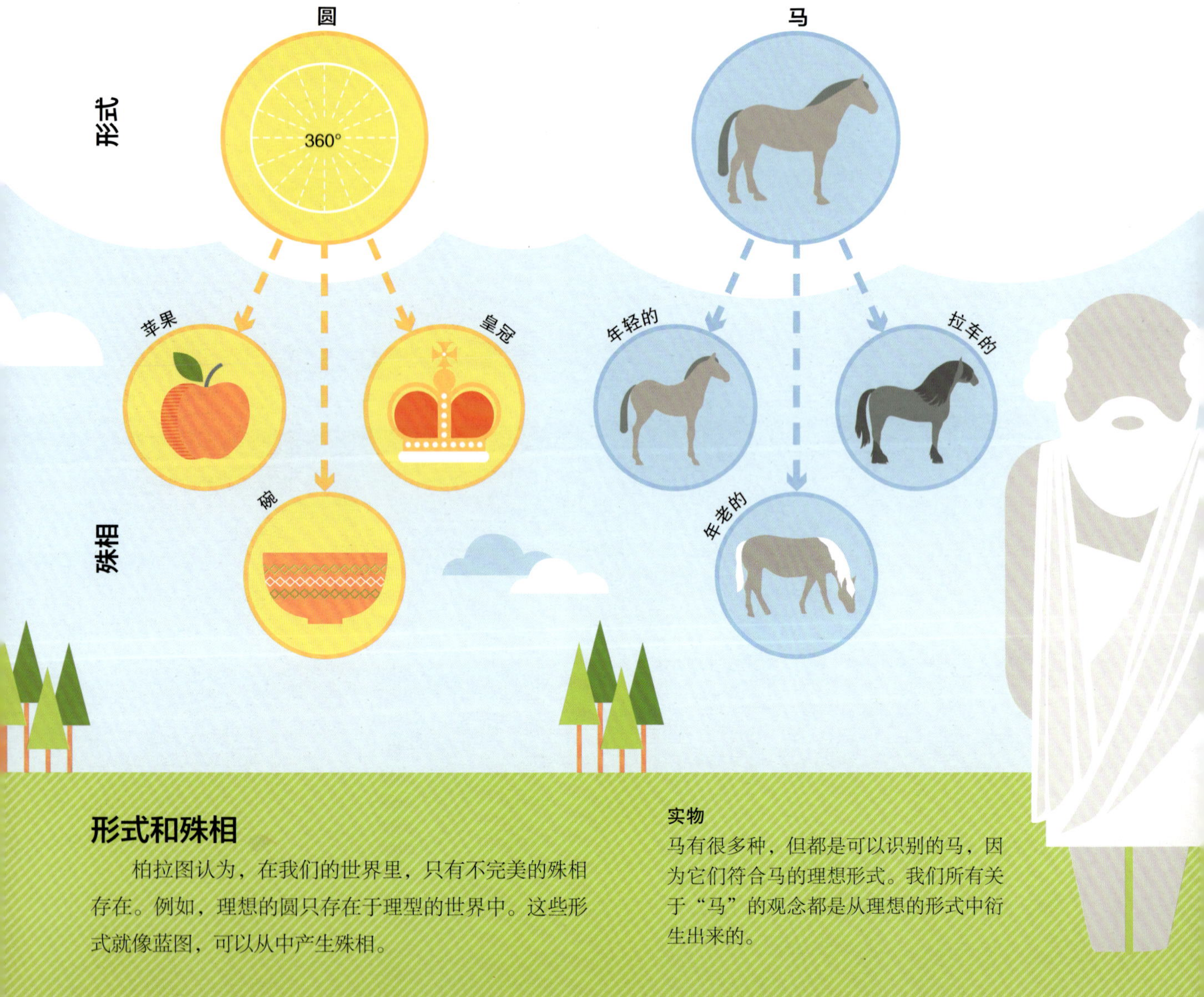

形式和殊相

柏拉图认为，在我们的世界里，只有不完美的殊相存在。例如，理想的圆只存在于理型的世界中。这些形式就像蓝图，可以从中产生殊相。

实物

马有很多种，但都是可以识别的马，因为它们符合马的理想形式。我们所有关于"马"的观念都是从理想的形式中衍生出来的。

是一个理想的圆，完美无瑕。实际上，从马到正义行为，我们所经验的一切事物都是我们通过将它们与我们心灵中相应的形式进行比较而认识到的殊相。而且，柏拉图声称，由于我们无法感知这些形式，它们必定存在于我们感官之外的一个我们用心灵或理智认识的领域。这种认识过程在很大程度上依靠直觉，但是柏拉图认为哲学家有必要认识某些形式。事实上，在柏拉图看来，哲学家应该是国王——他们组织社会，并在伦理问题上提供建议。

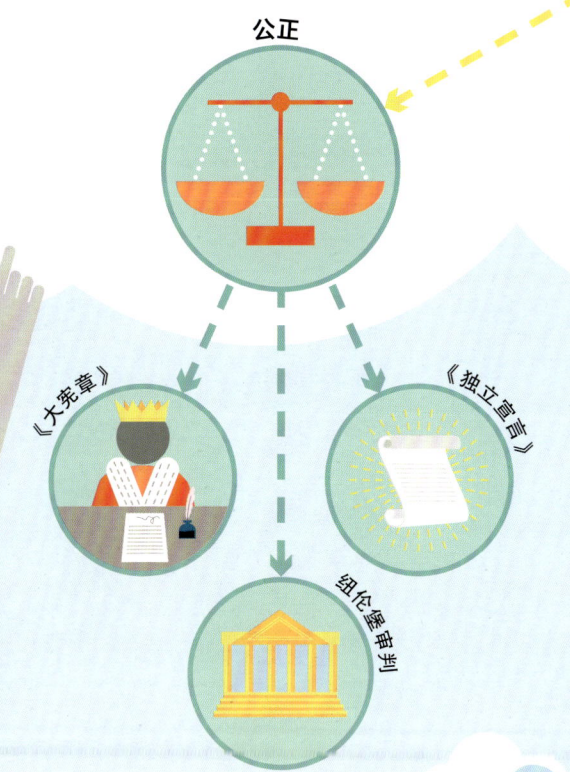

善

公正　美　真理

2 + 2 = 4

《大宪章》
《独立宣言》
纽伦堡审判

"如果殊相有意义，那么必定存在共相。"

——柏拉图（公元前4世纪）

抽象概念
抽象概念的形式有真理、美和美德等。例如，此世的正义实例反映了正义概念的理想形式。

二元论

在柏拉图的二元宇宙中，他所描述的两个世界以不同的方式被感知：此世的领域由我们身体的感觉所经验；理型的领域则被我们的灵魂，即心灵或理智所理解。

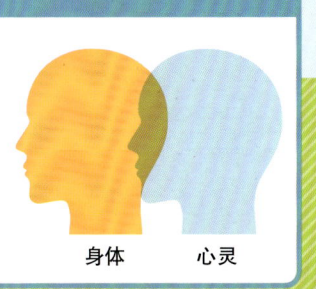

身体　心灵

洞穴寓言

在《理想国》中，柏拉图创造了一个寓言，来表明我们关于现实的知识如何被我们的感官提供的欺骗信息所限制。

影子的世界

柏拉图让我们想象一个洞穴，一些囚犯一直被囚禁在里面。他们戴着镣铐，面对山洞的后墙，无法回头。他们的视野仅限于他们前面的墙。

囚犯们没有意识到，在他们身后，另一群人被一堵低矮的墙遮挡着，正在火堆前走动，手里举着各种各样的物体。囚犯们能看到的就是出现在他们前面的这些物体的影子。由于所有的囚犯能看到的只有影子，这就是他们唯一意识到的现实。他们对投射影子的物体一无所知，如果有人告诉他们真相，他们也不会相信。事实上，他们一直被蒙在鼓里，不知道他们所居住的世界的真实本质。柏拉图所要表达的观点是，我们对世界的感知也同样受到限制。我们认为真实的事物，只是那些存在于理型领域中的事物的影子。

逃离洞穴

假设洞穴里的一个囚犯被释放了。当他看向身后的时候，他会被火焰的光照得头晕目眩。但是，他会慢慢地辨认出那些物体，尽管它们的影子曾被他误认为是现实。他可能会被说服离开洞穴。在最初被阳光照得睁不开眼之后，他会看到比洞穴里的世界要真实得多的现实。然而，如果回到洞穴里，他会发现，要使其他囚犯相信他们看到的现实是一种错觉是极其困难的。

1 受限的经验
囚犯们看到的只有洞穴的后墙和上面出现的影子，他们的世界经验受限于此。

2 虚幻的图像
囚犯们看到墙上的影子，认为这些东西就是现实，因为他们没有关于事物的其他经验。他们不知道这些只是物体投射的影子，因为他们无法转身看到它们。

基础
洞穴寓言
36 / 37

"此世的知识不过是影子。"
——柏拉图（公元前4世纪）

6 一个更好的世界
这时他所看到的世界才是真实的。对于柏拉图来说，哲学家的作用就是鼓励人们离开洞穴。换言之，哲学家要鼓励人们理解他们受限的经验。

5 摆脱黑暗
这个囚犯被带出洞穴，一旦他的眼睛习惯了阳光，他就会看到他不曾知道的存在的事物。

4 见到光明
起初，他被火焰的光照得头晕目眩，但是随后他观察到了物体，以及它们如何投射影子。

3 意识到被欺骗
一个获释的囚犯可以看到他身后的一切，并意识到他被欺骗了。他发现原来世界上有比投射在墙上的影子更多样的事物。

先天知识

柏拉图认为，我们关于形式的知识是先天的，无法通过经验获得。我们运用理性达到这些形式，因为我们出生之前就生活在它们的领域里。在柏拉图看来，哲学家就像助产士，其作用是把我们天生就知道的东西揭示出来。

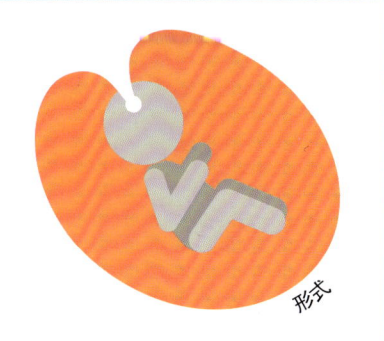

形式

唯一世界

作为柏拉图最出色的学生，亚里士多德不同意他的老师的理型论。相反，他建议我们只通过经验来认识这个世界。

经验主义

亚里士多德不能接受存在一个独立的理型世界这一观念。柏拉图认为，形式（如圆、善或公正的性质）存在于一个独立的领域里。亚里士多德则认为只有一个宇宙，我们通过有关它的经验来了解它。尽管他承认"普遍"性质（如红色）存在，但他不认为它们存在于一个独立的维度中。相反，亚里士多德说，它们存在于这个世界的每一个特殊的实例中。

例如，"圆"的观念是普遍的，我们的心灵中有一个完美的圆由什么构成的观念。他解释说，这不是因为我们对圆的完美（形式）具有先天的知识，而是因为我们经验了圆的事物，然后对之进行归纳，看到了它们的共同点。在亚里士多德看来，我们通过感官收集关于这个世界的信息，并用我们的理智或理性去理解它。通过这样的方式，我们建立了各种观念，给它们贴上标签，并做出区分。作为一种哲学立场，亚里士多德的观念被后世称为"经验主义"，而不是柏拉图的"理性主义"。

运用经验

亚里士多德认为，我们通过经验特殊的实例来学习一般的观念，比如我们关于猫的观念建立在我们对许多不同的猫的经验之上，我们运用理性来把握"猫"的一般观念。

1 未刻字的石碑
亚里士多德认为我们没有先天的知识。我们出生的时候，我们的心灵就像等待被书写的"未刻字的石碑"。我们通过从经验中学习来积累知识。

2 物体
我们获得的知识来自我们的感官。例如，我们收集我们用眼睛看到的各种物体的信息，然后把这些信息传递给我们的心灵。

本然性质和偶然性质

亚里士多德认为，所有事物都具有两种性质。本然性质是使一个事物成为它之所是的性质，偶然性质指它的其他性质。

▶ 苹果的偶然性质包括颜色、形状和重量等。例如，这是一个苹果，不管它是绿色的还是红色的，是圆的还是椭圆的，是大的还是小的。

▶ 苹果的本然性质是构成它的物质。

▶ 球的本然性质则是它的形状，它所包含的物质具有偶然性质。

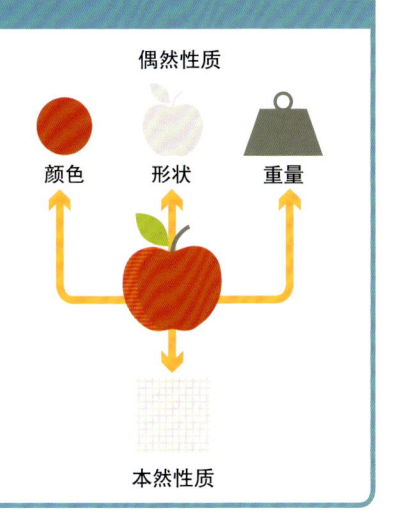

偶然性质
颜色　形状　重量

本然性质

✓ 知识点

▶ **认识论**是哲学的分支，关注知识及其获取方式。

▶ **归纳推理**是从若干特殊的实例中生成一般规则的逻辑过程。

▶ **经验知识**是通过观察或经验获得的知识，而不是通过推理获得的知识。

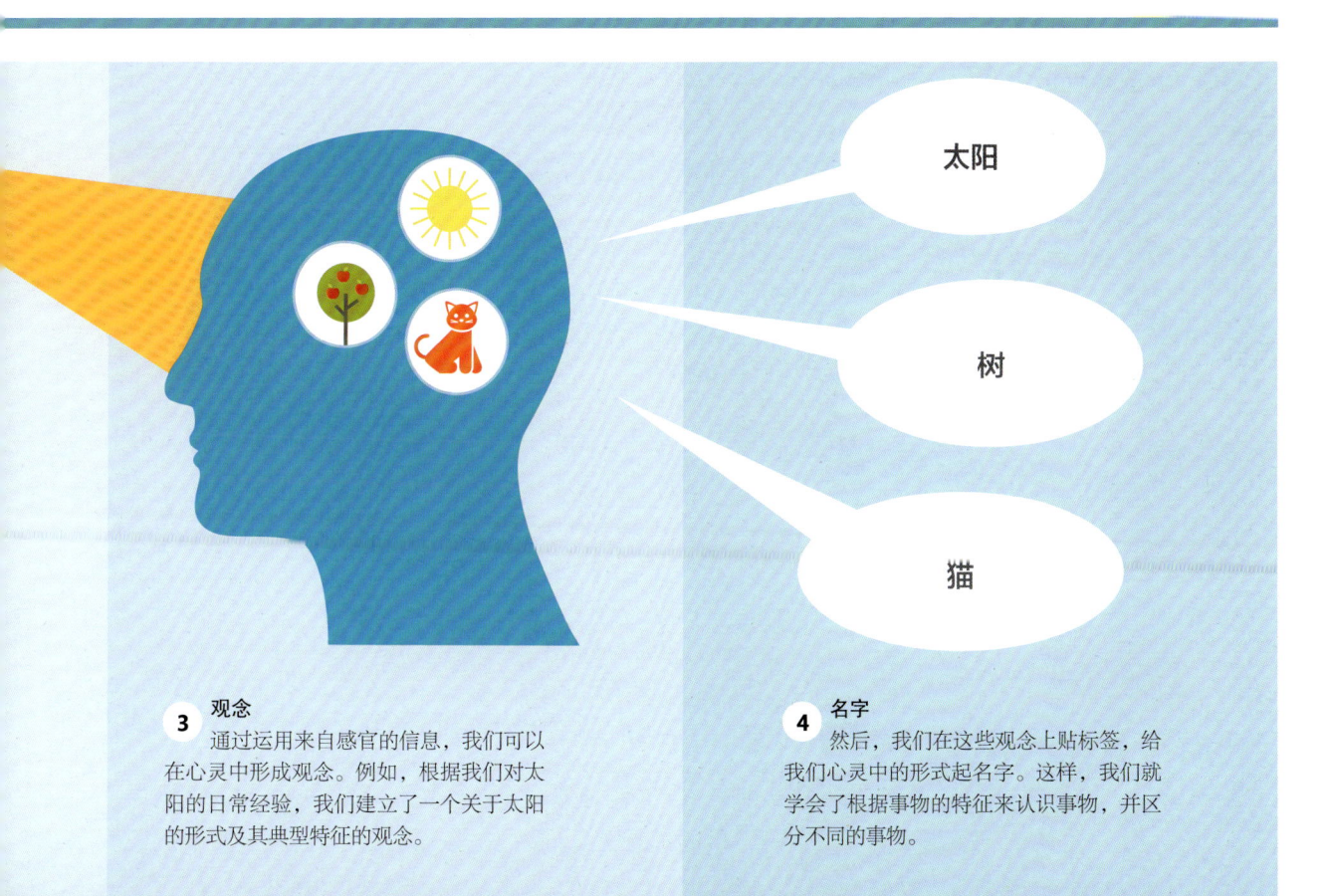

3　观念
通过运用来自感官的信息，我们可以在心灵中形成观念。例如，根据我们对太阳的日常经验，我们建立了一个关于太阳的形式及其典型特征的观念。

太阳

树

猫

4　名字
然后，我们在这些观念上贴标签，给我们心灵中的形式起名字。这样，我们就学会了根据事物的特征来认识事物，并区分不同的事物。

形式即功能

亚里士多德认为，认识一个事物要知道它的四个方面：它由什么构成，它如何产生，它的设计，以及它的功能。

质料与形式

前苏格拉底哲学家在试图认识事物的本质时，把注意力集中在认识构成事物的"原料"上，即宇宙质料。

然而，亚里士多德指出，一个事物不能等同于它的物理构成。对他来说，认识一个事物，不仅要知道它由什么构成，还要知道它产生的过程，它拥有什么形状（或设计），以及它的目的是什么。亚里士多德称之为"四因"，他认为只有当我们知道某个事物的四因时，我们才能认识它。以原子论者的学说为例，这些学说拒绝自然界存在目的这一观念，只支持亚里士多德所说的"动力因"（见下图）。可见，四因说从根本上背离了原子论者的学说。

在亚里士多德看来，黏土可以被用来制作砖、陶器、排水管，甚至雕像，所有的这些东西具有相同的质料，却具有各自的形式。例如，雕像的形式与碗的形式是不同的，因为碗（盛放食物）的功能不同于雕像（崇敬一个人）的功能。然而，即使是未成形的黏土也有其功能，即成为各种各样的形式。亚里士多德认为，没有形式的质料不可能存在。他所说的首要质料是纯粹的潜能，而它还没有发展成它可以形成的各种形式。

知识点

> **亚里士多德**的四因不是现代意义上的原因，而是对事物的产生提供的解释或理由。亚里士多德认为，所有事物都有一个目的，我们只有通过认识它们的四因，才能完全了解它们。

> **在亚里士多德的本体论中**，"形式"指的是使事物具体成为其所是的东西，即事物的本质。它不同于柏拉图的理型，理型指的是事物的原型。

> **实体**是质料与形式的结合，亚里士多德的这一观念就是所谓的"形质论"。

四因说

亚里士多德从一个事物的物理构成、设计、产生的条件，以及目的或功能四个方面来解释这个事物的本质。四因加在一起，告诉我们所有我们需要知道的关于事物的事情。这远远地超出了原子论者的主张，即原因只是一个使事物产生的物理事件。原子论者的观点在伽利略那里重新流行起来，伽利略认为"动力因"是与现代科学有关的唯一原因。

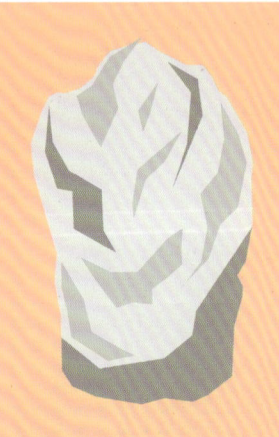

1 质料因
事物的质料因是构成它的物质。就雕像而言，它的质料因是石头。

2 形式因
事物的形式因是它的物理设计。雕像的形式因是它的设计者所画的蓝图。

基础
形式即功能
40 / 41

事物的实体

根据亚里士多德的观点，一个事物的实体，也就是使其成为其所是的东西，不只是用来制造它的物质材料。各种各样的事物都可以用黏土制成，但使事物成其所是的是它的形式，比如碗。因此，事物的实体是它的质料和形式。后来的哲学家认为，事物的实体是其物理性质的基础，是可能发生转变的。

实体 = **质料** + **形式**

碗的实体即一种盛放食物的容器。

碗的质料是用来制作碗的物质材料，即黏土。

碗的形式是它的样子，也就是使其能够盛放食物的形状。

> "艺术的目的不是表现事物的外在，而是表达事物的内在意义。"
>
> ——亚里士多德，《诗学》（公元前4世纪）

3 动力因
事物的动力因是使它产生的物理过程。雕像的动力因是它的雕刻者。

4 目的因
事物的目的因是它产生的目的。例如，雕像就是为了纪念它所被雕刻成的人。

地心宇宙

亚里士多德提出，宇宙以地球为中心，地球由天体环绕。该宇宙观是天文学在几近1900年间的典范。

地球与太空

亚里士多德认为，地球和太空分属不同的区域，它们之间有一个以月球的轨道为标志的边界。在地球上，构成一切事物的质料包括土、水、气和火四种元素。按照亚里士多德的说法，这些元素寻求它们的自然位置，有上升或下沉的倾向：土倾向于下沉，朝向地球的中心；水倾向于沉积在地球的表面；气在地球上方飘浮着；火会上升到顶部。

天体

和同时代的人一样，亚里士多德认为圆是完美的几何图形。因此，他自然而然地认为，月球以外的天体都以圆形轨道运动。随后几乎所有的天文学思想都接受了这个看起来完美的、永恒的地心宇宙模型，直到1543年尼古拉斯·哥白尼的捍卫日心宇宙观出现。

灵魂的种类

亚里士多德认为，一切事物都由质料和形式构成。生物的质料由元素构成，但它们的形式是赋予它们生命的精神或灵魂。不同种类的灵魂决定着植物、动物和人类的本性。

植物性的
植物只有一个植物性的灵魂。它们能够生长和繁殖。

感觉敏锐的
动物具有感觉敏锐的灵魂。它们可以运动和体验感觉。

理性的
人类是独一无二的生物，具有理性的灵魂，能够思考和推理。

基础
地心宇宙 **42 / 43**

地心宇宙

在月球轨道之外的是一个天体区域。在这个区域中，太阳、行星和恒星在与地球距离各不相同的轨道上运行。与地上区域不同，天体区域是由一种不会腐败的物质构成的，亚里士多德称之为"精华"或第五元素。亚里士多德认为，地球元素的自然运动是向上或向下，即向地球中心或远离地球中心的方向运动。相比之下，在天体区域内，事物的自然运动方向是环形的。更重要的是，地球上的元素倾向于静止不动，而天体的运动永不停息。因此，亚里士多德推理说，静止的地球尽管不完美，却处于宇宙的中心。

在月球轨道之外，亚里士多德确定了天体所依附的55个同心球面。当它们从地球向外辐射时，越外层的球面越接近完美，一直延伸到没有物质存在的精神领域。在亚里士多德看来，宇宙是一个完美的形式，没有创造的起点，它是永恒不变的。

月球

太阳

复合存在物

亚里士多德认为，地球上的一切事物都是四种元素不同比例的结合，这赋予了事物独有的特征。不同比例的元素对事物施加了向上或向下的力量，例如使植物在土壤中生根，以及赋予动物活动的能力。

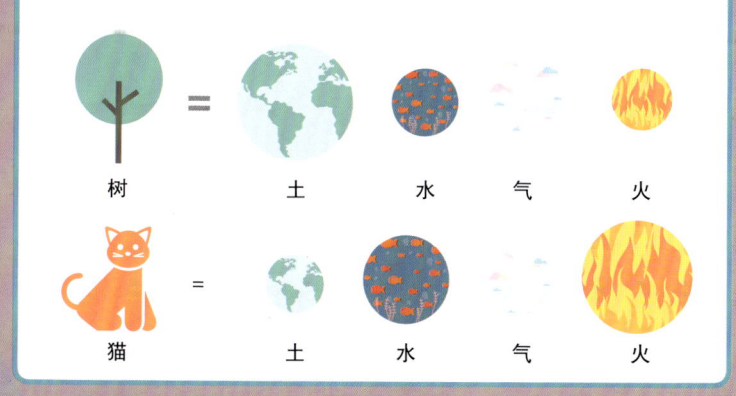

树 = 土 水 气 火

猫 = 土 水 气 火

自然目的

亚里士多德认为，一切存在的事物都有最终的原因或目的，在希腊语中被称为"泰洛斯"（telos）。换言之，自然界的一切事物都为了实现一个目的而存在。

目的论

用事物的目的来解释事物在古希腊哲学家中并不少见，但在今日，它与我们对世界的现代科学理解相左。在现代人的眼中，从功能或目的的角度来描述工具之类的人造物很正常。例如，锤子的存在就是为了敲打钉子。然而，这是一种外在的目的，即从外部强加给事物的目的。亚里士多德则提出，自然界的一切事物都有一个内在的目的。换言之，每一个事物的存在都是为了达到它自己内在的目的。例如，种子的目的是发芽并生长为一株植物，树的存在则是为了结出果实或种子。

在亚里士多德看来，为目的而存在的不只是生物。例如，降雨是为了湿润大地，促使植物生长。生长是植物的目的，给大地浇水则是降雨的目的。它们的目的就是它们产生的原因。

更符合现代思维的是原子论者的主张，即自然物没有内在目的或目的因，相反，它们的存在是其他事物的原因。例如，降雨不是为了给植物浇水，植物吸收的水分不过是降雨碰巧提供的而已。

1　动力因
在这个例子中，动力因是推岩石的女人。因为她的动作，岩石动了。

逐渐展开的世界

亚里士多德认为，种子的本质属性是它的生长能力，这也是它的内在目的。种子的存在是为了发芽并生长为一株植物，而植物又是为了产生种子而存在的。因此，生物的特征是它们能够活动或改变，以及繁殖的倾向。而且，由于地球上的事物都是不完美和无常的，生物不仅会生长，最终也会腐朽和死亡。

因果关系

亚里士多德的因果理论乃是基于他的事物皆有四因的观念。我们通常认为的使事情发生的原因是亚里士多德所谓的动力因。例如，将岩石推下山的人是岩石运动的动力因。岩石运动的目的或目的因（为什么它向下而不是向上或侧向运动）是它要寻找地球的中心。推岩石的动作的目的因是看它会滚多远。同时，岩石的运动也由它的形式因和质料因决定。

基础
自然目的
44 / 45

不动的推动者

亚里士多德描述的宇宙没有起点，但他相信一定有某种事物使天体运动，因为一切事物都是由别的事物引起的。然而，这提出了两个问题：是什么导致了这个原因？是什么推动了宇宙的推动者？亚里士多德提出了有关"第一因"的观念，即一个不动的推动者为宇宙中的所有运动负责。

"我们始终有必要探究每一个事物的终极原因。"
——亚里士多德，《物理学》
（公元前4世纪）

火
火会上升到空气之上的位置。火山的目的是使火从地球中逃逸出来。

2 质料因
质料因是岩石的物理成分。岩石由土构成，而由于土质的东西会寻找地球的中心，岩石就会向下移动。

雨
雨是从云中降落的水滴，它有向下运动的倾向，落在地球上使土壤湿润。

我的目的是思考。

3 形式因
这里的形式因指岩石运动轨迹的形状由地形决定，因为岩石的滚动和跳动是由山坡和山丘的起伏引起的。

4 目的因
当岩石到达它能够到达的最接近地球中心的地方，即山脚时，它就会停止运动。

树
树的本质是由它们植物性的灵魂决定的。树生长的目的是结出果实或种子来繁殖。

经院哲学

中世纪的欧洲文化由天主教会主导，柏拉图和亚里士多德的古典哲学逐渐被吸收到基督教学说中。

天主教神学

基督教会的建立标志着古典时期的结束。早期的基督徒认为，哲学的基础是理性，而不是信仰。因此，哲学受到怀疑，被认为无法与基督教教义相容。一些人，如希波的奥古斯丁（Augustine of Hippo，354—430年）和波埃修（Boethius，约477—524年），找到了使柏拉图的唯心主义哲学与他们的信仰相协调的方法。但是，几个世纪以来，教会对学识的垄断阻碍了古典哲学在欧洲的传播。这种情况在12世纪发生了变化，当时中世纪学者重新发现并翻译了古希腊文本。这些文本中有许多是由伊斯兰学者保存下来并翻译成阿拉伯语的。

尽管将柏拉图的唯心主义和有些神秘主义的思想融入天主教教义中相对简单，但亚里士多德的思想起初似乎与之相冲突。然而，亚里士多德的系统推理启发了一种新的教导方法，即所谓的经院哲学。教育从修道院扩展到欧洲各个城市新成立的大学中。在这些地方，亚里士多德的逻辑和辩证推理被作为检验神学论证的一种方法来教授，并为基督信仰的各个支柱提供合乎理性的辩护。

尽管关于希腊哲学家的第一个译本源自南欧，与伊斯兰世界紧密相关，经院哲学却是在基督教哲学家，如9世纪爱尔兰的约翰·司各脱·爱留根纳（John Scotus Eriugena）的学术著作中兴起的。到了12世纪，经院传统在整个欧洲蓬勃发展。其中，最具影响力的哲学家包括坎特伯雷的安瑟伦（Anselm of Canterbury，1033/1034—1109年）、彼得·阿伯拉尔（Peter Abelard，1079—1142年）、邓斯·司各脱（Duns Scotus，约1266—1308年）、奥康的威廉（William of Ockham，约1287—1347年）和中世纪欧洲哲学的主要人物托马斯·阿奎那（Thomas Aquinas，1225—1274年）。

为提供经院教育而建立的学校繁荣了若干个世纪，并且许多学校存留至今。然而，随着文艺复兴的到来，经院哲学所强调的神学被科学和人文主义思想取代了。

创造永恒

对于试图将亚里士多德融入天主教教义的基督教哲学家来说，一个主要的障碍是亚里士多德断言宇宙没有终点也没有起点，这与《圣经》中有关上帝创造世界的描述相矛盾。不过托马斯·阿奎那认为，既然人类的理性和基督教教义都是上帝赐予的礼物，它们就不可能互相矛盾。他用上帝赋予的理性论证来说明亚里士多德关于永恒宇宙的观念并没有错，但上帝确实是它的创造者：起初，上帝创造了宇宙，但也可能创造了一个永恒的宇宙。

本体论证明

在试图调和信仰与理性时，经院哲学家面临的一个问题是，如何为上帝的存在提供一个理性的论证。坎特伯雷的安瑟伦或许是第一个提出这种论证的基督教哲学家。他的推理被称为本体论证明，他将上帝定义为"无物可以被设想为比他更伟大的存在"。基于这个前提，他有条不紊地表明，如果上帝存在于我们的想象中，那么一个更伟大的上帝，即一个存在于现实中的上帝便是可能的。后来，托马斯·阿奎那确定了其他四个关于上帝存在的论证，这些论证来源于亚里士多德关于"不动的推动者"或"第一因"的观念。

基础
经院哲学   46 / 47

> "我不是为了信仰而寻求理解,相反,除非我信,我将不会理解。"
> ——坎特伯雷的安瑟伦(11世纪)

1 上帝是我们能想到的最伟大的事物。

2 上帝作为一个观念存在于我们的心灵中。

3 事物可以只存在于我们的心灵中,也可以同时存在于现实中。

4 存在于现实中的事物总是比只存在于我们心灵中的事物更好。

5 如果上帝只存在于我们的心灵中,他就不是可以被想到的最伟大的事物,因为现实中的上帝更好。

6 因此,上帝必定在现实中存在。

化质

托马斯·阿奎那运用亚里士多德关于实体、质料和形式的概念论证出，在天主教弥撒中，面包和葡萄酒实际上变成了耶稣的肉和血。

改变形式

阿奎那是经院哲学传统中最重要的哲学家之一。他在很大程度上将亚里士多德的思想融入基督教神学中。亚里士多德的"务实"哲学似乎与基督教教义的不少原则相矛盾，而不仅限于上帝创造宇宙这一条。但是，阿奎那认为，亚里士多德的哲学不仅与天主教教义相容，实际上还有助于解释它。

一个特别棘手的问题是，如何提供一个理性的、哲学上的理由证明化质的信仰，即证明天主教会声称的面包和葡萄酒实际上变成了耶稣的肉和血。为了做到这一点，阿奎那转向亚里士多德，此时，亚里士多德的思想才开始被基督教哲学家接受。

阿奎那以一种真正的经院风格将理性论证严格地应用于似乎仅仅是信仰的信条。亚里士多德认为，实体是质料和形式的混合物。化质是将一种实体转化为另一种实体，尤其是将面包和葡萄酒转化为肉和血。因此，阿奎那推断，经历这种变化的并不是面包和葡萄酒的质料，即它们的物理材料，而是它们的形式。他认为，面包和葡萄酒的祝圣改变了它们作为食物和饮品的功能或目的，使之成为神圣的祭品。因此，通过改变它们的本然性质，面包和葡萄酒的实体（质料和形式的结合）被转化为耶稣的肉和血。

被钉在十字架上的耶稣

> "在这个世界上，人的理性与上帝非常相似。"
> ——托马斯·阿奎那（13世纪）

实体

根据天主教的教义，会众在弥撒中所消耗的面包和葡萄酒都被神父所说的祷告转化为耶稣的肉和血。然而，用亚里士多德的话来说，这其中改变的不是它们的质料，而是它们的形式，即它们所起的作用和它们的本然性质，但它们的物理性质或偶然性质仍保持不变。

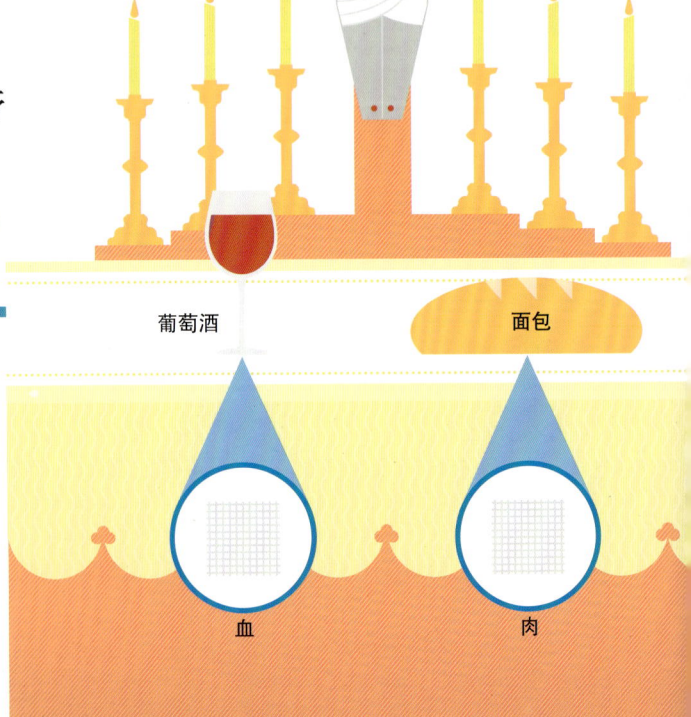

葡萄酒　　面包

血　　肉

奥康剃刀

奥康的威廉既是一位方济会修士，也是一位经院神学家。他最著名的观念被称为奥康剃刀，即考虑两个相互竞争的假设时，我们应该选择较简单的那一个。

剔除无关的东西

简要地说，奥康剃刀的原则规定，在构建或评估一个论证的有效性时，应该剔除所有不必要的假设。用奥康自己的话说就是"不应假设不必要的多数"。

任何论证的前提都必须被接受为真，但做出的假设越少越好。当一个事物存在可供选择的解释时，如果其他条件不变，变量最少的那个最有可能是正确的。在实践中，这一原则已经渐渐地被采纳为"最简单的解决办法往往是正确的"。然而，奥康的观念更为微妙，他认为做出的假设越多，论证就越不可信，因此，如果不相关或幻想的假设被删除了，那么在可替代的假设之间做出决定就更容易。

问：为什么火星看起来在太空中自我折返？

1 答：一个经过的存在物干扰了它。 ❌

2 答：它常常迷失方向。 ❌

3 答：这是一种错觉。当地球和火星都绕着太阳旋转时，地球超越了火星。 ✓

日心说

早期的天文学家观察到，火星似乎并没有在一个规则的环绕地球的圆形轨道上运行，而是做了周期性的"迂回"。他们对火星有规律的却离心的轨道提供了各种复杂的解释，但更简单的解释是，所有的行星都围绕太阳旋转。

> "如无必要，切勿增加实体。"
> ——奥康的威廉
> （14世纪）

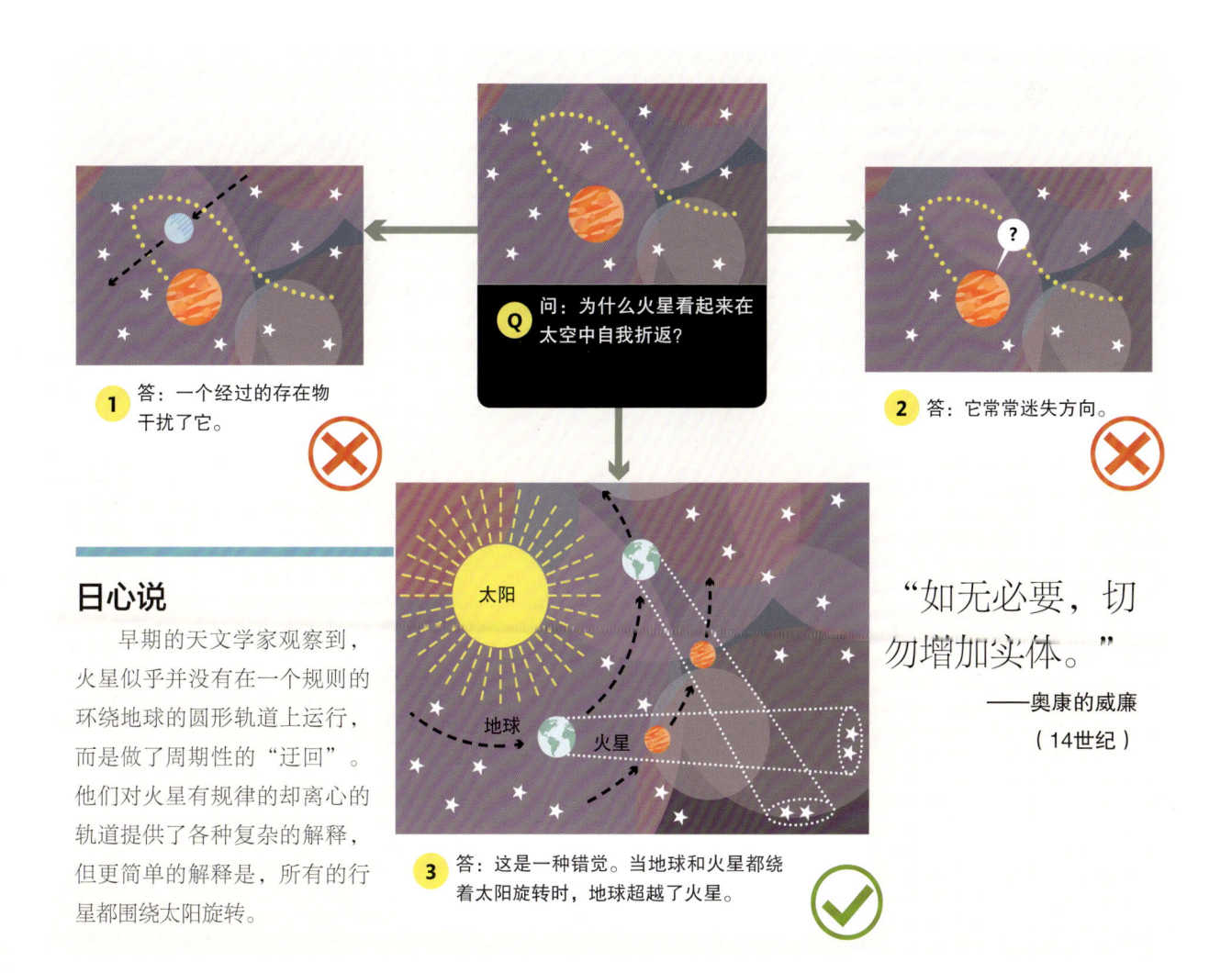

科学革命

尽管文艺复兴主要是一场艺术和文化运动，但它对自由思想的强调挑战了宗教权威，并为一个前所未有的科学发现时代铺平了道路。

逐渐被削弱的传统

科学革命始于1543年尼古拉·哥白尼（Nicolaus Copernicus）的《天体运行论》一书的出版，该书提出了与地心宇宙的观念相冲突的证据。同年，安德烈·维萨里（Andreas Vesalius）出版了《人体的构造》一书，颠覆了解剖学和医学中的许多正统观念。紧接着，人们探索自然界的方法发生了深刻的改变。传统的智慧，包括天主教教条，不再被盲目接受，而是受到了挑战。即使是创立了以系统观察为基础的自然哲学思想的亚里士多德，他的著作也受到了科学的仔细审查。

处在这场科学革命最前线的是像弗朗西斯·培根（Francis Bacon）这样的哲学家。他的《新工具》提出了一种研究自然哲学的新方法，即通过观察系统地收集证据，从中推断出自然法则。然而，同时也存在一批新的思想者和科学家，包括尼古拉·哥白尼、约翰内斯·开普勒（Johannes Kepler）和伽利略·伽利雷（Galileo Galilei）。通过证明地球绕着太阳运行，伽利略对教会教条提出了超乎寻常的挑战，并因他的努力而与教会发生了冲突。

这些科学家的发现，以及他们所使用的方法，为牛顿在下个世纪的工作奠定了基础，也影响了很多哲学家，比如笛卡儿、斯宾诺莎和莱布尼兹。正是这些哲学家帮助塑造了启蒙时代的思想。

唯有一个原因

亚里士多德哲学的核心是"四因"。16世纪和17世纪的新科学方法拒绝承认"四因"，特别是目的因。一些人提出，自然界中只存在动力因，即物理因果的起因。尽管它更接近于现代的因果观念，但这个观念最初是由原子论者在两千年前提出的。

质料　　动力　　形式　　目的

自然法则

哥白尼及其同时代人的理论预示了一个科学发现的新时代，宗教权威被削弱了，基于亚里士多德宇宙论和物理学的支配宇宙法则的正统概念也被破坏了。在这种新的科学研究的氛围中，传统假设被从观察和实验的经验证据中得出的自然法则所取代。

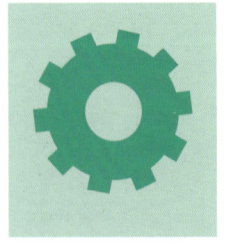

基础
科学革命 50/51

"在科学中，几千个意见的权威还不如一人之推理有价值。"
——伽利略·伽利雷

新方法

归纳

培根描述了一种运用归纳法的科学研究方法，即从特殊的实例中推断出一般的规律。例如，水在100℃时沸腾的规律是可以经推断得出的，因为在每种实例中都是如此。

实验

为了得出一个科学的结论，仅靠观察往往是不够的。由伊斯兰哲学家首创的科学方法加入了可控的实验，以获得可重复的结果。

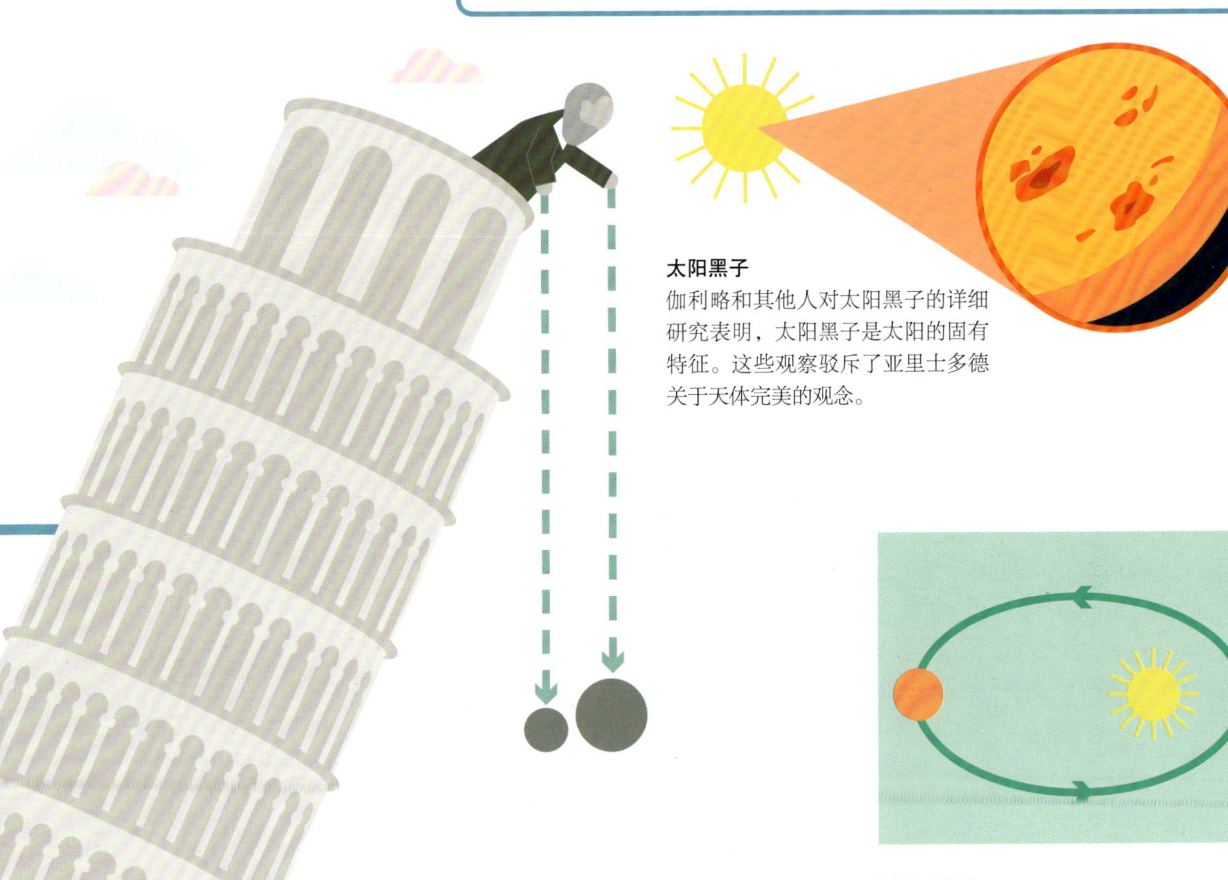

太阳黑子

伽利略和其他人对太阳黑子的详细研究表明，太阳黑子是太阳的固有特征。这些观察驳斥了亚里士多德关于天体完美的观念。

引力

伽利略从比萨斜塔上扔下两个不同重量的铁球，来证明它们以同样的速度坠落。虽然这可能只是一个思想实验，但它驳斥了亚里士多德关于重的物体比轻的物体下落更快的断言。

椭圆形轨道

一旦地球绕太阳运行得到证明，有关行星的轨道的奥秘就被揭开了。开普勒发现，火星的轨道不是圆形的，而是椭圆形的，并得出所有行星都有椭圆形轨道的结论。

怀疑世界

笛卡儿开创了一种新的哲学研究方法，这种方法被称为理性主义。

"我思，故我在"

受16世纪和17世纪科学革命的启发，哲学家开始寻找可靠地获取和检验科学知识的方法。例如，弗朗西斯·培根提倡观察、实验和归纳推理的方法。然而，笛卡儿对这种方法并不满意。相反，他提出了一种反思的方法，其目的是寻找理性的原则，以作为通过观察和实验获得的知识的基础。他认为，我们的感官是不可靠的，我们可以怀疑感官告诉我们的一切。然而，如果我们怀疑一切，至少有一样是我们无法怀疑的——一个在怀疑的"我"，正如笛卡儿所说的，"我思，故我在"。

理性至上

"我思，故我在"是笛卡儿寻找的必然真理，它不是来自他的感官，而是来自他的理智。从这一洞见出发，笛卡儿发展了一种知识理论。该理论认为感官经验不可靠，知识主要通过演绎推理获得。

> "'我思，故我在'这一命题是一个必然真理。"
>
> ——勒内·笛卡儿，《谈谈方法》（1637年）

怀疑的方法

笛卡儿的怀疑方法是在他的《谈谈方法》（1637年）中提出的。他的目标是，既要表明确定性可以仅仅通过演绎逻辑获得，又要表明科学和理性与基督教信仰是相容的。他的论证奠定了现代理性主义的基础，即知识主要来自理性而非经验。这一观点在欧洲盛行，与约翰·洛克的英国经验主义传统形成了鲜明的对比。

1 我不能相信我的感官
我的感官会被一些事物所欺骗，比如吸管在水中弯曲的光学错觉。因此，感官不是关于这个世界的信息的可靠来源。

2 我可能在做梦
当我做梦的时候，我所经历的似乎是真实的。因此，我不能确定我现在经历的就不是一个梦。

基础
怀疑世界   52 / 53

6 上帝是好的
上帝给了我感官和理智。因为他是仁慈的，他不希望我被欺骗，所以我相信我的感官告诉我的关于这个世界的一切。

5 上帝创造我
我必然存在，但我没有创造自己。因此，一定有比我更伟大的事物创造了我，那就是上帝。

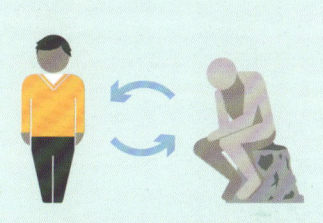

4 "我思，故我在"
如果我的身体是一个错觉，那么肯定有什么不是我的身体的事物在怀疑这一点。因此，在思考的事物，即我，必然存在。

3 恶魔可能在捉弄我
虽然可能性不大，但还是可能有一个邪恶的恶魔在捉弄我，使我相信那些不真实的事物，甚至我的身体也可能只是个错觉。

无身体的自我

笛卡儿认为感官知觉是不可靠的，他唯一能确定的是他自己作为一个思考的事物存在着。因此，本质的自我就是心灵。它与身体不同，也独立于身体。

心灵与身体

勒内·笛卡儿将心灵与身体进行区分,并将理性置于观察之上,为现代理性主义哲学奠定了基础。

笛卡儿的二元论

笛卡儿认为,理性能力是人的本质特征。他相信,我们具有这种能力是因为我们拥有一个与身体不同的心灵或灵魂。笛卡儿在运用他独特的哲学研究方法——"怀疑方法"时,将心灵与身体区分开来。

这种怀疑方法采用怀疑的方式,使笛卡儿得出结论:我们的感官远非可靠的。他认为,真理只能通过理性得到。"我思,故我在",他的这一宣称表达了他意识到他唯一能确定的是他存在,即为了思考,他必须存在。此外,他意识到,他是一个在思考的事物,而非一个物质事物,因为他可以怀疑他的身体是否是真实的。他总结道,他的存在有两个截然不同的部分:一个是不思考的身体,一个是在思考的非物质的心灵。

这使笛卡儿得出这样的结论:宇宙中存在两种不同类型的实体,其中一种是物质的,另一种是非物质的。这种观点被称为笛卡儿的二元论,这个理论提出了如今仍存争议的两种实体如何相互作用的问题。笛卡儿声称,心灵和身体在大脑的松果体中"混合",但他没有说明它们是如何"混合"的。在包括托马斯·霍布斯(Thomas Hobbes)在内的许多人看来,这一欠缺削弱了笛卡儿的理论。

在笛卡儿的时代,复杂的机器正被制造出来,有些机器甚至动起来像活的生物。科学家也相信,世界是机械的,动物、天气和星星都可被视为机器,它们的运动在原则上是可以预测的。笛卡儿对除人类外的一切都持这种观点,他声称唯独我们具有上帝赋予的理性属性。

松果体

笛卡儿认为心灵和身体是两个不同的实体,但承认两者之间必然存在某种相互作用。他认为心灵在控制身体。事实上,我们的理性自由,即我们选择如何行动的能力,是一个明显的人类特征。然而,必须有一个地方是我们的心灵与我们的身体相互作用的场所。笛卡儿认为,这就是位于大脑中心的松果体。他把松果体描述为"灵魂的所在,我们所有思想的形成之地"。

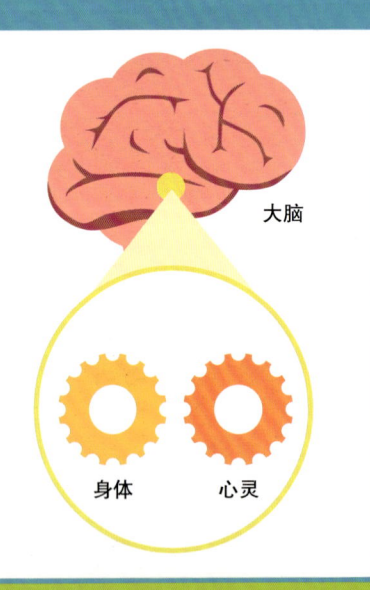

大脑

身体　心灵

✓ 知识点

- 作为一位哲学家,同时也是一位有影响力的数学家,笛卡儿创立了**笛卡儿坐标系**,开创了解析几何的领域。

- **根据笛卡儿的观点**,人的心灵或灵魂是独一无二的。其他动物都是纯粹的物质存在,以预定的方式活动。

- **笛卡儿的二元论**被认为是现代西方哲学的基础。然而,在19世纪和20世纪,唯物主义逐渐成为标准。

心灵与灵魂

心灵
在笛卡儿看来，心灵是我们存在的非物质部分，即具备思考能力的思想。它不在空间中，它可以怀疑它所感知的一切的真实性，甚至包括它借以观看的眼睛。

灵魂
根据笛卡儿的说法，由于心灵是非物质的，它不受物理衰变的影响，因此它是永恒的，是不朽的灵魂或精神的同义词。在笛卡儿看来，二元论与宗教信仰是相容的。

"在我眼中，一切都变成了数学。"
——勒内·笛卡儿，《致梅塞纳》
（1640年）

非物质世界
笛卡儿认为，非物质世界是观念、思想和精神的世界。它是由一种非物质的实体构成的。这种实体不能被感官经验到，但我们可以通过理性或理性的思想来通达它。

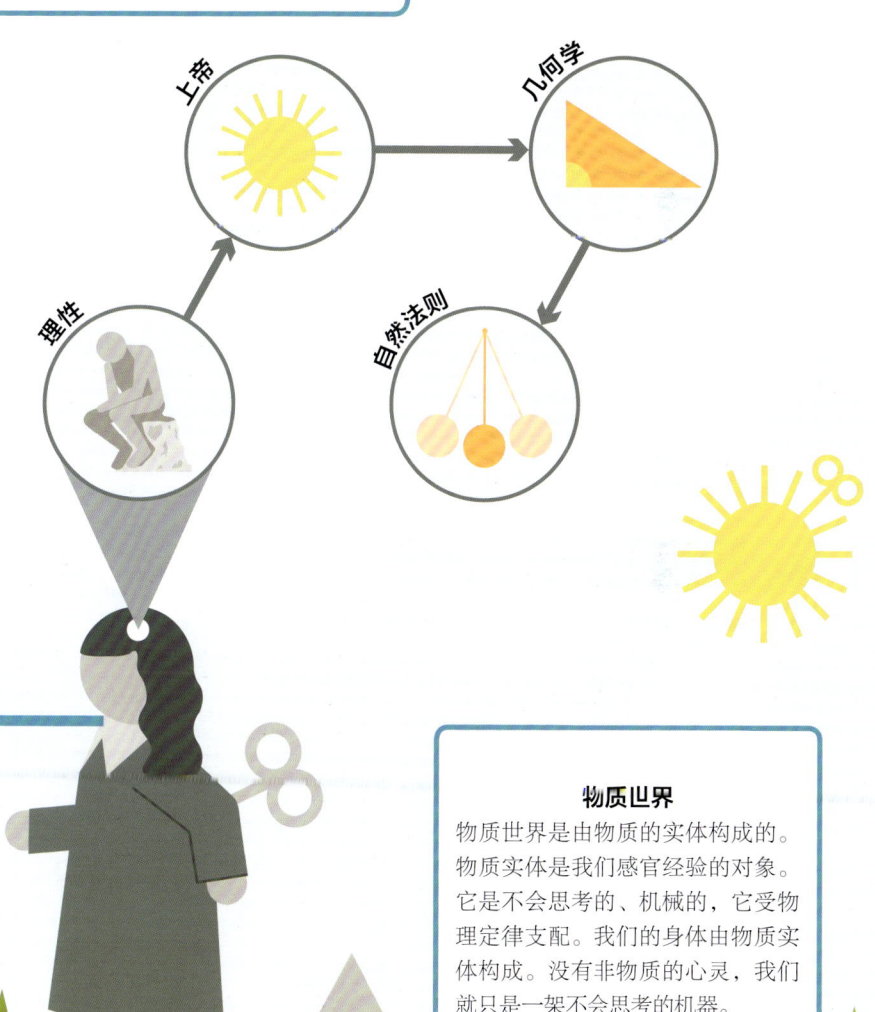

两个世界
笛卡儿接受了所有物质事物皆为机械的主流科学观点。然而，他相信非物质的心灵是上帝赋予人类的一种独一无二的属性。它的推理能力使我们能够获得诸如上帝、数学和各种物理定律等非物质事物的知识。

物质世界
物质世界是由物质的实体构成的。物质实体是我们感官经验的对象。它是不会思考的、机械的，它受物理定律支配。我们的身体由物质实体构成。没有非物质的心灵，我们就只是一架不会思考的机器。

身体作为机器

笛卡儿的身心二元论引发了一场持续到18世纪的争论。在那些拒绝笛卡儿理论的人中，最重要的是英国哲学家托马斯·霍布斯。

物理主义

托马斯·霍布斯（1588—1679年）是与笛卡儿同时代的人，曾就数学问题与笛卡儿通信。然而，在二元论上，他与笛卡儿有不同的观点。霍布斯不接受笛卡儿有关非物质实体的观念。他认为这是一种自相矛盾，用术语来描述就是，一个实体的本质必定是物质的。他论证道，如果不存在非物质的实体，那么一切都必须是物质的。他的这一观点被称为物理主义。霍布斯对自然科学特别感兴趣，并受到伽利略思想的影响。和许多同时代的思想家一样，他认为，宇宙的运行就像机器一样，服从于物理定律。行星和其他天体的运动可以用这些适用于所有对象的法则来解释。如果像霍布斯所相信的那样，人类是纯物质的，那么我们也遵循同样的法则，其本质是生物机器。霍布斯认为，我们的心灵也是物质的，我们的思想和意图不是某种非物质实体的证据，而是我们大脑中的物理过程的结果。霍布斯关于纯物理宇宙的概念从根本上背离了当时的传统思想，特别是它否认了一个非物质的上帝的存在。然而，它提供了理性主义的反论，并为一种独具特色的英国经验主义的哲学方法铺平了道路。

心脑同一

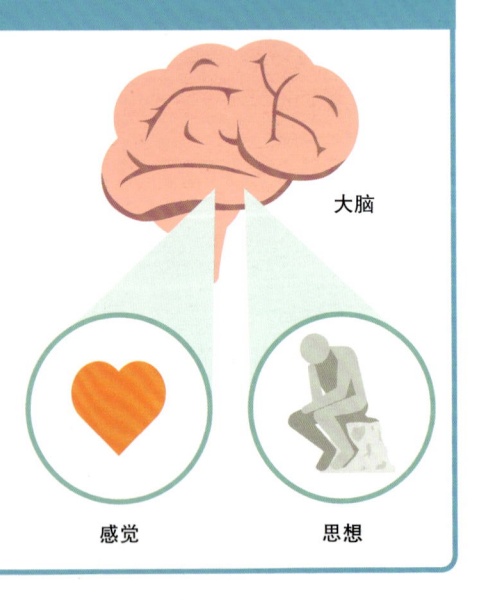

霍布斯没有区分心灵和身体的实体。他认为只存在物质实体，因而心灵和大脑是同一事物。这意味着，我们经验的思想和感觉是大脑中的物理事件，是由我们的感官提供的信息所推动的。这些思想和感觉不是由某种非物质实体构成的，而是可以从物理过程上来理解。这一观念在20世纪被重新表述为心脑同一论。

大脑

感觉　　思想

机器齿轮

在霍布斯看来，物理定律支配着宇宙。宇宙由许多组成部分构成，每个部分都有自己的功能，并受物理定律的支配。自然世界构成了宇宙的一部分，植物、动物和人类在其中扮演着各自的角色。人类已经把自己组织成社会，因而社会也要受法则支配。从生物学上讲，每个人都是一架复杂的机器，由许多功能部件构成。所有这些部件都由大脑内的物理过程控制，大脑本身则受内部和外部的刺激控制。

基础
身体作为机器   56 / 57

社会

意图

社会
霍布斯认为，人类是自私的，只是为了满足个人的生理需求而存在。为了避免混乱，我们把自己组织成社会，并服从作为一种个人保护机构的法律规则。

手臂

手

身体
我们的身体是生物机器，受物理定律的支配。我们有生理上的需求，这会推动生命的运动，比如心脏的跳动等，都是在物理上预先决定的。

自然
根据霍布斯的说法，宇宙是纯物理的，像钟表一样按照运动的自然法则运转。我们生活的自然世界是宇宙的一部分，它和它的组成部分类似于机器。一切都是预先决定的，没有自由意志的空间，也没有心灵的空间，除了大脑的运作。

自然

"认识不是别的，只是由说话引起的想法。"
——托马斯·霍布斯，《利维坦》（1651年）

单一实体

关于笛卡儿身心问题理论的一个解决方案来自荷兰哲学家巴鲁赫·斯宾诺莎。他提出,现实是一种单一的实体,既有精神属性,又有物质属性。

实体与属性

在斯宾诺莎(1632—1677年)死后出版的《伦理学》中,他解释了他的单一实体的概念,这是一种被称为实体一元论的观念。斯宾诺莎在他的成长岁月里,一直遵循着笛卡儿的观念,认为宇宙的物理和精神方面是物质和非物质两种实体的活动。然而,在往后的生活中,他拒绝了这一思想。

在《伦理学》中,斯宾诺莎把整个现实描述为由一种实体构成,物质和非物质都是它的属性。他把人类的心灵称为在"思想属性"下构想的这一实体的变体,把人类的大脑称为在"广延属性"下构想的这一实体的变体。这样,他就避免了有关身心的问题,这两个属性是并行运作的,没有相互作用。在斯宾诺莎看来,物质和心灵就像苹果的形状和味道,两者

思想与广延

斯宾诺莎坚持认为上帝和自然是同一的。他声称,没有一个独立的、超越的造物主,相反,神存在于现实的一切事物中。上帝以无穷多样的属性显现,但只有两个属性表现在我们的宇宙中,即广延(物质)和思想(心灵)。它们是构成我们的世界的物理属性和精神属性。通过它们,我们活着,并理解我们的本性。它们由上帝推动,是预先决定的,像时钟一样工作。不过,这只是上帝的两个属性,其他的属性则在我们之外的世界中显现。

异端指控

斯宾诺莎是一个地地道道的犹太人。但是,他长大后开始挑战犹太教的权威,最终被禁止进入犹太会堂。他的泛神论声称上帝内在于一切事物中,这一观念后来被天主教会视为异端,导致他的作品被禁。尽管斯宾诺莎经常被认为是无神论者,他后来却影响了许多基督教哲学家,包括索伦·克尔凯郭尔(Søren Kierkegaarde)。

上帝

对于斯宾诺莎来说,上帝内在于一切事物之中,具有无限多的属性。其中的两个属性广延(物质)和思想(心灵)构成了我们的宇宙。

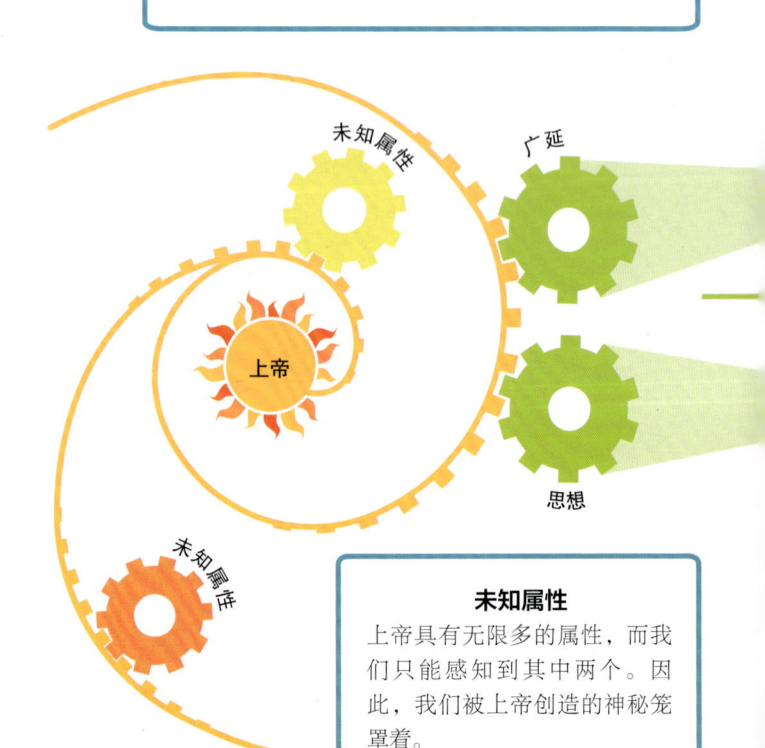

未知属性

上帝具有无限多的属性,而我们只能感知到其中两个。因此,我们被上帝创造的神秘笼罩着。

基础
单一实体 58 / 59

都不产生对方，但每一个都是比自身更大的事物的属性。有趣的是，斯宾诺莎相信，自然界中的一切事物都有物理和精神属性，比如石头就具有一种思想形式。

更具争议的是，斯宾诺莎认为，上帝和物质实体是同一的。事实上，他交替使用"上帝"和"自然"两个词，两者都是"实体"的同义词。他同意霍布斯的观点，即一切都是预先决定的。而且，斯宾诺莎认为，这也包括上帝，因为选择的自由是人类的需要，而无所不在、无所不有的上帝没有选择的必要。因为这些观念，以及一些其他思想，斯宾诺莎的作品遭到广泛谴责，但这些作品也为许多现代哲学思想奠定了基础。

知识点

- **斯宾诺莎的观点**经常被视为"属性二元论"的一种形式。该观点认为世界是由一种实体构成的，这种实体既有物理属性，也有精神属性。
- **泛神论**是这样一种信念，它相信上帝与世界并没有不同，也没有独立于世界，而是同一于宇宙中存在的一切。

广延

构成我们宇宙的实体的第一个属性是广延或物质。这是物质事物的世界，包含它们的高度、长度和宽度。物质就像一个齿轮，与上帝有关，但与心灵无关。心灵与之有着平行的存在。

思想

构成我们宇宙的实体的第二个属性是思想或心灵。它使我们能够从观念和概念的角度来理解这个世界。自然界的其他事物，包括岩石和树木，同样具有思想。思想也与上帝有关，它与物质平行运作。

"我认为，一切都在上帝中，并朝向上帝运动。"

——巴鲁赫·斯宾诺莎（1677年）

心灵作为白板

在《人类理解论》中，约翰·洛克驳斥了人类生来具有先天观念的理性主义论证，奠定了现代经验主义思想的基础。

英国经验主义

约翰·洛克（1632—1704年）的核心哲学思想是，先天知识是不存在的。在我们出生时，心灵是他所说的一块"白板"。他说，当我们观察新生婴儿时可以发现，他们没有把观念带到这个世界。只有在我们经历人生的过程中，观念才会进入我们的心灵，而这些观念是从我们对周围世界的经验中产生的。这一观念与许多同一时代的思想形成了鲜明的对比，尤其是笛卡儿和莱布尼兹的观点。笛卡儿和莱布尼兹认为，我们生来就有先天观念，我们的理性而非经验，是获取知识的主要手段。

洛克的观念并不新鲜。弗朗西斯·培根和托马斯·霍布斯就为之辩护过，甚至可以回溯到亚里士多德。然而，洛克是第一个全面捍卫经验主义（经验是我们的知识的主要来源）的哲学家。不过，这并不是说洛克否定了推理对我们获取知识的重要性。事实上，他相信，我们每个人天生就有推理能力，而正确的教育对于孩子的智力发展至关重要。

> "没有任何人的知识可以超越他的经验。"
>
> ——约翰·洛克，《人类理解论》（1689年）

认识世界

洛克声称，存在感觉和反思两种观念，后者产生自前者。用洛克的话说，对象世界引发我们心灵中感觉观念的形成。然后，我们把这些观念组织成反思观念。

1 白板
出生时，婴儿不会带着任何观念进入世界，婴儿的心灵是完全空白的。这意味着，婴儿所知道的一切都将来自他周围的世界。因此，洛克声称，孩子应该尽可能地接触最好的观念。

2 感觉观念
根据洛克的说法，对象世界引发孩子们心灵中感觉观念的形成。这些简单的印象以光在摄影胶片上形成图像的方式产生，它是一个机械化的过程，不需要孩子付出任何努力。

主要性质与次要性质

根据洛克的说法，我们只能通过感官来接收关于世界的信息。他声称，这些信息可分为两类，与他所称的主要性质和次要性质有关。一个事物的主要性质，如它的高度或质量，是客观的，独立于观察它的人而存在。然而，一个事物的次要性质，如它的颜色或味道，在观察者之间可能会有所不同，例如在两个不同的观察者看来，一个球可能是灰色或彩色的，但两个观察者在球的大小上的看法是一致的。

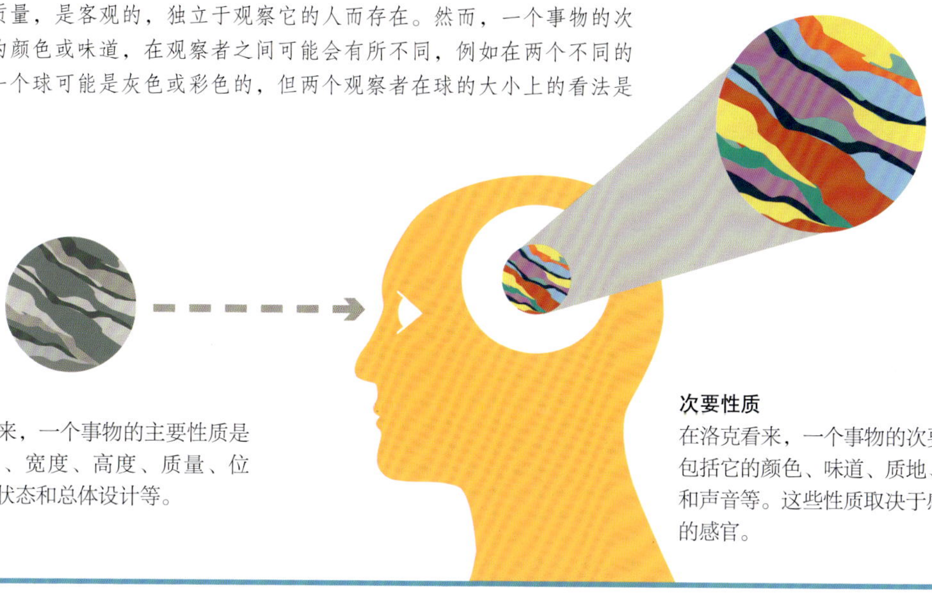

主要性质
在洛克看来，一个事物的主要性质是它的长度、宽度、高度、质量、位置、运动状态和总体设计等。

次要性质
在洛克看来，一个事物的次要性质包括它的颜色、味道、质地、气味和声音等。这些性质取决于感知者的感官。

知识点

▶ 尽管**洛克**否认先天观念的存在，但他也声称我们具有感知和推理的先天能力。

▶ 19世纪，**先天观念**的概念复苏，学者们询问行为特征是自然的还是培育的。

▶ 20世纪，**诺姆·乔姆斯基**（Noam Chomsky）扩展了洛克的观念，即我们具有先天的推理能力。乔姆斯基声称，所有人都有先天的语言能力。

3 反思观念

随着孩子长大，他们从他们的感觉观念中建立起反思观念。从他们与其他人的互动中，以及例如他们从他们对球的性质的简单理解中，他们可以创造出关于"足球"的观念，再加上一些其他简单的观念，他们形成了更为复杂的关于"团队合作"和"竞争"的观念。

足球 / 团队合作 / 竞争

无限心灵

戈特弗里德·莱布尼兹在他的《单子论》中提出了笛卡儿的二元论的激进替代品。他认为，宇宙是由他称之为"单子"的无限多的类似心灵的实体构成的。

单子

和笛卡儿一样，莱布尼兹（1646—1716年）也是一个理性主义者，认为知识主要来自推理，而不是经验。他认为，宇宙是由无限多的像心灵一样的单子组成的，每一个单子都包含了宇宙在过去、现在和将来的状态中的全部表现，而人类的心灵就是这样的单子。根据莱布尼兹的说法，我们的心灵包含关于宇宙的每一个可想象的事实。因此，在理论上，我们应该能够仅仅通过理性的反思就知道一切，甚至是火星上的气温。然而，我们无法做到这一

单子的性质

莱布尼兹认为，宇宙的基本组成部分必定是不可见的。然而，他也认为，既然所有的物质事物都是可分割的，那么，构成宇宙的真正元素必须是非物质的。在莱布尼兹看来，这些单子是永恒不变的，无法相互交流。单子不存在于物理空间中，它们类似于笛卡儿在宇宙二元论中所确定的非物质的心灵或灵魂。

单子是……
不可见的

封闭的

点，因为我们的理性机能太有限。莱布尼兹认为，我们必须从经验上"发现"这些事实，例如通过科学实验。

莱布尼兹将"推理真理"与"事实真理"区分开来，他将推理真理定义为我们仅通过理性反思就知道的真理，即使它只是在有限的范围内。推理真理包括数学真理，如"2+2=4"。莱布尼兹将事实真理定义为我们通过经验发现的真理，比如火星上的天气。

✓ 知识点

- **"单子"**一词源自希腊语"monás"，意思是"单位"，莱布尼兹借它来描述存在的基本单位。
- **和笛卡儿一样**，莱布尼兹是一个成功的数学家。他发明了微积分和各种机械计算装置。
- **莱布尼兹**常被描绘成一个乐观的哲学家。他相信，上帝是至善至美的，而我们的世界是单子和谐共存的最好的可能世界。

非物质的

类似灵魂的

独立的

永恒的

独一无二的

事实与观念

和洛克一样,大卫·休谟相信我们的知识主要来自经验。然而,他也认为,我们永远不可能确切地认识世界。

自然假设

休谟(1711—1776年)感兴趣的主要是认识论(知识的本质),而非形而上学(宇宙的本质)。在《人类理智研究》中,他着手考察人类心理如何决定我们能知道和不能知道的事物,尤其是我们能确切知道和不知道的事物。

尽管身为一个相信经验是我们的知识的主要来源的经验主义者,休谟承认数学公理之类的许多命题可以通过推理得出,并且不能被怀疑,因为如果怀疑"2+2=4"就无法理解其意义。然而,他争辩说,关于世界,这样的真理什么都没告诉我们,它们只是表达了观念之间的关系。为了获得关于世界的知识,我们需要经验。但是,休谟认为,这样的知识永远也不能确定。因此,我们陷入了一个叉子一样的困境:一方面,我们对关于世界什么都没告诉我们的事物有把握;另一方面,我们对关于世界的知识永远不确定。休谟论证道,对世界做出假设是人类的天性,特别

"三角形的内角和等于180°。"

"两个男人加两个女人等于四个人。"

"下雪了。"

观念关系

上图中的这种陈述是必然真理。换言之,它们不能在逻辑上相互矛盾。例如,三角形的内角和不可能不等于180°,二加二也不可能不等于四。我们可以确定这些真理,但是关于世界,它们什么也没告诉我们。它们只是表达了观念之间的关系。

休谟之叉

休谟认为,真理有"观念关系"和"事实问题"两种。前者根据定义就是真的,后者则取决于事实。哲学家称这一区别为"休谟之叉"。

基础
事实与观念 64/65

是人们认为世界是可预测的和统一的。例如，我们假设，当我们向窗户外扔砖头时，砖头会使窗户玻璃破碎。休谟认为，我们确切知道的只有扔砖头后会紧跟着窗户玻璃破碎。他说，我们无法察觉到原因，只能察觉到事件间的通常联结，也就是某些事件经常在其他事件之后发生。我们只能想象它们之间有一种"联系"。

休谟并不是说我们做假设是错误的，因为没有这些假设，生活是不可能的。相反，他建议，我们应认识到假设在多大程度上支配着我们的生活，而不要把它们与真理相混淆。

> ### 知识点
> - 休谟认为，数学和自然科学的区别在于，数学真理是必然真理，或者说是他所说的"观念关系"，而科学真理是偶然的，或者说是有条件的"事实问题"。
> - 在休谟之前的半个世纪，**戈特弗里德·莱布尼兹**对推理真理和事实真理做了一个类似的区分。
> - **伊曼努尔·康德**和后来的哲学家在分析陈述和综合陈述之间做了区分，前者的真理分析可以仅仅通过推理来确定，后者的真理分析则需要通过事实来核实。

"我有一只猫。"

事实问题
上图中的这种陈述是偶然的。换言之，它们的真假取决于它们是否反映了事实。例如，否认"下雪了"或"我有一只猫"的陈述是不合逻辑的，它们的真实性仅仅取决于当前的天气状况，以及我是否拥有一只猫。

归纳

休谟认为，像"太阳从东方升起"这样的一般陈述在逻辑上是不合理的，因为我们不能证明太阳明天不会从西方升起。这也意味着，诸如"月球绕地球运行"这样的科学陈述是不合理的，因为我们可能会发现，月球的运行方式在明天会不同。此类陈述被称为"归纳"，因为它们使用了归纳推理法。换言之，它们是基于有限数量的特殊案例提出的一般主张。

在休谟看来，我们无法确定下一杆球的表现是否会和过去一样。

> "习惯是最伟大的生活指南。"
> ——大卫·休谟，《人类理智研究》（1748年）

心灵塑造世界

康德认识到,尽管理性主义和经验主义提出了相反的主张,但两者都包含了真理的要素。他认为,虽然我们通过感官认识世界,但世界是由我们的心灵塑造的。

事物表象

康德(1724—1804年)试图确定我们对世界之认识的界限。与他的前辈约翰·洛克不同的是,康德认为,只有经验是不可靠的。我们受特定的感官限制,当我们感知某物时,我们只能感知到我们心灵中那个事物的表象,而无法看到事物本身。例如,一朵玫瑰对不同的动物可能会呈现不同的颜色,因而它只能被视为我们感官的间接构造。

康德还认为,我们的心理构造塑造了我们感知的世界。他说:"我们的心灵是如此构造的,以至于我们依据空间和时间来感知事物,任何超出这些界限的事物都是我们无法认识的。"他声称,在某种意义上,我们将空间和时间的概念投射到世界上,然后依照着这些感知世界。例如,一个孩子通过经验学习"这里"和"那里"的概念,但只有他天生就理解了"空间"的概念,这才是可能的。同样,孩子学会"当时"和"现在"的概念,是因为他对"时间"的概念有一种先天认识。

先验唯心主义

康德认为,正是先天概念使经验成为可能,它们就像我们借之来投射和观察世界的镜片。因此,康德既不是理性主义者,也不是经验主义者。换言之,他既没有把理性也没有把经验作为我们的知识的主要来源。他把自己的立场描述为"先验唯心主义"。

现实世界中的蝴蝶

本体世界

康德将我们感知事物的方式与画家呈现事物形象的方式进行比较。一幅画可以描绘一个场景的每一个细节,但它仍然只是那个场景的表象,而不是场景本身。同样,我们对一个物体的感知是一种心灵上的表象,而不是对象本身。我们只经验可以通过我们的感官进入的现象世界,却无法直接进入康德称之为本体世界的物自体。

物自体

知性范畴

在康德看来,当我们感知一个物体时,我们在用我们先天的时空观念塑造它。我们把这些观念投射到对象上,然后从这些方面加以解释。他将时空描述为先天的"直观",并进一步区分了12个概念或范畴。康德还声称我们天生就认识这些范畴,并将它们投射到我们所感知的事物上。康德把这些范畴分为量、质、关系和模态四组。

基础
心灵塑造世界
66/67

> "思想无内容则空，直观无概念则盲。"
>
> ——伊曼努尔·康德，《纯粹理性批判》（1781年）

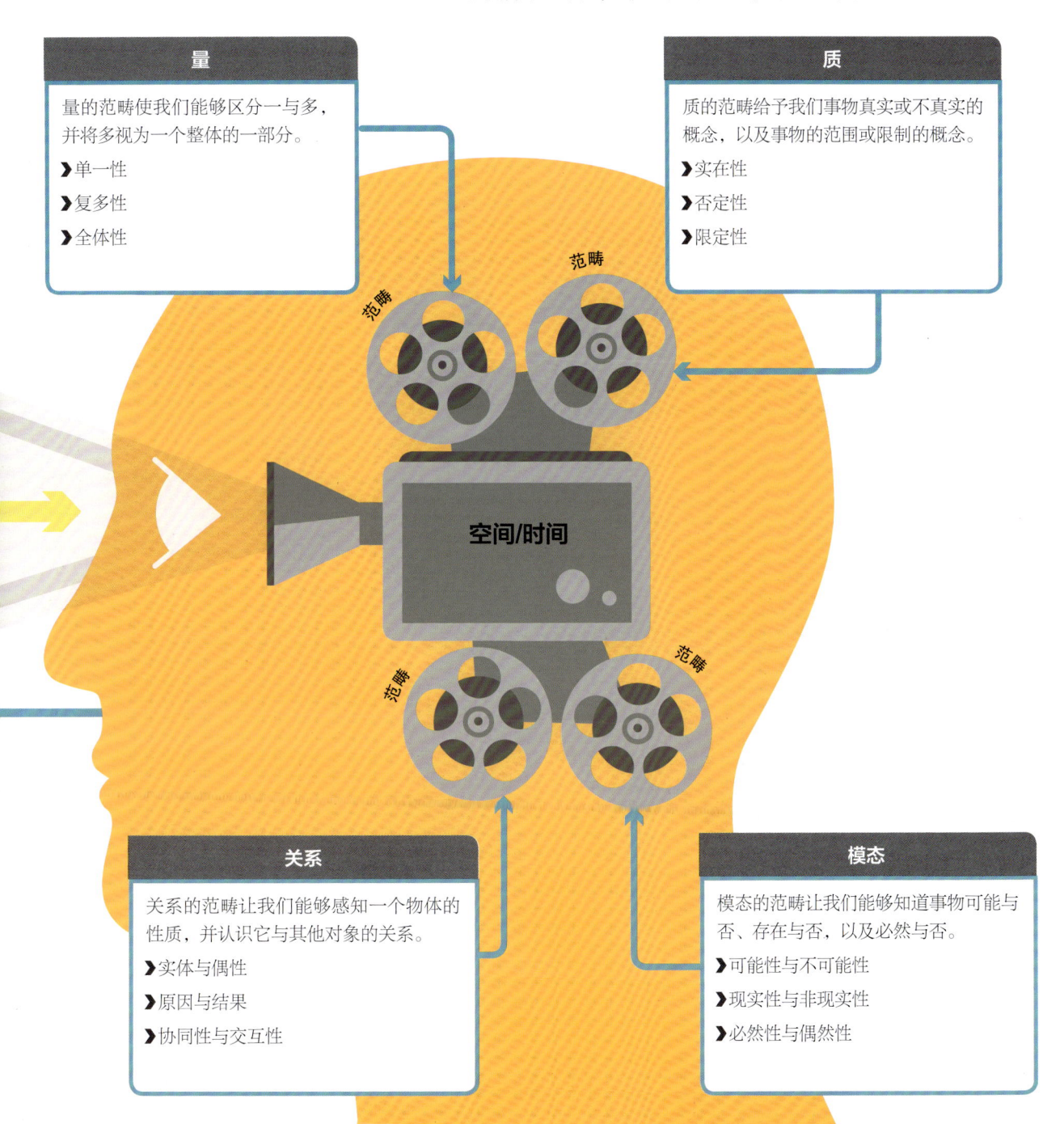

量

量的范畴使我们能够区分一与多，并将多视为一个整体的一部分。
- 单一性
- 复多性
- 全体性

质

质的范畴给予我们事物真实或不真实的概念，以及事物的范围或限制的概念。
- 实在性
- 否定性
- 限定性

空间/时间

范畴 范畴 范畴 范畴

关系

关系的范畴让我们能够感知一个物体的性质，并认识它与其他对象的关系。
- 实体与偶性
- 原因与结果
- 协同性与交互性

模态

模态的范畴让我们能够知道事物可能与否、存在与否，以及必然与否。
- 可能性与不可能性
- 现实性与非现实性
- 必然性与偶然性

真理的类型

康德的先验唯心主义的核心思想是，独立于经验证据或经验来认识世界是可能的。

分析陈述和综合陈述/先天知识和后天知识

在康德之前，不少哲学家就已经认识到了存在两种真理——必然真理和偶然真理。必然真理，如"圆是圆的"，根据定义就是真的，因而无法否认又不自相矛盾。偶然真理，如"天是蓝的"，则需根据事实判断对错。康德提出了两个相似的区分：第一个是分析陈述和综合陈述，第二个是先天知识和后天知识。分析陈述和任何命题一样，都

真理的类型

分析陈述是一种必然为真的陈述，或者说按照定义就是真的，综合陈述则是一种需要根据事实判断真假的陈述。然而，先天知识与后天知识之间的区别则关系到我们如何认识真理（无论是仅仅通过推理的，还是参照事实的）。

"所有的单身汉都快乐"

综合陈述
"所有的单身汉都快乐"这一陈述是综合陈述，因为"单身汉"的定义中不包含"快乐"。

"所有的单身汉都是未婚的"

分析陈述
"所有的单身汉都是未婚的"这一陈述是分析陈述，因为"未婚"一词包含在"单身汉"的定义中。

"2+2=4"

先天知识
先天知识是独立于经验的，既包括分析陈述，也包括诸如"2+2=4"这样的数学命题。

"水是H_2O"

后天知识
后天知识取决于经验证据或经验，不能通过理性反思获得。

基础
真理的类型

是由主语和谓语构成的,但其谓语却隐含在主语中。例如,"正方形有四条边"是分析陈述,因为其谓语("四条边")在其主语("正方形")中是隐含的,因而根据定义就是真的。然而,综合陈述具有增加知识的谓语,告诉我们一些关于世界的新东西。例如,"这个正方形是红色的"是综合陈述,因为其谓语("红色的")不包含在其主语("正方形")中。康德还确定了两种不同类型的知识:先天知识和后天知识。前者被认为是独立于经验的,后者被认为只能通过经验获得。这两种知识分别以分析陈述和综合陈述的形式来表达。

然而,康德也声称存在第三种类型的知识,即先天综合知识。它既必然为真(先天的),又增加了知识(综合的)。

先天分析与先天综合

在康德之前,人们认为所有的先天知识都必定是分析性的。换言之,如果没有任何经验证据,那么它就不能告诉我们关于这个世界的任何新东西。然而,康德声称,从先天陈述中,我们可以做出综合的演绎,从而告诉我们一些关于世界的事情。

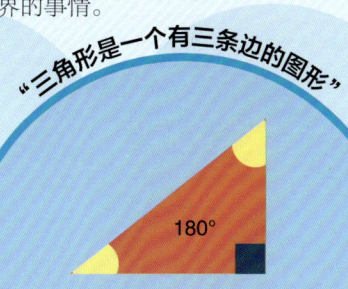

"三角形是一个有三条边的图形"

先天分析
这个陈述是分析性的,因为"三角形"这个主语的定义是一个有三条边的图形。这也是一个先天真理,因为我们无须经验证据就能认识它。

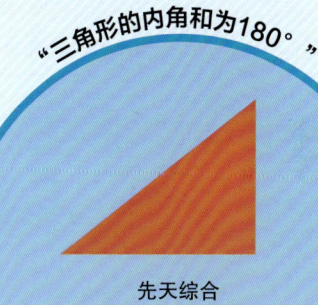

"三角形的内角和为180°。"

先天综合
这个陈述告诉我们一些三角形的定义中并不隐含的事情,因而是综合性的。然而,这也是一个先天真理,因为康德认为,它可以通过理性的反思得到。

先天综合判断
康德认为,我们生来不具有关于世界的知识,但我们确实有先天的概念,它使我们能够理性地经验世界。例如,我们具有关于空间、时间和因果关系概念的先天知识,这些知识使我们能够得出科学的和数学的真理,而这些真理既是综合的(增加知识的),又是先天的(必然为真)。在康德看来,"3+3=6"这一陈述是一个综合的先天真理,因为它增加了知识(它说的不只是"3+3=3+3"),并且可以仅仅通过理性获得。

三加三……　　……等于六

现实作为过程

19世纪初，德国哲学由格奥尔格·黑格尔主导。黑格尔不仅把现实视为非物质的，而且把它视为一个不断变化的、动态的过程。

黑格尔的辩证法

许多哲学家追随康德，认为现实最终是非物质的。这一观点被称为唯心主义，在19世纪成为德国哲学的一个特征。黑格尔（1770—1831年）热情地拥抱了这一观点。

在黑格尔看来，现实是一个单一的实体，所以哲学研究的客体（世界）和进行思考的主体（意识）是同样的东西。这个实体就是黑格尔所说的"精神"。他认为，精神不是静止不动的，而是不断地演变发展的，能够展现出更加复杂的自我形式。这一过程的一个例子是我们对现实的认识。由于我们是精神，我们认识的进步就是精神对自身的持续洞察。

根据黑格尔的观点，精神演进的过程是辩证的。换言之，在这一过程中将会出现相互冲突的矛盾，问题的解决反过来又会造成新的矛盾。每一事物（如无序）都包含其自身的对立面（如专制）。在推动历史前进的过程中，这些对立面结合在一起，形成了一个解决方案（如法律）。

黑格尔把辩证法的这些方面分别称为"正题""反题"和"合题"。合题由其他两个方面组成，是一个新的、更为丰富的现象。然而，合题包含自身的矛盾或反题，因而成为一个新的正题。它用新的、更复杂的综合来解决自己的问题。在黑格尔看来，整个历史就是这样一个辩证的过程，是一个由精神推动的把自身"倾入"时间又回到自身的过程。

辩证法

随着思想者越来越意识到精神的本质，我们的思想的过程遵循一个辩证的模式。从有关宇宙实体的幼稚思想开始，通过对现实本质的各种解释，我们的思想不断演进，直到达到绝对精神，而精神也开始意识到自己是终极现实。根据黑格尔的看法，精神的自我发现表明其距离绝对精神不远了。

存在与生成

黑格尔认为，没有一个观念或现象是孤立存在的。一切事物，包括人类历史，都被联结在一个动态的生成过程中，甚至现实本身也是一个过程。黑格尔通过让我们考虑存在的概念来解释这一点：存在的对立面是无，它有助于定义存在；如果没有它，存在就是不可想象的。然而，存在和无不只是对立的，它们在作为存在和无的合题的生成概念中获得了它们的全部意义。

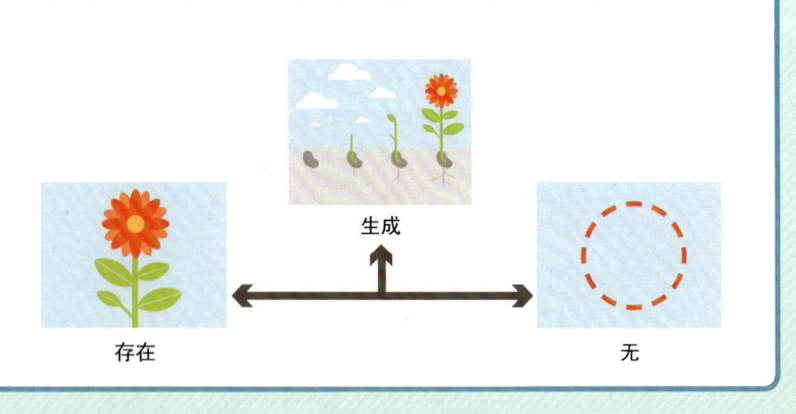

存在 ← 生成 → 无

正题

泰勒斯
真理可以通过观察自然世界而得到。

基础
现实作为过程 **70 / 71**

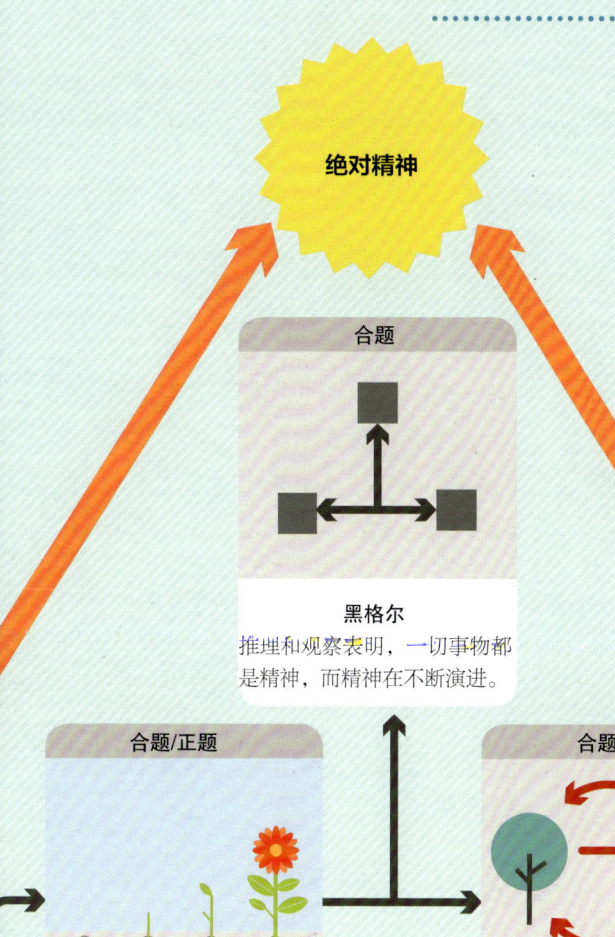

精神与历史

在黑格尔看来，现实是一个生成的过程，尽管他拒绝了世界只是由物质组成的观念。相反，他认为，现实从根本上讲是精神，物质和心灵是这个单一的基本事物的两个方面。那么，历史就是精神的历史，它不断演进并走向一个终点。这个终点就是他所说的绝对精神。当精神内部所有的矛盾都解决了的时候，辩证法就结束了，而绝对精神就是那个时刻。在那个时候，精神就像它在辩证法开始时一样。正如黑格尔所说的，它把自己倾入了时间。

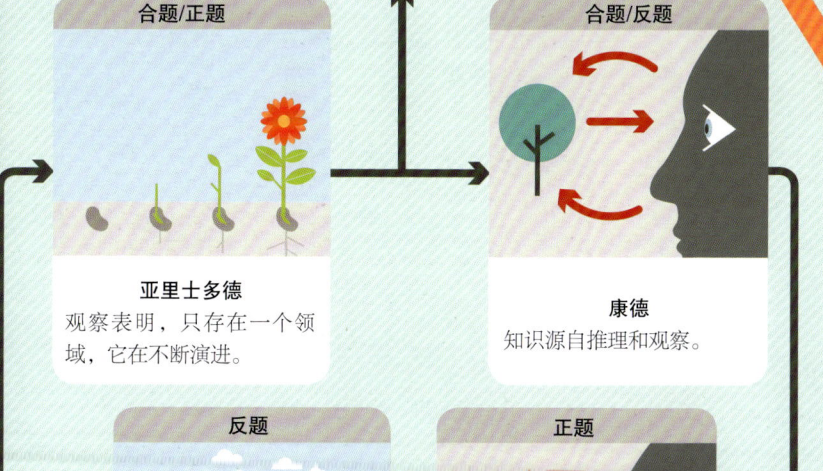

绝对精神

合题
黑格尔
推理和观察表明，一切事物都是精神，而精神在不断演进。

合题/正题
亚里士多德
观察表明，只存在一个领域，它在不断演进。

合题/反题
康德
知识源自推理和观察。

反题
柏拉图
自然世界是一个更高领域的影子。

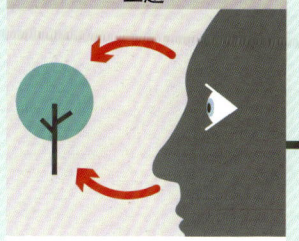

正题
笛卡儿
我们的知识的主要来源是推理，而非观察。

反题
休谟
我们的知识的主要来源是观察，而非推理。

历史终结

黑格尔将现实定义为一个不断演进的过程,一个由正题、反题和合题的原则推动的过程。黑格尔论证道,历史是自由的演进。

日益增长的和谐

黑格尔认为,现实是由已经把自己倾入时间的"精神"构成的,历史则是精神回归自身的过程。因为人类是精神的一个方面,人类历史也就是精神的历史。所以,我们从无知到有知,从暴政到自由发展,都是精神自己演进的过程。这个演进以人类自由的增加为特征,因为精神从根本上是自由的。历史是精神彰显自身的过程。

由于精神是通过辩证的过程演进的,人类社会也同样如此。在任何时候,社会内部的紧张关系都是由一个正题(现状)引起的,这个正题与一个矛盾的立场、一个承诺为人们提供更多自由的立场竞争。这种紧张关系通过合题来解决,它是人类历史的下一个阶段。

因此,在黑格尔看来,历史的目的就是实现人类自由的现实化,以及一种绝对精神的社会表现。那时,精神会达到完全的自我意识,一切都存在于和谐之中。

历史进程

黑格尔认为,由于现实不是静止的,而是一个精神越来越具有自我意识的辩证进程,历史也以类似的方式演进。他追溯了从古代开始的历史发展,指出在每一个时代,相互冲突的社会观念都产生了一个增加自由意识的合题。从古代文明中存在的暴政开始,历经古典时期不断演进的政府体制,到不公正的贵族制被推翻,这一过程一直朝着更公平、更自由的社会发展。这些在理想社会中达到高潮。根据黑格尔的说法,这个理想社会就是普鲁士王国。

> "这个世界的历史不是别的,只是自由意识的进程。"
> ——格奥尔格·黑格尔,《历史哲学演讲录》(1822年)

罗马
希腊制度和波斯制度之间的紧张关系使罗马兴起。作为统治权力,罗马把权利赋予它的公民。

波斯
古代波斯由一个专制君主统治,他管理这个等级森严的独裁国家,几乎没有给个人自由留下余地。

暴政

基础
历史终结   72/73

普鲁士王国
贵族制与革命的合题以普鲁士君主立宪制的形式出现。君主主持自由的民主制，这是自由最大化的理想状态。

历史终结

革命
随着教会权力的削弱，君权神授的统治受到挑战，贵族阶层被驱逐，人民获得了权力。

宗教改革
天主教会和神圣罗马帝国的腐败激发改革，创建了由贵族阶层统治的新民族国家。

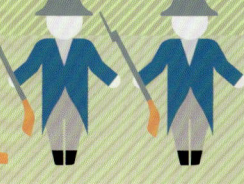

基督教
与罗马的体制相比，基督教提供了一个以个人道德和同情心为基础的社会，它由教会机构统治。

希腊
随着希腊城邦的建立，新的社会形式出现了，它赋予公民权利，甚至采用民主制。

时代精神

在黑格尔看来，历史发展是循序渐进的，有着不同的时期，而不是一种平坦的发展。在历史发展的每一个阶段，精神在自身中都带有将引发变革的反题。但是，在反题出现之前，正题都是主导的观念。黑格尔称之为"时代精神"，其特点是具有自己独特的观念、习俗和制度。

阶级冲突

马克思是哲学家，也是经济学家和社会学家。他从人与物质条件的关系中探讨历史进步的观念。

马克思主义哲学

马克思主义哲学是"新唯物主义"，它是马克思和恩格斯总结了19世纪中叶社会经济的发展、阶级斗争的经验和自然科学的最新成果，批判继承了人类文化的优秀遗产，特别是在批判地吸取了黑格尔的概念辩证法和费尔巴哈的人本唯物主义的基础上建立起来的。

阶级斗争

马克思在《共产党宣言》（1848年）中写道："至今一切社会的历史都是阶级斗争的历史。"

领主
在封建社会，财富由农地组成。农地归领主所有，却由农奴耕种。

贵族
在古代文明中，权力和财富掌握在占统治地位的贵族手中。他们拥有奴隶来进行必要的劳动。

史前史

基础
阶级冲突

社会主义
社会主义社会是资本主义社会向共产主义社会过渡的社会形态。

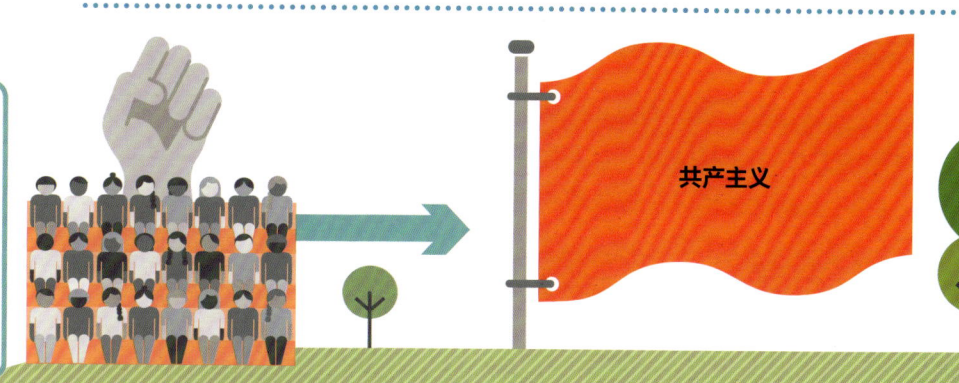

共产主义

资产阶级
资产阶级指占有社会生产资料并使用雇佣劳动的现代资本家阶级。

无产阶级
无产阶级指没有自己的生产资料,因而不得不靠出卖劳动力来维持生活的现代雇佣工人阶级。

农奴
虽然农奴不是奴隶,但他们为领主管理土地,以换取一小部分农产品。

奴隶
占统治地位的贵族的对立面是奴隶阶级。他们是贵族的财产,却没有自己的财产。

唯物辩证法的发展观

物质世界处于永恒运动、变化、发展的过程中。自然界总是处在由低级到高级、由简单到复杂的发展过程中。人类经历了原始社会、奴隶社会、封建社会、资本主义社会,一些国家进入了社会主义社会,人类还将进入共产主义社会,而共产主义社会仍将继续发展。

有用的真理

19世纪下半叶，当美国开始明确主张自己的文化认同时，美国哲学家发展出一种独特的实践性思想流派，被称为实用主义。

实用主义

美国实用主义的先驱是数学家和逻辑学家查尔斯·桑德斯·皮尔士（Charles Sanders Peirce，1839—1914年）。从科学家的角度来看哲学研究，皮尔士对它的实际应用如此之少感到震惊。许多哲学思想看起来只是一场关于抽象概念的辩论，与我们生活的世界毫无关联。为了制止这一趋势，皮尔士提出了一个实用原则："要考虑你的概念对象的实际效果，你对这些效果的概念就是你的概念对象的全部。"

皮尔士建议，为了理解一个命题的意义，我们应该考虑如果我们接受它并付诸行动会发生什么。换言之，我们

信念与行动

詹姆斯注意到，我们经常没有证据证明我们的信念，但无论如何，我们要采取行动，以发现它们是否是真的。例如，如果有人在森林中迷路了，他遇到了一条小路，可能没有证据表明这条小路会把他带到安全的地方，但他相信可以，这一点至关重要。这个例子触及了詹姆斯哲学的核心：我们的信念是必不可少的，它们的真假取决于它们对我们的生活的改善程度。

2 一条通向安全之地的路
如果旅行者相信这条路会通向安全之地，那么他就应该走这条路。

1 在森林里迷路
如果一个在森林里迷路的旅行者遇到一条小路，他需要决定是否要走这条路。这条路可能会通向安全之地，或者根本就不会通向任何地方。

3 一条通向毁灭的路
如果旅行者相信这条路是死路，那么他就没有理由去走这条路。

应考虑它是否有实际意义。从这一点出发,他推断知识不是由必然之事物构成的,而是由那些只要有用就有效的观念构成的。例如,科学产生了有用的观念,当更好的观念被想到时,这些观念就会被抛弃或被改进。

或能对我们的生活产生实际的影响,它才是真理。信念的真假取决于其反映世界之程度的精神实体。世界是不可预测的,如果我们的信念能够帮助我们找到穿越世界之路,它们就是真的。詹姆斯非常敬仰查尔斯·达尔文。达尔文的《物种起源》(1859年)出版时,詹姆斯还是一个青少年。达尔文认为,适者生存,这归功于它们优越的生物学特性的发展。在詹姆斯看来,我们的信念是相似的——如果它们能够帮助我们生存,它们就是真的;如果它们对我们的生存没有效用,它们就是假的。

真理的"现金价值"

皮尔士的朋友和同事威廉·詹姆斯(William James, 1842—1910年)采用并发展了这种实用的方法。他认为,真理不同于事实,事实仅仅陈述了实际的情况。对詹姆斯来说,事实本身并不为真,如果相信其有"现金价值",

4 信念的证明
如果旅行者走了通向安全之地的路并找到了安全之地,那么他的决定就证明了他的信念为真。

5 无价值的信念
如果旅行者走了通向毁灭的路并留在森林里,他最终就会死去。他的决定证明他的信念没有任何价值。

"真理与信念有关。信念能成为真的是被事实证明为真的。实际上,它的真实性是一个事件或一个过程。"

——威廉·詹姆斯,《实用主义:旧思维方法的新名称》(1907年)

宗教信仰

从广义上讲,实用主义是这样一种观点:如果信念在实践中起作用,即如果它有用,并对我们的生活产生积极的影响,那么它就是真的。然而也可以说,按照这个标准,任何事情都可能是真的,只要它能改善我们的生活,从而使我们相信它。例如,宗教信仰很少是出于理性或常识的理由。许多人有宗教信仰,因为他们的信仰给了他们舒适和道德指引,而这些如果不是"有用的真理",便什么也不是。

实用主义者既不否认也不肯定某些客观真理,例如上帝的存在或祈祷的力量,而是捍卫它声称是真理的权利。威廉·詹姆斯强调,在审视宗教信仰时,重要的是要考虑个人的经验,而不是宗教机构的宣称,因为只有个人才能解释他们的信仰的重要性。换言之,只有个人才能解释信仰在他们生活中的作用。

真理的价值

随着教会在现代工业社会中影响力的下降，尼采看到了彻底重审真理和道德之基础的机会。

超越善恶

在19世纪，哲学家越来越倾向于接受唯物主义的世界观。伴随而来的是社会中日益增长的世俗主义，越来越多的思想家公开表达他们的无神论。弗里德里希·尼采（1844—1900年）年轻时就抛弃了基督教信仰，这影响了他后来的许多思想。特别是，他发现了现代社会的一个问题：它继承了宗教强加的道德，但如今这些道德缺少一个赋予它们权威的来源。尼采认为，道德哲学家和民主政府也有过失，因为他们倡导一种适用于每个人的道德，而未能适应个人的能力。

在尼采看来，这种普遍的道德体系妨碍了个人根据自身的标准本真地生活。他强烈批判基督教道德，说它倡导谦逊是美德，却威胁人们对那些违犯者进行报复性惩罚，把弱者抬高到强者之上，从而完全扭曲了人的本性。

尼采认为，"自由意志"的概念起源于复仇的欲望。事实上，所有的"真理"宣称都是由"权力意志"（一种驱使我们改善自身状况的本能）以某种方式塑造出来的。

尼采声称，基督教应该被一种肯定生命的道德取代，并且这种道德应该被视为每个人都能实现他们的全部潜能的美德。这反过来影响了我们对真理的态度。尼采说，真

权力意志

尼采认为，我们有意识的信仰与真理没多大关系，而是起着掩盖我们无意识的需求和欲望的作用。这些欲望是尼采所谓的"权力意志"的表现。例如，自由意志的信仰是一个面具，它隐藏了人们需要为他们的行为负责的事实。至于他们是否在事实上是自由的，这个"真相"是不存在的。

有罪判决
法官和他所代表的社会要求人们负起责任，以便对其施行控制，而与被告可以自由选择做什么无关。自由意志的观念被用来证明和促进对罪犯的惩罚。

知识点

▶ 凌驾于社会迷信之上的是理想的个人，也就是尼采在《查拉图斯特拉如是说》（1883年）中所描绘的"超人"。

▶ 在《道德的谱系》（1887年）中，尼采认为，一些宗教，尤其是犹太教和基督教的道德价值是"奴隶"道德，它把软弱和顺从崇尚为美德。

▶ 尼采的许多道德哲学，如"权力意志"和"超人"的观念，被极权主义领袖所利用。他们为自身的目的而曲解尼采的话。

基础
真理的价值
78 / 79

理取决于视角，他称之为"视角主义"。视角主义让个体自由选择信仰什么真理，考虑哪些真理是肯定生命的，哪些可以被忽略。

"上帝死了"

当尼采宣布"上帝死了"，"我们已经杀了他"，他指的是19世纪开始的快速的社会世俗化。被杀的不只是上帝，还有宗教，它们在现代社会变得越来越无关紧要。

什么是真理？

决定论

无罪

刽子手
对自由意志的信仰使刽子手能够完成他的工作。如果他相信罪犯的违法行为是自由的，那么他就不会后悔夺走罪犯的生命。

罪犯
罪犯可能认为自己是环境的受害者，所以相信自己是无辜的。然而，这仅仅反映了他逃避死亡的愿望。

权力意志

无罪宣称
决定论认为我们的选择是被预先决定的，自由意志是一种错觉。对于等待被处决的人来说，这是一个令人欣慰的信念。

观念作为工具

美国思想家约翰·杜威（John Dewey，1859—1952年）属于实用主义的哲学流派。他认为，观念既不为真，也不为假，而是帮助或妨碍我们生活的工具。

自然主义

和实用主义者查尔斯·桑德斯·皮尔士一样，约翰·杜威也受到查尔斯·达尔文的思想的影响。达尔文认为，人类是通过自然选择的过程进化的，与其他物种的进化方式相同。从这个意义上说，杜威是一个自然主义者，因为他认为我们的推理能力与我们生存的本能有关。我们思考的目的是解决实际问题，而不是思辨形而上学的问题。杜威也受到黑格尔的影响。黑格尔认为，所有的人类活动，包括科学、艺术和哲学，都是由历史塑造的，因而只有在特定的历史背景下才能被理解。

工具主义

杜威有时把自己的立场称为"工具主义"，他指的是观念应被视为工具，应根据它们在解决具体问题上的作用来加以判断。他将其与思想是世界的反映这一观念做对

杜威和民主制

杜威是民主制的狂热信徒。他认为，民主制只有在人们受到正确教育的社会中才可能实现，但有太多的学校培养孩子的目的只不过是为了让其适应社会秩序。相反，他建议，学校应该让孩子发现自己的才能，并在世界上找到自己独特的位置。他认为，只有到那时，孩子才能成长并真正地参与民主，因为只有这样，他们的意见才可以说是完全有见识的。实际上，他认为学校应该教导每个孩子如何生活。

杜威还支持妇女解放和种族平等。正如他在《民主与教育》（1916年）中所写的："如果民主主义具有道德的和理想的含义，那么就要求每个人对社会做出贡献，同时，给每个人发展特殊才能的机会。"

有用的思想

杜威拒绝了传统的真理符合论。符合论认为，如果一个观念与现实相符合，那么它就是真的。相反，他认为观念是我们用来帮助自己生活的工具。他将真理重新定义为"有根据的断言"，认为只要它们有用，我们就持有它们。

观念工具箱
杜威认为，观念是我们选择解决在这个世界中"意识到的困难"的工具。这些困难在本质上是实践性的，源自我们适应我们环境的需要。

比。此外，杜威认为，正如人类通过适应不断变化的环境而进化一样，观念也是如此。他认为，理论既不为真，也不为假，只是在解释和预测现象上是有效的或无效的。和其他实用主义者一样，他认为，评估一个想法时，重要的问题不是"事情是否是这样"，而是"这个观点的实际意义是什么"。

探究的过程

杜威的观点脱离了几个世纪以来关于知识本质的思考。自笛卡儿以来，理性主义者就认为我们具有先天观念；自洛克以来，经验主义者就认为观念是经验产生的印象的复制品。杜威相信，这两种传统都是错误的，并且没有意识到我们的观念是用来操纵世界的。事实上，他拒绝了"知识理论"这一说法，更倾向于"探究理论"，因为探究是一种积极的人类实践。

杜威区分了三个探究阶段：首先，我们遇到了一个问题，并本能地对其做出反应；其次，我们把与这个问题相关的信息独立出来；最后，我们设想问题的解决方案，并按照我们喜欢的选择去行动。杜威认为，哲学家错误地将这一过程的第三个阶段隔离出来，幻想观念可以与问题出现的世界相分离。他声称知识是功能性的，只有作为人类行动的基础才有效。

提升观念

既然我们的判断是功能性的，它们就总是可以被替代的。用杜威的话说，当出现一种更好的工具时，替代就发生了。一个新的工具可能会比我们已经使用的工具更有效地满足我们的需求，但它在将来仍可以被取代。

检验观念

我们使用我们的思想来检验观念。如果我们的思想被证明有用，那么我们就将它们作为临时的判断接受它们。如果它们无济于事，我们就把它们放在一边。

"唯一可以被树立起来的终极价值就是生活的过程本身。"

——约翰·杜威，《民主与教育》（1916年）

2 分析哲学

20世纪兴起了一个挑战传统观念的思想流派，它试图通过逻辑地分析语言来解决哲学问题，被称为"分析哲学"。

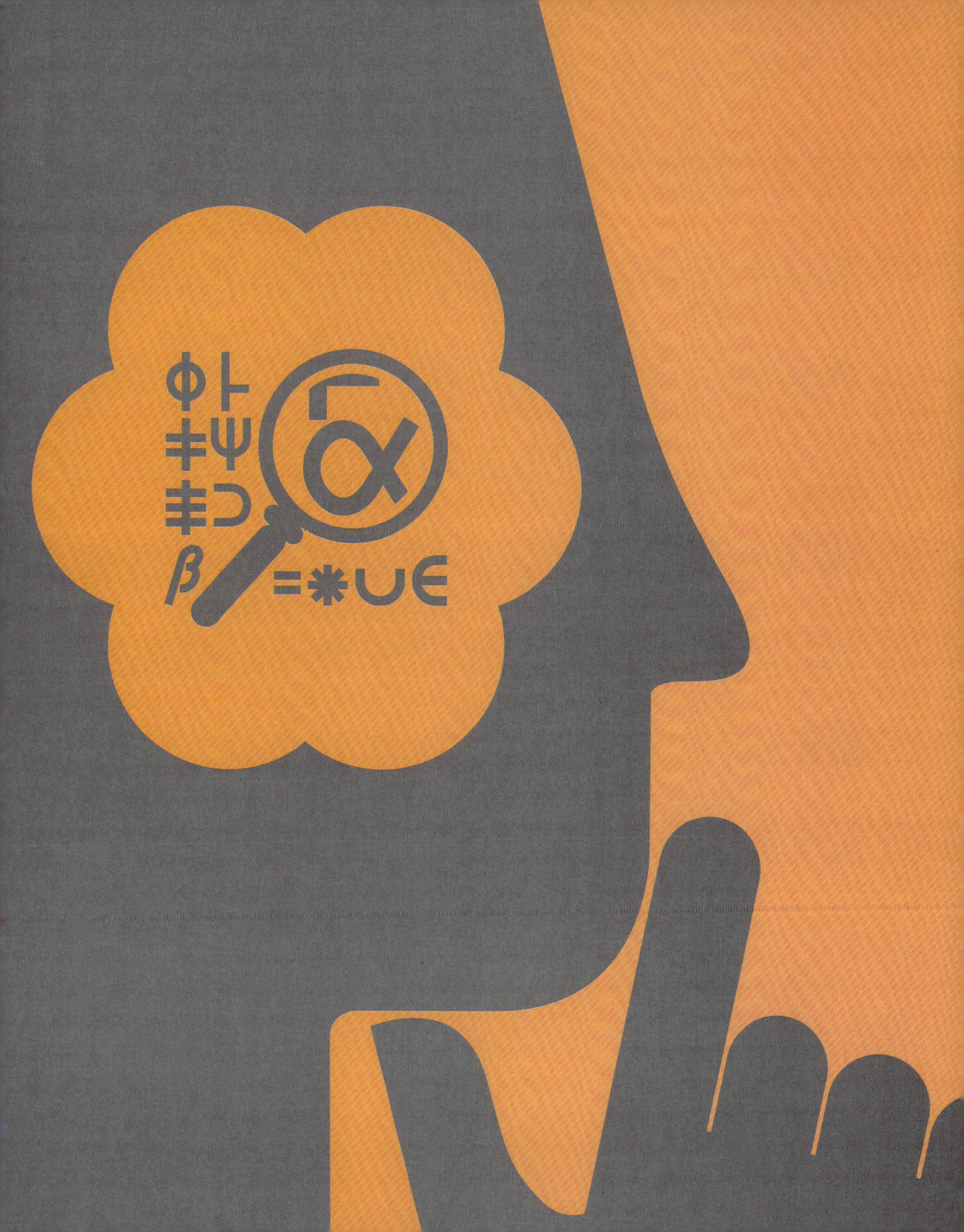

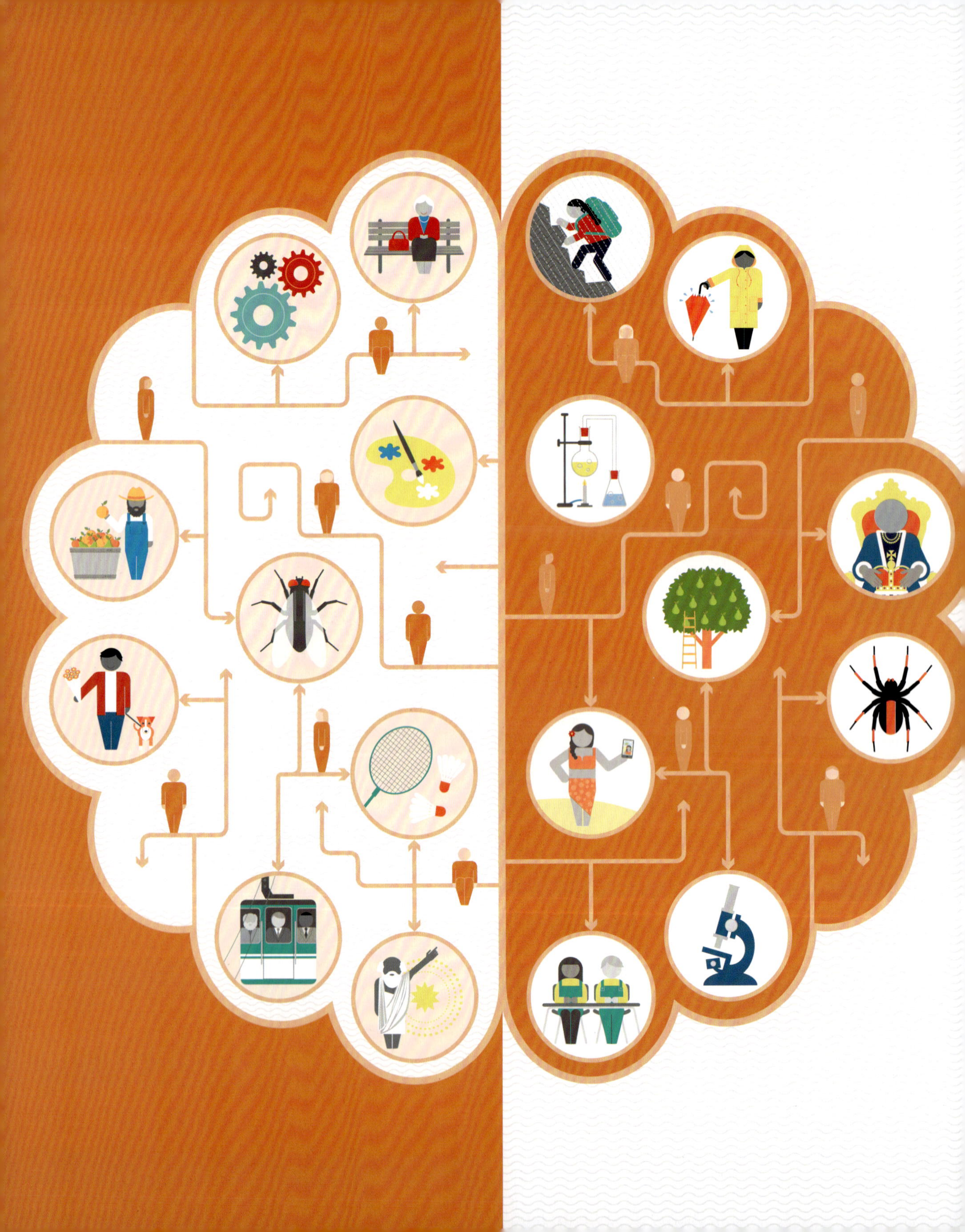

引言

从17世纪开始，现代哲学就沿着两条不同的路线发展。这两条路线一条在欧洲大陆，另一条在英国。欧洲大陆哲学家通常遵循笛卡儿的理性主义，英国哲学家则主要是经验主义者。

19世纪，源于康德思想的德国唯心主义主导了哲学。然而，到了19世纪和20世纪之交，英国出现了一种新的思想方法，它由伯特兰·罗素（Bertrand Russell）联结数学和逻辑学的工作激发，恢复了英国哲学和大陆哲学的区分。罗素和德国数学家戈特罗布·弗雷格（Gottlob Frege）一致认为，和数学一样，逻辑学并不是人类的发明，它不是一种我们设计出来的提出论证的方法，而是与人类经验无关的、普遍有效的规则系统。因此，逻辑学可以为我们提供一种方法来确定陈述和论证的有效性。

罗素的发现意义深远。逻辑学与数学的联结为逻辑分析提供了新的方法，开辟了一个全新的哲学领域，即分析哲学。当时，许多哲学家对传统的形而上学持怀疑态度，他们认为传统的形而上学的哲学宣称既无法证明，也无法证伪。现在，他们相信他们有了逻辑工具来严格检验论证。在罗素看来，传统哲学的问题在于论证是以普通语言而非逻辑形式呈现的，从而导致了含糊不清、不准确和混乱。罗素声称，为了正确地检验一个论证，在分析之前，需要把论证"翻译"成逻辑语言。这样做表明，许多哲学命题没有逻辑意义，即使它们具有完美的语法意义。

罗素的追随者路德维希·维特根斯坦（Ludwig Wittgenstein）继续发展罗素的意义理论。在《逻辑哲学论》一书中，维特根斯坦把没有"描绘"任何世界事物的陈述驳斥为无意义的。这一观念被逻辑实证主义学派所接受。该学派认为哲学家应该只分析科学宣称，而把形而上学留给神学家。与此同时，自然科学的进步促使许多哲学家开始审视科学本身，对科学真理的本质提出质疑。然而，维特根斯坦改变了自己关于哲学本质的看法，并放弃认为词语是事物图像的观念，提出了另一种截然不同的语言理论。还有一些哲学家拒绝接受严格的分析哲学的约束，承认普通语言在哲学研究中占有一席之地。

词的意义

德国哲学家戈特罗布·弗雷格被公认为分析哲学的奠基人。他通过区分词的"含义"与"指称"极大地推进了语言哲学的发展。

含义与指称

弗雷格（1848—1925年）注意到，当人们在日出前和日落时看天空的时候，很可能会分别看到一颗明亮的星星。传统上，它们分别被称为"晨星"和"暮星"，但天文学家已经证明它们实际上是同一个对象——金星。

对于弗雷格来说，这提出了一个有趣的问题：如果一个词的含义是它所指称的对象（一个流行了数个世纪的理论），那么当"晨星"和"暮星"指称同一个对象时，这两个名称如何具有不同的含义？弗雷格认为，这个例子表明，我们需要区分一个词的含义和它的指称。也就是说，我们要区分这个词所承载的含义和它所指的对象。他没有声称一个词的指称与其含义无关（事实上，它可能非常重要），而是说它没有耗尽一个词的全部意义。

开创性的逻辑学

在弗雷格看来，"晨星"和"暮星"的区别在于它们的"表达方式"。也就是说，每个词对其所指的对象承载着不同的含义或思考方式。在这两种情况下，我们对金星的看法是不同的，即"日出前可见的明亮的星星"和"日落时可见的明亮的星星"。就连一天中的时间也传达着不同的情绪——一种是早，一种是晚。换句话说，只有在整个句子的语境中，词才具有明确的含义。

弗雷格还指出，"晨星就是晨星"这句话什么都没有告诉我们，"晨星就是暮星"这句话则不仅陈述了一个真理，还表达了已经由天文学家确立的知识。如果一个词的意义只是它的指称，那么这是不可能的。

名称与意义

数个世纪以来，哲学家认为一个词的意义就是它所指的对象。然而，弗雷格认为情况并非如此，我们需要区分一个词的指称（它所指的对象）和它的含义（它在句子语境中的意义）。甚至"亚里士多德"这个词也不仅仅指某个生活在某个时间的人的名字，它是一个有着一整套含义的词，包括"开创哲学逻辑的古希腊思想家"。

"亚里士多德"是一个有许多含义的词，却在现实世界中只有唯一的指称。

> "我们让一个符号表达它的含义，并指定它的指称。"
>
> ——戈特罗布·弗雷格
> 《含义与指称》（1892年）

分析哲学
词的意义   86 / 87

晨星
"晨星"这个词指的是在早晨看到的金星。

暮星
"暮星"这个词指的是在傍晚看到的金星。

观察金星

弗雷格认为，词包含两个方面：一个是它们的"指称"，即它们所描述的对象；一个是它们的"含义"，即它们所传达的整体意义。"晨星"和"暮星"的表达具有两种不同的含义，却有相同的指称——金星。

金星
虽然金星看起来像一颗恒星，但金星实际上是一颗行星。我们可以在早晨或傍晚看到它，这取决于它在天空中的位置。

罗素的描述理论

英国哲学家伯特兰·罗素（Bertrand Russell）在戈特罗布·弗雷格工作的基础上，运用形式逻辑揭示了日常语言表达的基本结构。

基本逻辑

罗素（1872—1970年）认为，日常语言的语法，如它的名词和形容词，可能隐含了表达的基本逻辑。他相信，通过将日常语言中的内容翻译成表达这一基本逻辑的术语，许多哲学问题就可以得到解决。

例如，罗素认为，一个恰当的名称，如"约翰"，其意义来自它所指称的人。所以，当我们说"约翰是秃头"时，我们把一种性质（秃头）归给约翰。罗素将此与"法国国王"和"法国国王是秃头"这两个短语进行对比，认为后者具有相似的语法结构，但具有不同的基本逻辑。在罗素看来，"法国国王"不是一个名称，而是罗素所称的"摹状词"，即描述尚未确定之事物的一些性质的短语。罗素指出，"法国国王是秃头"（就像它的否定"法国国王不是秃头"）的陈述既不为真，也不为假，因为当时没有法国国王。此外，他还论证道，"既不为真，也不为假"在逻辑上毫无意义。

罗素建议，理解陈述的方法是把它分解为构成它的逻辑命题。他确定了三个逻辑命题：至少有一个X是法国国王；至多有一个X是法国国王；如果X是法国国王，那么他是秃头。这些命题加在一起，就是"法国国王是秃头"这句陈述的逻辑要素。

罗素得出结论，我们只有知道这些陈述的逻辑，才能评估它们的意义和真理。

> "检验一个逻辑理论，要看它能否处理难题。"
> ——伯特兰·罗素
> 《论指示》（1905年）

法国 —— **国王** —— **是秃头**

1. "法国……"
这确定了国王是法国的。

逻辑分析

罗素考虑"法国国王是秃头"这一陈述是否包含一种存在主张，即某物存在并具有某种特征。

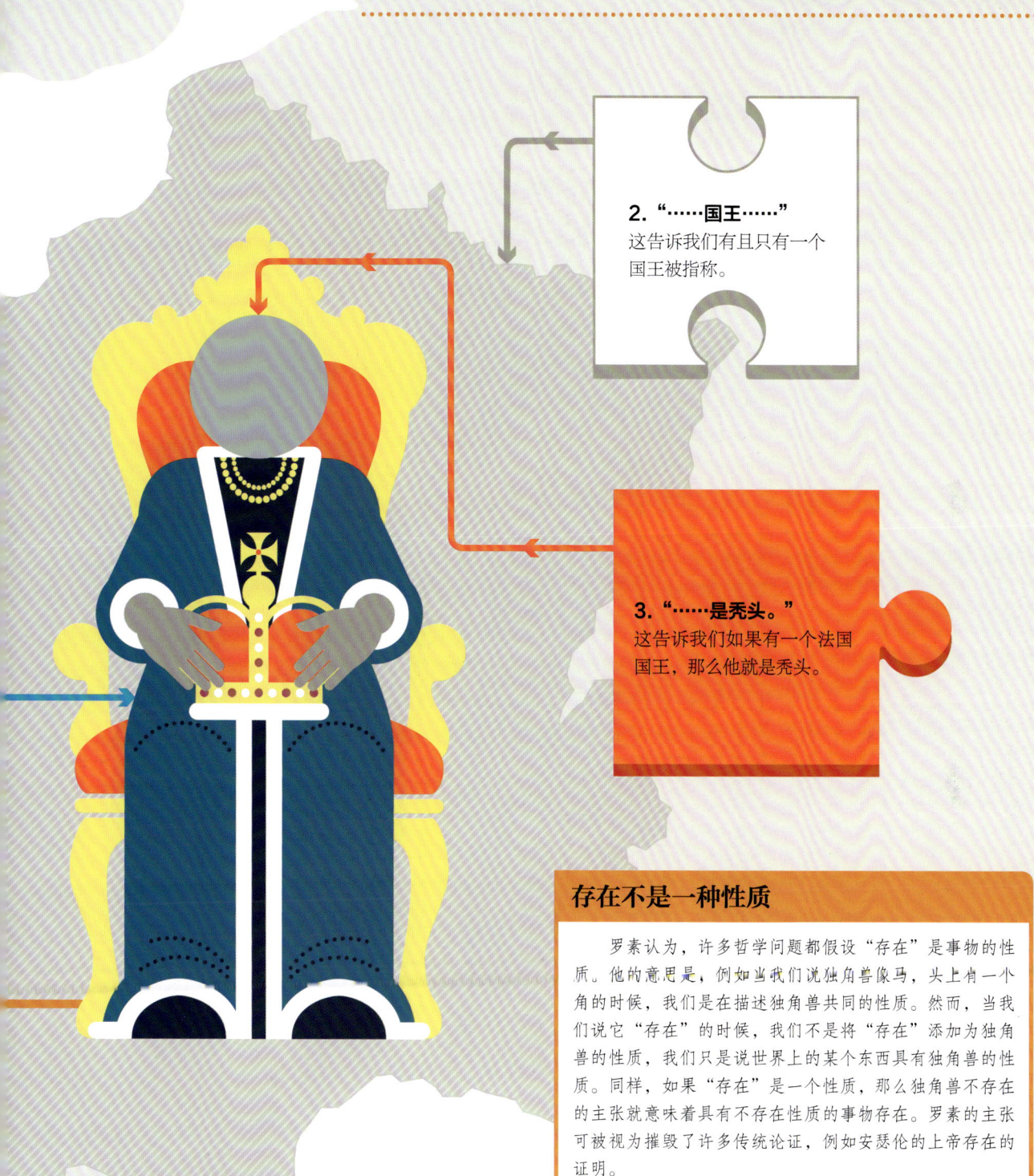

分析哲学
罗素的描述理论

88 / 89

2. "……国王……"
这告诉我们有且只有一个国王被指称。

3. "……是秃头。"
这告诉我们如果有一个法国国王,那么他就是秃头。

存在不是一种性质

罗素认为,许多哲学问题都假设"存在"是事物的性质。他的意思是,例如当我们说独角兽像马,头上有一个角的时候,我们是在描述独角兽共同的性质。然而,当我们说它"存在"的时候,我们不是将"存在"添加为独角兽的性质,我们只是说世界上的某个东西具有独角兽的性质。同样,如果"存在"是一个性质,那么独角兽不存在的主张就意味着具有不存在性质的事物存在。罗素的主张可被视为摧毁了许多传统论证,例如安瑟伦的上帝存在的证明。

图像化世界

路德维希·维特根斯坦是20世纪最具影响力的哲学家之一。在他的第一部主要著作《逻辑哲学论》中，他提出了我们后来所称的图像的意义的理论。

映射现实

维特根斯坦（1889—1951年）在《逻辑哲学论》中对语言的本质进行了考察，以追寻我们所能认识和谈论的界限。显然，在写作时，他受到了巴黎法庭上重建交通事故这一事件的启发——他们用玩具代表车和相关人员。维特根斯坦认为，语言的工作方式是相似的，它使我们能够"描绘"由事实构成的世界，而事实是对象的存在组合。

例如，"草"和"绿色"是有意义的陈述"草是绿色的"的组成要素，而该陈述是世界上的一个事实的图像。维特根斯坦认为，不能还原为原子命题的陈述实际上是无意义的，因为它无法描述现实。因此，科学命题是有意义的，而那些归属伦理和美学命题的价值陈述则是无意义的。

然而，对于维特根斯坦来说，"无意义"并不意味

意义原子

维特根斯坦的意义图像论被称为"逻辑原子主义"，因为它指出有意义的命题是基于与可观察世界相关的原子陈述的命题。如果一个句子无法被分析成这些原子陈述，那么它就是无意义的。在维特根斯坦看来，语言使我们能够形成彼此分享的世界图像。我们能够互相理解是因为我们分享了相同的世界图像。

1 我在沙滩上
如果某人独自在沙滩上，那么她可以通过语言来分享这个事实。语言就像拍照的照相机一样。

2 "我在沙滩上"
如果某人说"我在沙滩上"，那么她的话就是对自身和沙滩的描绘，并将她与周围的世界图像化。

有意义

着"无价值"。相反，他认为伦理陈述试图说出"不可言传的东西……它们是神秘的东西"。正如他所说的，它试图表达只能被显示的东西。

维特根斯坦认为，哲学家的作用是区分意义和无意义，并帮助人们构建一种清晰的逻辑语言。他认为语言和世界是互为镜像的，这种逻辑使我们能够纠正两者之间任何明显的错配。他进一步指出，哲学家因未能理解语言的图画本质而造成了大量的混乱，使得处在超越物质世界的事物之上的整个形而上学都被误导了。

"说"和"显"

维特根斯坦声称，一个有意义的陈述包含原子陈述，或者说世界上的事实图像。然而，他也区分了"说"和"显"。他认为，虽然他的意义图像论限定了可以说的事物的边界，但还有其他只能"显示"出来的洞见。这意味着，并非所有超出"意义"的严格界限的事物都是毫无价值的。例如，事物可以在文学、艺术和音乐中被显示出来，但不能被直接说出来。我们的道德判断和审美判断都与维特根斯坦所描述的"神秘"方式的显示相协调。

"真正的神秘不是世界如何存在，而是世界竟然存在。"

——路德维希·维特根斯坦，《逻辑哲学论》（1921年）

3 "她在沙滩上"
当两个人试图理解对方时，他们分享了相同的世界图像。

4 "沙滩真浪漫"
在维特根斯坦看来，语言可以描绘世界上的事物，然而语言无法描绘价值，比如"浪漫"。

无意义

意义与观察

20世纪中叶,一批被称为"维也纳学派"的思想家提出,只有关于物质世界的逻辑真理和陈述才有意义。他们的立场被称为"逻辑实证主义"。

证实原则

逻辑实证主义受到维特根斯坦意义图像论的深刻影响,其中心原则是"证实原则"。根据这一原则,一个陈述只有在逻辑上是真的,或在可以通过观察来验证的情况下,才具有意义。逻辑实证主义的目标是消除哲学思辨,使之与现代科学相一致。

1936年,英国哲学家A.J.艾耶尔(A.J.Ayer,1910—1989)出版了一部著名的逻辑实证主义著作。在《语言、真理与逻辑》中,他论证道,只有经验的、重言式或数学的陈述才有意义。也就是说,只有那些可以通过观察、逻辑和数学来验证的陈述才有意义。休谟对事实和观念关系事务之间的区分对他产生了影响,他认为这两种陈述都不能说是错误的,但毫无意义。例如,"杀戮是错误的"这一道德声明不是在表达有意义的观念(根据艾耶尔的说法,这些观念必须与物质世界有关),而是在表达情感。这些表达毫无意义,尽管它们可能会激起人们的同情或改变人们的行为。

> 无意义的陈述
>
> "那是件可爱的外套。"

> "所有关于上帝本性的言辞都是毫无意义的。"
>
> ——A.J.艾耶尔
> 《语言、真理与逻辑》
> (1936年)

有意义的陈述

在逻辑实证主义者看来,存在两种有意义的句子——逻辑陈述(如"黄色是一种颜色")和事实陈述(如"外面正在下雨")。右侧的例子中有四个陈述,但只有两个陈述通过了实证主义者的意义检验。这两个陈述要么是逻辑真理,要么与可观察的世界相关,而另外两个陈述则没有意义。

分析哲学
意义与观察   92 / 93

无意义的陈述

"说谎是错的。"

逻辑陈述

"黄色是一种颜色。"

事实陈述

"外面正在下雨。"

有意义还是无意义？

在逻辑实证主义者看来，右侧的两个陈述是有意义的，因为一个（"黄色是一种颜色"）在逻辑上为真，另一个（"外面正在下雨"）是与可观察的世界相关的。而其他两个陈述（"那是件可爱的外套"和"说谎是错的"）既不为真也不为假，则毫无意义。

拒斥形而上学

鲁道夫·卡尔纳普（Rudolf Carnap，1891—1970年）认为哲学家花了太多时间来思辨现实的本质。他提出，哲学家应只限于分析语言。

逻辑与语言

作为维也纳学派的一员和维特根斯坦意义图像论的仰慕者，鲁道夫·卡尔纳普认为，哲学应该是一门严谨的经验学科。他研究了弗雷格和罗素的理论，得出结论：用日常语言所做的陈述模棱两可，因而会导致哲学上的混乱。

和罗素一样，卡尔纳普认为这种混乱可以通过逻辑分析来避免，因为逻辑分析揭示了日常语言的基本逻辑。事实上，他认为，哲学家使用模糊的语言，而不是将自身限制在分析语言上，从而导致了大量的混乱。卡尔纳普认为，哲学家应该以物理学家解释世界的同样方式，即通过揭示语言的基本法则来澄清语言，而只有哲学家揭示的才是逻辑的法则。

哲学与科学

卡尔纳普的主要目的是终结形而上学。换言之，他希望终结与物质世界无关的观念讨论。他使用证实原则来论证，由于形而上学陈述不能通过经验来验证，它们是没有意义的。例如，"上帝"和"灵魂"的概念超越了经验，因此，"上帝是善的"和"灵魂不死"的陈述完全没有意义。这就是卡尔纳普所说的"伪句"或看似有意义，实则没有任何内容的例子。对于卡尔纳普来说，他无法想到任何形式的经验或观察来支持形而上学的宣称。因此，他认为过去的形而上学理论应该被抛弃，比如柏拉图的理型论、笛卡儿的自我意识观念理论和黑格尔的精神概念理论等。在卡尔纳普看来，所有这些都违反了一个规则，那就是观念必须与物质世界相关才有意义。

在《世界的逻辑构造》（1928年）中，卡尔纳普认为，真正的哲学陈述既不为真，也不为假，而只是对科学概念的澄清。换句话说，哲学家不应该建构关于世界的理论。这样的理论是科学的事业，它们应该处于或落在物质证据的基础之上。

有价值的判断

在卡尔纳普看来，伦理和美学的陈述就像形而上学的宣称一样毫无意义，因为它们无法描述世界。如果有人说"外面正在下雨"，他是在说有某种事物状态存在，我们可以通过观察判断这个陈述是否正确。然而，如果有人说"雨是美丽的"或"偷窃是错误的"，对卡尔纳普来说，这样的陈述既非真亦非假，毫无意义，因为世界上没有与"美丽"和"错误"两个词对应的事物。

真理、意义和无意义

根据证实原则，如果一个陈述的定义为真（例如"三角形有三条边"）或可以通过经验（例如"这个三角形是蓝色的"）来支持，那么它就是有意义的。卡尔纳普论证道，形而上学是没有意义的，应该加以清除。他的意义理论受到维特根斯坦意义图像论的影响，该理论认为词只有在能够被还原为关于世界上的事物的陈述时才有意义。

分析哲学
拒斥形而上学

形而上学是无意义的

科学陈述能够被翻译成逻辑语言……

三角形有三条边 → SH ⇒ SSX2
逻辑计算机

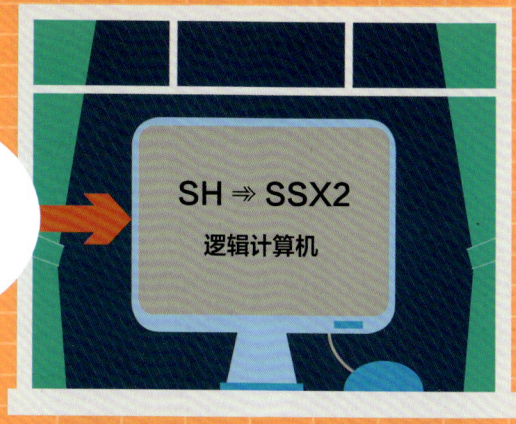

……观察的陈述也是如此

这个三角形是蓝色的 → T35 ⇒ ✓
逻辑计算机

然而，形而上学的陈述无法加以翻译

三角形存在于时间之外 → 错误！
逻辑计算机

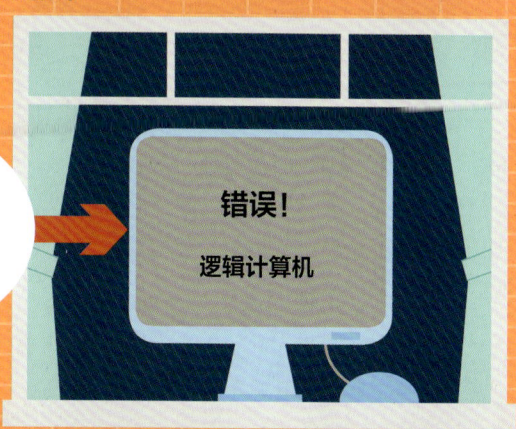

它们既非真亦非假，毫无意义

私人语言是不可能的

路德维希·维特根斯坦在他的《哲学研究》一书中推翻了他自己的意义图像论，提出了词的意义是它的用法的观点。

私人语言论证

在《哲学研究》中，维特根斯坦论证道，词的意义是它所指称的对象这一传统观念是不可能正确的。他声称，如果这是正确的，那么一种私人语言就是可能的，因为"意义"只是一种把词和对象单独联结的东西。然而，维特根斯坦认为私人语言是不可能的。

维特根斯坦让我们想象某人在一个荒岛上独自成长。这个人可能会用"红色"和"绿色"的发音来区分某些颜色，但如果他误用了这些声音，他也不会意识到自己的错误。即使他写了一本规则书来帮助自己进行区分，他也永远不知道他是否正确地解释了这些规则，因为他又需要另一本规则书来帮助他解释这本规则书。以此类推，维特根斯坦认为他所缺乏的是一个语言使用者的共同体，因为词需要规则，而规则必须是公共的、共享的约定。维特根斯坦将语言与国际象棋相类比：如果我们不知道如何下棋，

苹果　　梨　　橙子

公共与私人

为了理解维特根斯坦的私人语言论证，我们看看有关两个果园的例子。在第一个公共的果园中，各种水果的名字得到一致认同，每个人都用同样的方式使用这些名字。在第二个私人的果园中，当所有者看到橙子时，他靠感觉将其命名（在本例中为"苹果"），但他无法确定这是正确的名字。

公共果园

有这里，"橙子"和"苹果"两个词有意义，因为共同体已经为它们的使用制定了规则。

那么我们甚至无法开始游戏。维特根斯坦的论证颠覆了几个世纪以来的哲学假设。笛卡儿是人们公认的现代哲学的奠基人之一，他论证道，除了他在怀疑，他可以怀疑一切，甚至是他人的存在。私人语言论证声称，这样的思想是不可能的，因为思想需要词语，而词语取决于他人的存在。这是一个具有重大意义的观察，特别是在心灵哲学领域。

哲学作为治疗

"哲学家对待哲学问题，如同对待疾病。"在《哲学研究》的开头，维特根斯坦将他的哲学与心理治疗的某些方面相比较。在维特根斯坦看来，当我们在语言中迷失，或在思考时被"语法"欺骗时，哲学问题就会出现。例如，"我"指一个精神实体，"相信"是一种内部过程。维特根斯坦认为，哲学家不应建构理论来解决哲学问题，而应通过显明哲学问题是由语言的误用引起的，使之得到解决。

"词的意义是它在语言中的用法。"
——路德维希·维特根斯坦，《哲学研究》（1953年）

苹果

私人果园
在这个私人世界里，"苹果"这一发音缺乏为它的使用制定规则所需的共同体，因此它没有意义。

维特根斯坦的语言游戏

在《哲学研究》中，维特根斯坦认为，词的意义在于它在具体语境中的用法。为解释这一观念，他使用了"语言游戏"的概念。

语言游戏

维特根斯坦认为，词只有在人类活动的语境中才有意义。例如，要认识国际象棋比赛中的"象"一词，就得知道这个棋子的使用方式。维特根斯坦认为，对于所有的词来说都是一样的，理解词的意义就得知道词的用法。这一观念反对认为词的意义是它所指称的对象的直觉思维。例如，"艺术"这个词似乎表示一个单一的事物，但事实上它不仅描述了一系列的活动，还描述了一些没有单一的共同本质的活动，但有重叠的相似性。维特根斯坦称之为"家族相似"。例如，当我们说"那部电影是一部艺术作品"时，我们在玩一个特定的语言游戏，其中"艺术"的意思与"天才"相似。而当我们谈论"绘画艺术"时，我们在玩另一个不同的游戏，其中"艺术"意味着某种"学

多种用法

在维特根斯坦看来，语言没有本质，只是一个相互关联的语言游戏网络。甚至"游戏"一词也没有本质的意义，它适用于许多具有重叠的相似性的活动。

想一个游戏！

分析哲学
维特根斯坦的语言游戏

科"或"专业"。

事实上，我们也会用一些字面上几乎没有意义的词来奉承、责骂或影响他人。维特根斯坦的观点是，任何试图通过分析语言来揭示其本质结构的尝试都是错误的，因为语言没有本质结构。正如维特根斯坦所承认的，这颠覆了他在早期作品《逻辑哲学论》中表达的观点。

> "把使用词的整个过程……想象为孩子学习母语。"
> ——路德维希·维特根斯坦，《哲学研究》（1953年）

意义即用法

根据维特根斯坦的观点，理解词的能力并不在于知道确切的规则和定义，而在于能够在相关的语境中使用它们。词的意义是由我们使用它们的方式来定义的，而不是由外围的方式定义的。正如维特根斯坦所言："如果我已经用尽了正当的理由，我已经到达了基底，我的铁锹也坏了，那么我想说：'这就是我所做的。'"

科学与可证伪性

科学哲学家卡尔·波普尔（Karl Popper，1902—1994年）挑战了我们最古老的观念之一，即科学家应该构建理论，并证明它们的真实性。

科学与伪科学

在波普尔看来，一个理论只有在它是可证伪的情况下才能被称为"科学的"。换言之，如果在某些条件下它可以被证明是错误的，那么它就能被称为"科学的"。这破坏了科学家应该建立理论并证明其为真的观念。波普尔认为，正是这一过程给各种"伪科学"提供了可信性。

在波普尔看来，伪科学的一个例子就是阿尔弗雷德·阿德勒（Alfred Adler）的"个体心理学"理论。波普尔指出，如果一个人溺死了一个小孩，而另一个人舍己救了一个小孩，根据阿德勒的说法，这两个人都可能是由自卑情结驱动的：第一个人通过犯罪来增强自己的能力，第二个人则通过无私来做到这一点。波普尔声称，他无法想到哪一个人的行为是不能用阿德勒的理论来解释的。这其实没有证明其理论的真实性，反倒表明它根本不是一个理论，或者至少不是一个科学假设。波普尔将这一理论与爱因斯坦的广义相对论进行比较。爱因斯坦的广义相对论之所以是科学，正是因为它有可能被观察所证伪。然而，到目前为止，这一理论还没有被驳倒。

归纳推理法反映出科学理论是不合理的，因为科学理论不能被证明为真。通过声称科学是一个猜想的过程，波普尔避免了这一问题。

证伪与证实

波普尔认为，"所有的天鹅都是白色的"这个陈述描述的对象是无限的，所以无论我们观察到多少只白天鹅，我们都无法证实"所有的天鹅都是白色的"这一陈述。然而，我们只需要看到一只不是白色的天鹅就可以证伪它。因此，证伪具有可实现的优点，而证实（证明一个理论是真实的）则没有。此外，证伪提醒我们科学应该是什么。也就是说，科学应反驳我们的临时理论，而不应鼓励人们相信那些不能被证明的东西。在波普尔看来，弗洛伊德的无意识理论在这个意义上是不科学的。

一只黑天鹅证伪了"所有的天鹅都是白色的"这一陈述。

解决问题的追求

波普尔认为，科学试图解决世界上的实际问题，并通过制定理论、进行实验来证实和证伪这些理论。他相信，科学知识的增长就是那些被证伪的理论的不断重新制定。最好的理论在证伪中幸存下来，但这并不能保证它们在将来也不会被证伪。

分析哲学
科学与可证伪性

1 潜在的科学理论
波普尔认为，如果一个理论是可被证伪的，并得到证据的支持，那么它就可以被接纳为真理。然而，由于它可能在将来被证伪，所以其真理性是暂时的。不能被证伪的理论是伪科学。

2 科学理论
牛顿的万有引力定律是科学的，恰恰是因为它可以被检验，也可以被证明是错误的。修正了牛顿的理论的爱因斯坦的广义相对论也是如此。

3 伪科学
无法被证伪的理论是伪科学。波普尔认为，这些理论包括弗洛伊德的无意识理论、阿德勒的个体心理学理论等。

科学真理的本质

美国哲学家威拉德·范·蒯因（Willard Van Quine，1908—2000年）批判"哲学家应把自己局限于分析语言"的主张。他认为哲学是科学的一个分支。

哲学作为科学

威拉德·范·蒯因是逻辑实证主义的强烈批评者，尤其批判逻辑实证主义的"哲学家应把自己局限于分析语言"的主张。然而，他也反对"哲学家应思辨世界的本质"和"哲学知识与科学知识是不同的"这样的观点。

在蒯因看来，哲学实际上是科学的一个分支，而不是给予科学理论基础的一门独立学科。正如他写道："现实是在科学本身中，而不是在某些先验哲学中得到确认和描述的。"

蒯因对"科学"的定义是广泛的，包括历史、心理学和社会学。他认为这些都是"常识"的延伸。而且，他认为物理学是所有知识的模型，因为最终的一切事物都可以用物理过程来理解。

相互关联的信念

蒯因认为，人类的知识是一个相互关联的信念网络。简单的观察陈述，如"外面正在下雪"就位于这个网络的边缘，是根据经验制定的。这种陈述的真实性或虚假性很容易被检验。而科学陈述并非如此，它与构成整个知识体系的许多其他陈述有关。

换言之，科学主张不能被孤立于它们所属的理论之外的经验所检验。蒯因指出，这意味着科学陈述不能仅仅基于证据而被接受或拒绝。相反，我们要根据它们对整体理论的贡献来判断。因此，在如何评估科学陈述上，实用主义因素起着至关重要的作用。

另外，蒯因的论证表明，实证主义者的"句子可以独立于理论而自身有意义"的主张是逻辑混乱的。

分析真理

在《经验主义的两个教条》（1951年）中，蒯因攻击实证主义者对分析陈述和综合陈述之区分的依赖。根据这一区分，分析陈述在定义上就是真的，而综合陈述的真假则取决于事实。

蒯因认为，即使是"所有的单身汉都是未婚的"（一个明显的分析陈述）这一陈述之所以为真，也是因为人类已经验证了何为已婚。换言之，"单身汉"一词只有与更广泛的知识体系相关联才有意义。蒯因认为，当实证主义者声称分析陈述独立于事实为真，因而可以被作为基本的思想单位时，他们忽略了这种关联。

信念网络

在蒯因看来，知识是一个相互关联的信念网络。数学和逻辑学位于这个网络的中心，观察的知识则位于外围。位于它们之间的是我们构建出的用于解释我们的经验的理论。根据蒯因的说法，每一个陈述都取决于整个网络的连贯性。

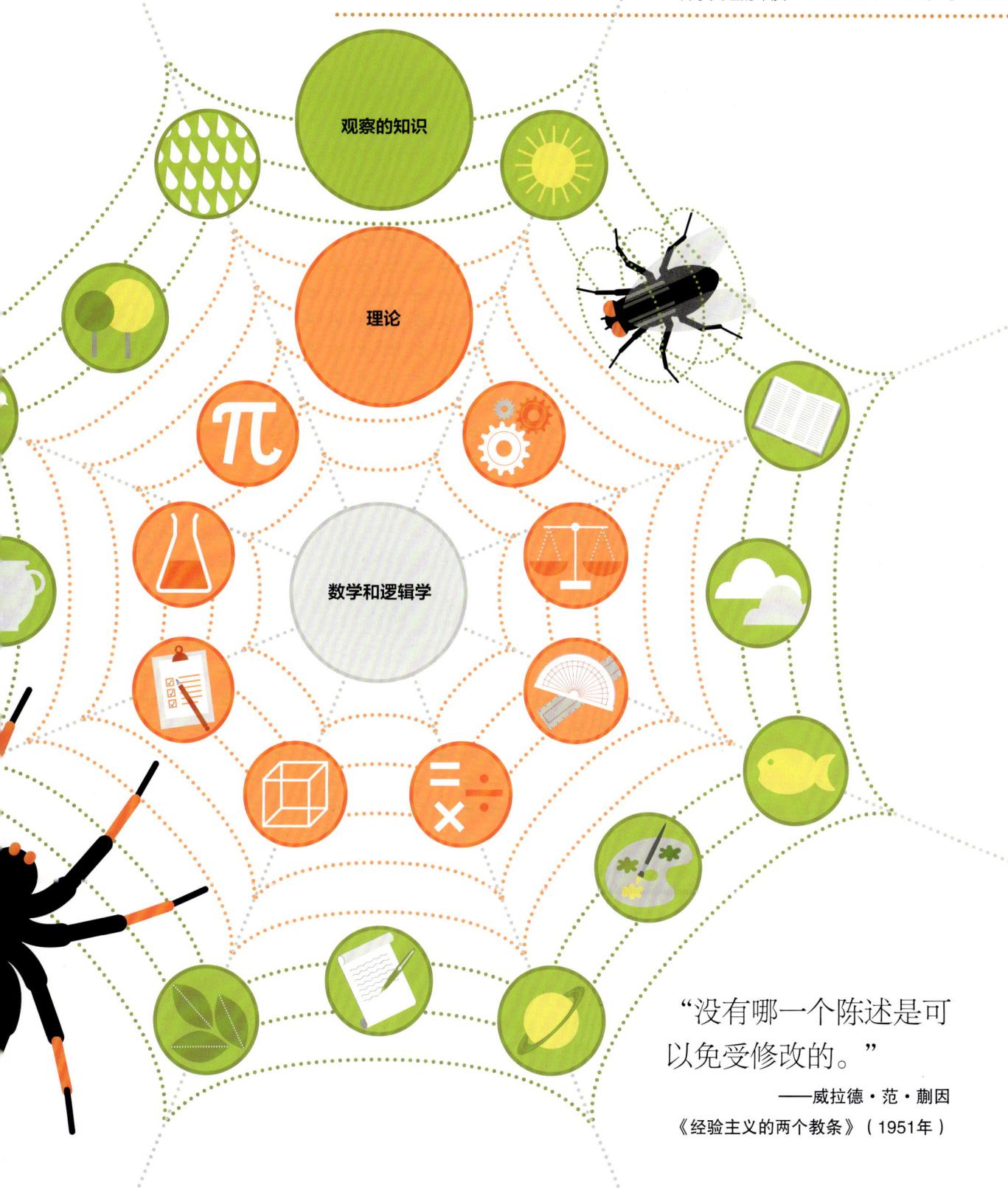

分析哲学
科学真理的本质   102 / 103

观察的知识

理论

数学和逻辑学

"没有哪一个陈述是可以免受修改的。"
——威拉德·范·蒯因
《经验主义的两个教条》（1951年）

言语作为行为

哲学家 J. L. 奥斯汀（J. L. Austin，1911—1960年）认为，词语的意义不是世界上的客体或事态，而是它作用于听者的效果。

描述与效果

在《如何以言行事》（1955年）中，奥斯汀挑战了语言的主要功能是描述的传统观点。当时，许多实证主义者持有这种观点，主张维特根斯坦的意义图像论。根据这一理论，词语实际上是世界的图像。那时，维特根斯坦已经否认了他早期的理论，反而认为语言具有无数的功能，如劝说、娱乐和鼓励。奥斯汀赞同维特根斯坦后期的理论，但与之不同的是，他认为语言的功能是有限的，并可以分门别类。

奥斯汀对他所说的"记述的"和"述行的"两种句子做了初步的区分。他把记述句定义为对事态的描述，把述行句定义为为了达到某种目的而说出的言语。前者是描述性的，要么为真，要么为假，后者则在实现其目标方面要么有效，要么无效。然而，奥斯汀继续声称，这种区分是不充分的，所有的记述句在某种意义上都是述行的。换言之，当我们说话时，我们都试图以某种方式影响世界。为此，奥斯汀将句子重新定义为"言语行为"。

以言行事

为进一步发展他的理论，奥斯汀区分了他所说的三种言语行为：语意行为、语旨行为和语效行为。语意行为是一种简单的、表达句子的身体行为。然而，语意行为也是一种语旨行为，是在说出句子的预期效果，如警告、道歉

言语行为

在奥斯汀看来，言语是一种主动的、述行的活动。当我们说话时，我们想从别人那里得到回应，甚至可能影响他们的信念。因此，句子的真正意义是它预期的社会功能，或者是奥斯汀所说的"语旨力"。他将这一点与句子的语意和语效（说话的身体行为和句子对他人的实际效果）进行对比。

> "句子并非如此这般非真即假。"
> ——J. L. 奥斯汀，《感觉和可感物》（1962年）

"多么美好的一天！"

语意行为

语意行为是表达句子的身体行为。然而，它必须在一个社会语境中被说出来才有意义。对自己说"多么美好的一天"实际上是在心满意足地感叹。

分析哲学
言语作为行为　104 / 105

或解释。因此，语意行为是一种说某事的行为，语旨行为是一种通过说某事来做事的行为，而语效行为则是语旨行为对听者有意或无意的效果。例如，警告可以具有敌意姿态的语言效果，即使这样的效果并不是有意的。

　　奥斯汀认为，词语是有效的工具，其意义是它们在世界上的效果，而非被设计出来反映世界的图像。

日常语言哲学

　　奥斯汀的观念属于一个被称为"日常语言哲学"的思想流派。日常语言哲学家认为，词语的意义就是它在日常语言中的意义，当词语脱离其自然语境时，哲学问题就会产生。例如，在日常语言中，当我们清楚某物的内涵时，我们就说我们"认识"了某物。然而，当哲学家谈论"认识"时，他们所指的是什么就模糊不清了。一个词的哲学使用是抽象的，暗示着存在一种认识的"过程"或"能力"，这就引发了对它是什么样的过程或能力的质疑。例如：它是"精神的"还是"身体的"？而这两个问题都不是从我们对语言的日常使用中产生的。

语旨行为
如果某人在一个社会语境中说"多么美好的一天"，她这样做可能是为了培养友谊。这其中的词语有意义是因为它们的预期效果。

语效行为
在奥斯汀看来，句子的意义也是它对他人具有的效果。如果某人受到他人的欢迎，那么他可能会浪漫地做出回应，而不管这种回应是否是对方所预期的。

科学革命

美国哲学家和历史学家托马斯·库恩（Thomas Kuhn，1922—1996年）挑战了物理科学如何运作的主流观点，并改变了我们对科学实践的哲学框架的理解。

范式转换

库恩认为，科学并不总是以线性和渐进的方式发展的。事实上，在《科学革命的结构》（1962年）中，他论证道，科学上最重要的进步采用的是革命的形式，他称之为"范式转换"。在库恩看来，"范式"是科学理论所预设的一种世界观。因此，范式转换就是我们对世界的看法的改变，而不是我们现有观念的扩展。

在库恩看来，"常规的科学"是发生在革命之间的科学，在这个时期，科学家对世界存在一致的看法。例如，牛顿物理学是一种存在于17世纪到20世纪初的范式，科学家基于这个范式形成一个包含共同假设的框架。其中一个假设是时间是绝对的，或者说，时间在宇宙中的任何地方都以相同的速度行进。然而，在1905

知识路线

库恩认为，科学已经沿着一条特定的路线发展，但仍存在它可能采用的许多其他路线。"真"路线就是解决当今最重要的问题的路线。

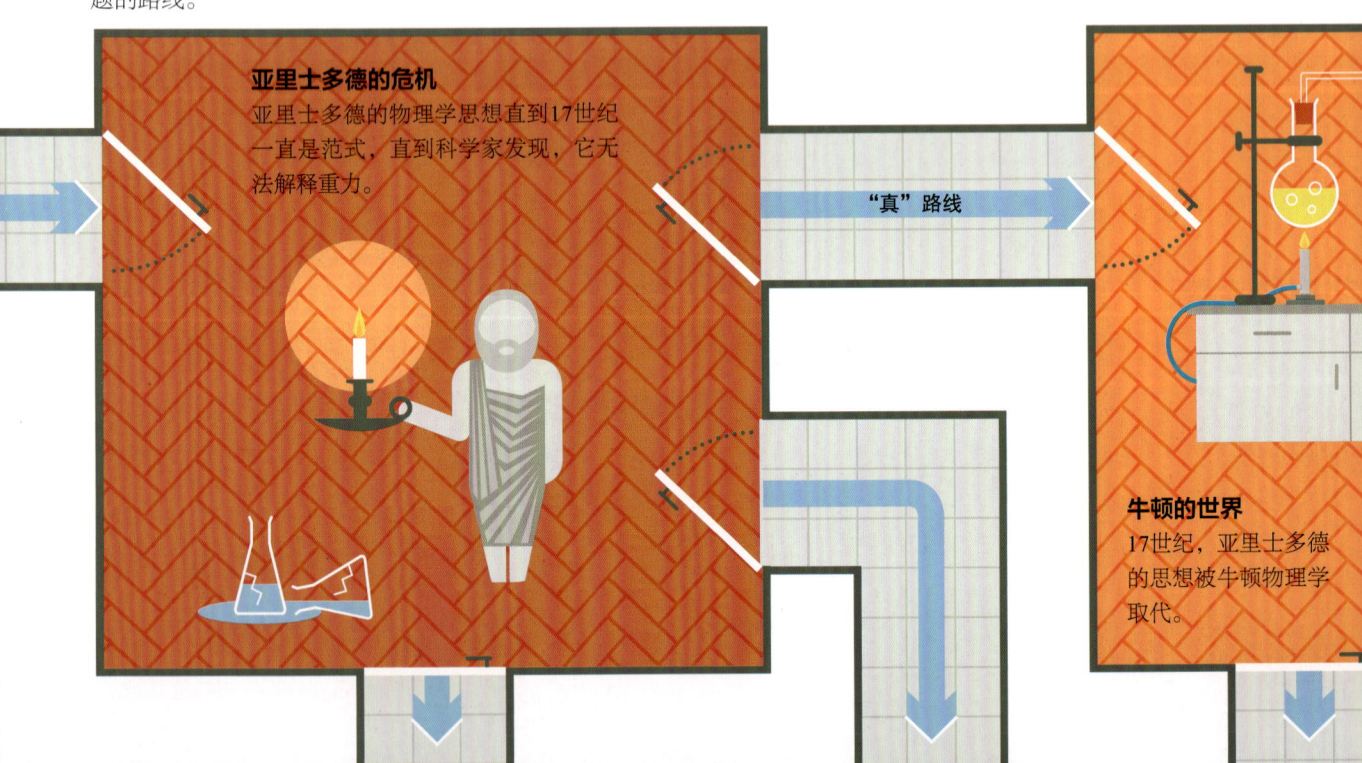

亚里士多德的危机
亚里士多德的物理学思想直到17世纪一直是范式，直到科学家发现，它无法解释重力。

"真"路线

牛顿的世界
17世纪，亚里士多德的思想被牛顿物理学取代。

年，阿尔伯特·爱因斯坦证明了时间实际上是相对的，或者说是取决于个人角度以不同的速度行进的。这个观念完全颠覆了牛顿物理学，迫使科学家采用一个新的、爱因斯坦的范式。

真理与进步

库恩认为，尽管牛顿对时间的本质认识可能是错误的，但牛顿和爱因斯坦之间的差异并不是爱因斯坦的理论比牛顿的"更真实"。实际上他认为，总有一天，爱因斯坦的思想会被取代。库恩声称，科学在任何时代都能让我们做到某些事情，而正是我们今天所能做的事情（制造计算机、生产疫苗等）使我们的科学看起来"真实"。

库恩认为，范式的转换不是我们朝向真理进步的某一阶段，而是我们进化或适应世界的过程的里程碑。因此，科学真理无论在不同的文化中，还是在不同的时代，都会发生变化。

知识点

▶ **范式转换**发生在范式陷入危机，即科学研究遇到太多的异常之时。

▶ **建立新范式**的过程就是库恩所称的"革命的科学"。

▶ **科学界**一旦对新范式达成普遍共识，就会回到其常规的"问题-解决"的活动中。常规的科学会继续发展，直到遇到新的异常。

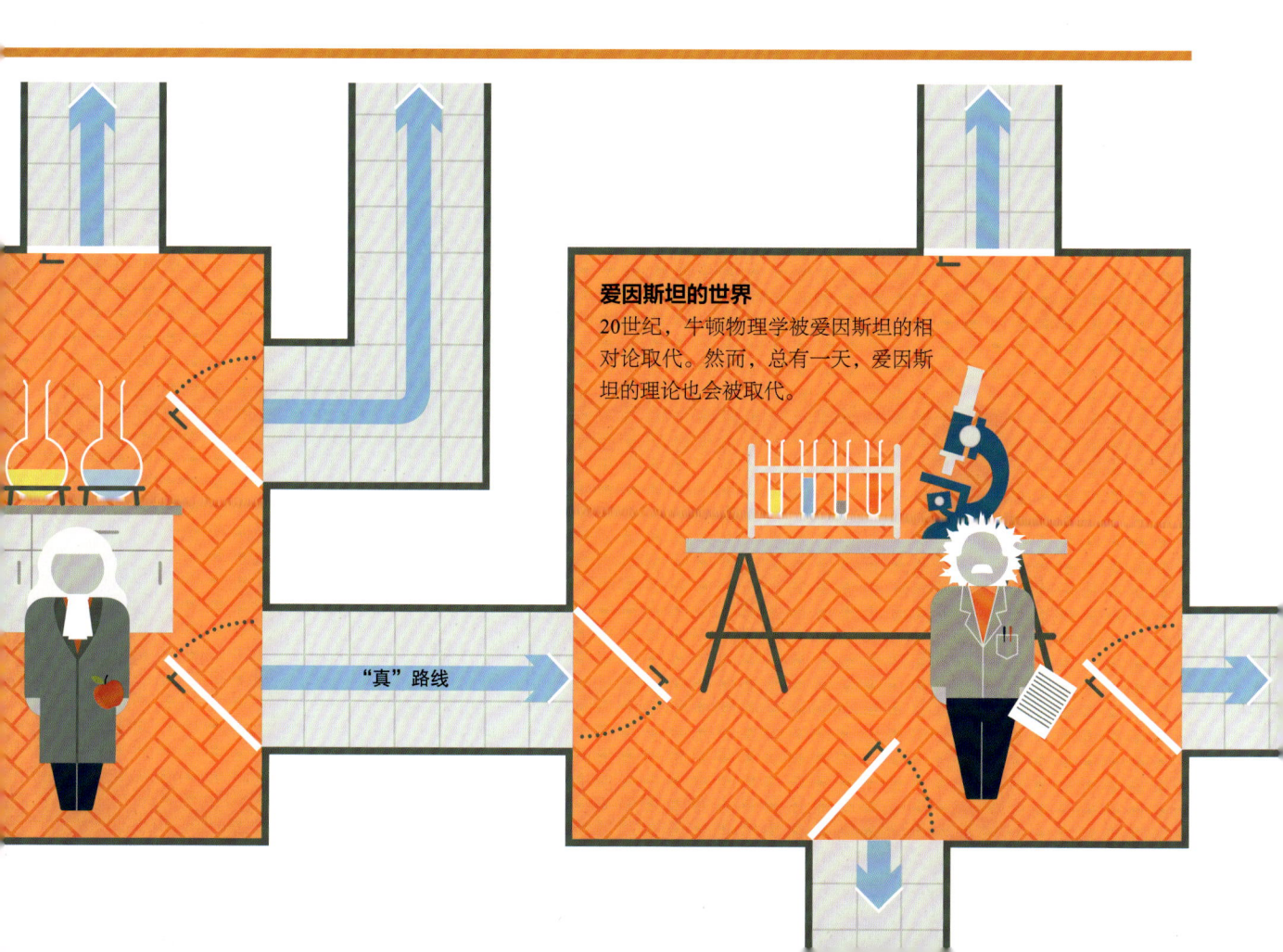

爱因斯坦的世界
20世纪，牛顿物理学被爱因斯坦的相对论取代。然而，总有一天，爱因斯坦的理论也会被取代。

"真"路线

观点

许多哲学家认为，客观地思考或不受个人观点影响地思考是不可能的。然而，托马斯·内格尔（Thomas Nagel，1937年—）声称，客观性在一定条件下是可能的。

观点与客观性

客观思考的观念意味着，有一种看待世界的方式不受由我们的文化和生物条件塑造的特殊主观观点所影响。客观地看待我们自己就是"从外部"看待我们自己，理解我们的信念哪些是主观的，哪些是真实的，而不管我们是谁。在一系列的书籍和文章中，托马斯·内格尔讨论了这一可能性的范围。

在内格尔看来，物理科学是客观性的模型，为我们提供了关于世界的知识，以及检验这些知识的方法。在描述人类时，科学告诉我们人类有着特殊类型的身体，正是它们给予我们人类的观点。

同时，内格尔认为，科学能够揭示的东西仅限于此。例如，科学可以告诉我们关于蝙蝠的各种各样的事情，比如它们吃什么、它们如何交流，却不能告诉我们成为一只蝙蝠是什么样的。换句话说，科学可以从我们的视角（外部）告诉我们蝙蝠是什么样的，却不能从蝙蝠的角度（内部）告诉我们它们是什么样的。内格尔的观点是，科学表明，世界上有许多生物，它们的经验或观点与我们的完全不同。我们所能做的只是推测它们的经验本质，就像盲人只能推测视力经验一样。

内格尔认为，知识是"一组同心球面，随着我们逐渐脱离自我的偶然性慢慢显露出来"。通过客观地思考，我们把我们的特殊视角抛在脑后，但我们的客观性是有限的。它赋予我们一个充满其他视角的关于世界的外部观点，而每一个视角都有其独特的存在意义。

意识的本质

1974年，内格尔发表了一篇题为《成为一只蝙蝠是什么样？》的论文。在其中，他论证道，如果某物是可意识的，那么就存在像那样的事物。换言之，有意识就是有一个视角。他的论证基于这样一个观念：意识总是对某种事物的意识，我们所感知的事物的特征取决于我们的感官。基于这些理由，具有不同感官的生物以不同的方式感知世界。因此，成为一只蝙蝠与成为一条鲨鱼或一只狗是截然不同的。内格尔的论证是对唯物主义者的批评，他们声称通过描述一个生物的大脑就可以完全解释意识。

无立场的观点

在内格尔看来，客观地思考意味着在我们主观视角的边界之外思考。我们越是把这些视角抛在脑后，我们的思考就越客观。这一过程的最终目标是达到一个最小限度地依赖我们的生物和文化视角的有利位置，内格尔称之为"无立场的观点"。例如，物理科学就是这样"无立场地"运作的，它描述的事物对每个人都为真，而不仅仅是对科学家。在《观点》（1997年）中，哲学家A. W. 摩尔（A. W. Moore）把从无视角中产生的描述称为"绝对描述"，因为它们在"完全超脱"地描述世界。

> "我们想要的是某种使最客观的观点成为行动之基础的方式。"
>
> ——托马斯·内格尔，《无立场的观点》（1986年）

分析哲学
观点   108 / 109

不同的观点

内格尔认为，不管我们怎样研究蝙蝠，我们永远不可能知道成为一只蝙蝠是什么样的。同样，蝙蝠也永远无法理解成为人类是什么样。然而，如果蝙蝠懂得科学，它们就可以达到自己的"无立场的观点"，它们就能够形成科学理论，并仍然会意识到客观性的局限。

自我

文化

物理科学

女性主义认识论

在从女性主义的角度研究认识论的过程中，女性主义者试图发现并挑战在许多知识领域普遍存在的有害的性别偏见问题。

女性主义认识论

研究认识论和科学的女性主义哲学家发现，性别偏见位于物理学、医学和法律等学科理论知识的核心。这些女性主义哲学家认为，由于知识和获取知识的方法的主导模式掩盖并强化了性别偏见，女性在大多数知识领域继续被边缘化。对女性的认知模式（例如，知识的实用形式，像如何照顾小孩或老人）被模式化地低估和贬低。

因此，女性在她们所选择的学科中往往缺乏自信和权威，并且与她们的男性同事相比，她们可能会被认为是能力较低的科学家、研究人员或学者。女性主义哲学家认为，我们需要对认知和科学实践进行评估和改革，以确保女性在这些传统的男性主导的领域中得到公平对待。

不同视角

女性主义者认为，女性比男性面临更大的困境，这让她们对同一事物有了不同理解。

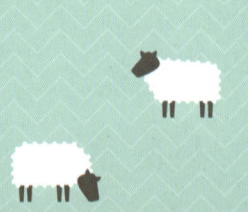

从上面看
我在山顶上看到了多么美妙的全景！我客观、清楚地看到了一切。

仅限男性
理论知识的许多领域都是以男性为主导的，这其中可能包含许多未经质疑的偏见。

质疑性别偏见

女性主义认识论并不一定意味着所有的知识都是由性别决定的。然而，女性主义者声称，对女性利益重要的知识类型是有性别的。这样一来，女性主义者并不声称客观是不可能的，或者是不可欲的，但也提出了关于客观性的问题，比如是否可能或有必要克服特定的性别视角来达到客观性。女性主义者质疑一个无偏见的观点是否总是可欲的，并询问是什么使得一个特殊的观点或情况具有优先性，以及在什么意义上具有优先性。女性主义者还考虑到，为了获得一个新的、有价值的视角，男性和女性是否可以使自己设身处地地站到对方的立场上。

立场理论

同女性主义的经验主义和后现代方法一起，立场理论是若干独具特色的女性主义知识方法之一。立场理论家，包括桑德拉·哈丁（Sandra Harding，1935年— ）在内，认为女性的社会地位代表弱势群体或受压迫群体的立场（观点）。这使得女性可以看到以男性为主导的压迫她们的实践和制度的缺陷。

女性的立场是优先的，因为她们对被压迫意味着什么有直接的了解，所以她们能够进行更深刻的批判性反思。作为压迫者的有权势的男性群体倾向于忽视对其有害的假设及其行为后果。

立场理论的目的是让女性作为一个社会群体获得集体的理解，并揭示这些缺陷和有害的假设。

女性主义认识论
女性所面临的困境表明，传统知识的工具和作品都需要经过批判性的检验，因为它们往往会产生有局限的、带有性别偏见的知识。

受压制的观点
我必须找到新的途径登上山顶，且我将继续前进，以达到客观性，并获得没有性别偏见的知识。

3 大陆哲学

20世纪，大陆哲学家采取了与分析哲学家不同的方法，他们更加关注生命的本质，即生命的意义。

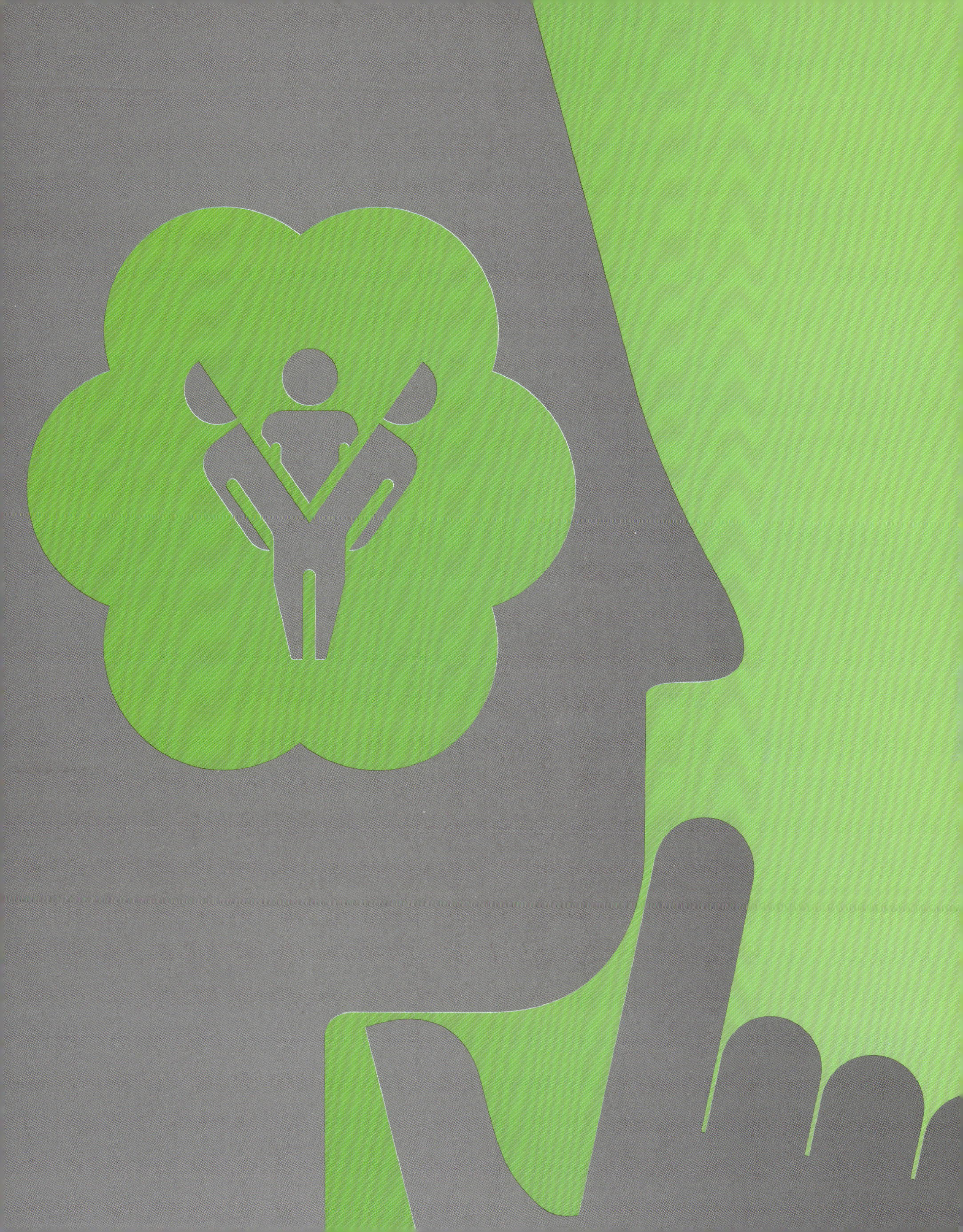

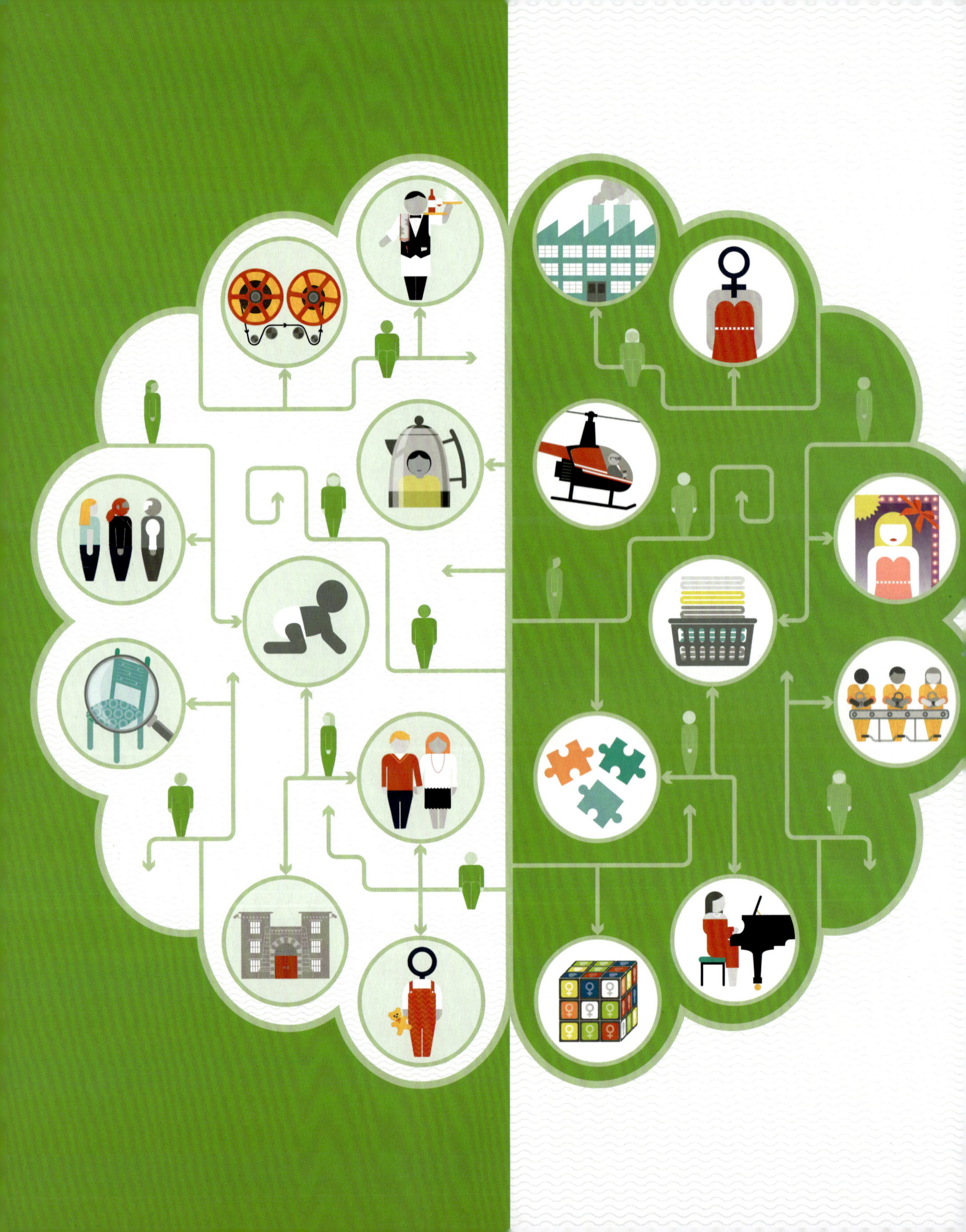

引言

"大陆哲学"一词由19世纪的英国哲学家最先使用，他们想将他们所认为的自身的经验主义传统与欧洲大陆上盛行的更为思辨的哲学形式区别开来。然而，这一标签一贴上就固定下来了。它有效地区分了两个范围广泛的哲学方法，尤其是在20世纪。

随着受伯特兰·罗素作品启发而产生的分析哲学的建立，两大哲学流派之间的分歧进一步扩大。这时，欧洲大陆的哲学家正在消化德国唯心主义的遗产。英国哲学有其经验的根源，但与之不同的是，自17世纪以来，大陆哲学就一直沉浸在理性主义和唯心主义传统之中。英国哲学家发展出功利主义和自由主义的实用思想，大陆哲学则涌动着一股更为思辨的暗流。大陆哲学从伏尔泰、卢梭和马克思的革命思想中兴起，经过德国唯心主义者康德、黑格尔和叔本华的影响，最终在批判传统思想的尼采那里达到顶峰。

20世纪，大陆哲学家更强调主观经验，产生了一种以人类为中心的哲学方法。这一方法最初出现在埃德蒙德·胡塞尔（Edmund Husserl）的著作中。胡塞尔的"现象学"是许多后来的大陆哲学思想的基础。胡塞尔认为，哲学家不应对超出我们理解力的事物进行思辨，而应把精力集中在我们能够经验且经验了的事情上。马丁·海德格尔（Martin Heidegger）采纳了胡塞尔的思想，提出哲学家应研究经验本身的性质。这种分析主体经验的观念特别吸引法国哲学家，包括作为存在主义思想流派的领军人物让-保罗·萨特（Jean-Paul Sartre）。哲学既是法国学术传统的主要构成，也是法国文学的一个重要组成部分，这预示了现代大陆哲学的主观视角。萨特和他的伴侣西蒙娜·德·波伏娃（Simone de Beauvoir）也形成了与海德格尔一样的观念，即我们应该"本真地"生活。两人认为，人类没有本质，每个人都应按照自己的原则生活。

大陆传统中也出现了其他的哲学分支。康德主张的批判方法与对马克思思想的重新解释相结合，产生了一个试图对抗第二次世界大战前随极权主义兴起的批判理论学派。这种对社会和政治问题的分析在第二次世界大战后蓬勃发展。例如，米歇尔·福柯（Michel Foucault）辨识出社会对个人行使权力的普遍方式。他的思想极大地影响了后来的结构主义和后结构主义思想者，这些人揭示了思想和权力在多大程度上相互关联的问题。

意向对象

德国哲学家弗朗兹·布伦塔诺（Franz Brentano，1838—1917年）认为，所有的心理行为，如思想、情感和感知，都是关于某个事物的，即关于心灵指向的一个对象。

意向性

"意向性"一词最初是经院哲学家使用的，他们论证道，上帝不但存在于我们的心灵中，也存在于现实中。布伦塔诺从第一人称的角度重新引入了这个词，使之成为他的意识理论的一部分，并试图为科学的心理学奠定基础。

在他的《从经验的观点看心理学》（1874年）一书中，布伦塔诺认为我们的每个思想或心理状态都是关于某个事物的。当我们感知、记忆、想象或对某个事物产生欲望时，我们会将我们的心灵指向它。例如，我们可以描绘我们心灵中的事物，可以具有关于它的一个观点，或者它可能会引发我们的一种情绪。布伦塔诺将这种心灵的事物指向命名为"意向性"，并把我们引导心灵朝向的事物称为"意向对象"。布伦塔诺认为，心理状态是关于意向对象的，而意向对象内在地存在于我们的心灵中，不管它们是否存在于我们的心灵之外（作为物质世界中的实在对象）。

意向对象

意向对象包括感知、回忆或想象的对象，以及欲望对象或我们有感受的对象。不管它们是否存在于我们的心灵之外，这些意向对象都存在于我们的心灵中。我们可以用不同的方式指向同一个意向对象，例如直接地感知它、记忆它，或具有关于它的感受或观点。

意向对象
心灵中的或内在的对象可以是实在之物或不存在之物的表现形式。布伦塔诺把这些表现形式称为心灵的表象。

实在之物
物质对象独立于我们，存在于心灵之外。当我们感知实在之物时，它们成为我们心灵指向的对象。

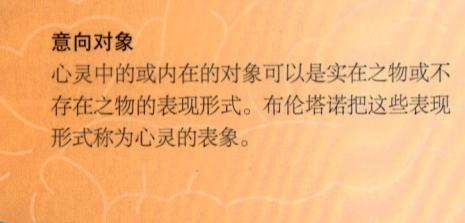

布伦塔诺认为，不可能存在无意识的心理行为。这是因为，我们总能意识到我们的心理行为所指向的对象，所以我们总能意识到精神行为本身。他将最基本的心理现象称为"表象"。当我们描绘我们心灵中的一个对象时，我们就会有表象。其他类型的心理行为，如判断（关于肯定或否定对象的存在）、欲望和情感都是基于表象的，并且需要表象。

布伦塔诺思想的问题

布伦塔诺思想的一个主要问题是，他从来没有清楚地定义过他用来描述意识的术语。这意味着，他用来描述意向对象的概念，如"表象"和"内在对象"已经相互混淆了。他所使用的"意向对象"一词指的是实在之物还是它的心理表象也是不清楚的。

实在的书，我们可以感知到它

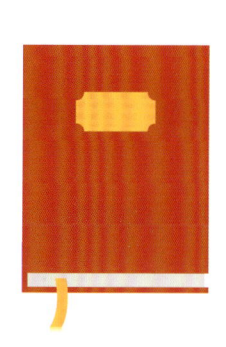

书的心理表象

经验对象
被感知或被记忆之物成为内在于我们心灵的对象，它们是实在之物的心理表象。

情感
情感和欲望都是关于事物的，因为它们指向同一个对象。

不存在之物
并非所有的心理行为都是关于实在之物的，我们也可以具有一个在现实世界中没有对应物的事物的表象。

现象学

现象学由埃德蒙德·胡塞尔（1859—1938年）创立，关注现象或向我们显现的事物。它搁置了我们关于外部的物质对象是否存在的假设。

意识的现象学

埃德蒙德·胡塞尔认为，关于哲学家争论了几个世纪的主观经验问题，从第一人称的视角来研究意识和经验的科学方法会给出确切的回答。

胡塞尔把现象学定义为意识现象的科学。现象的标准定义是向我们显现的事物，也就是我们所经验和意欲的事物。然而，胡塞尔在现象和对象之间做了区分。他论证道，对象存在于我们的意识之外，超出了我们的感知界限，现象则是这些对象如何在我们的意识中向我们显现。

改变态度

在胡塞尔所谓的"自然的态度"中，我们假定我们意识之外的对象和世界存在。我们对我们假定的事物本身进行感知、记忆、想象和产生欲望，但我们不研究感知、记忆、想象和产生欲望这些心理行为。换言之，由于我们假定对象本身存在，我们不考察这些对象如何作为现象在我们的意识中显现。胡塞尔认为，我们可以转变我们的态度，比如从自然的态度转变为他所谓的现象学的态度。这种态度的转变被称为现象学上的"还原"或"悬搁"。

悬搁

科学的目的是为我们提供关于这个世界上问题的确切答案，但科学发现依赖经验，而经验则屈从于假设和偏见。现象学给我们的假设"加括号"，在悬搁中将它们搁置起来。悬搁涉及从自然的态度到现象学的态度的转变。

在自然的态度中，我们假定外部对象存在。在现象学的态度中，我们终止我们关于外部对象存在的判断，转而聚焦和描述我们关于这些对象的内在经验。这使我们能够把握我们的对象的经验的本质，以及什么使我们能够认识它们。

1 搁置假设
现象学要求我们搁置我们关于外部对象的假设和信念，或者说对之"加括号"。我们不再假设这些对象存在，我们终止了关于它们存在的判断。

如果我们执行悬搁,我们就把我们关于对象超出意识存在的假设搁置了起来(胡塞尔所说的"加括号")。我们聚焦于我们的意识,以及这些对象是如何在我们的意识中作为现象显现的。在胡塞尔看来,这使我们能够在没有任何假设的情况下对我们的意识内容进行纯粹的描述。我们的意识根本不是空的,而是充满了我们引导心灵指向的意识对象。

现象学与逻辑实证主义

在逻辑实证主义者看来,唯一有意义的陈述是关于可以通过观察加以证实的物质世界的逻辑命题和陈述。表达主观意见或判断的陈述毫无意义。这意味着,逻辑实证主义者会认为哲学问题的主观答案是毫无意义的。

在胡塞尔看来,逻辑实证主义是有缺陷的,因为它假定关于人类存在的基本问题是无意义的和无法回答的。胡塞尔认为,现象学可以帮助我们以和回答科学和数学问题同样确定的程度来回答哲学问题。通过搁置我们所有的假设,我们可以为主观经验的知识建立一个基础,使我们能够对我们的生活经历做出有意义的哲学陈述。

> "经验本身不是科学。"
> ——埃德蒙德·胡塞尔

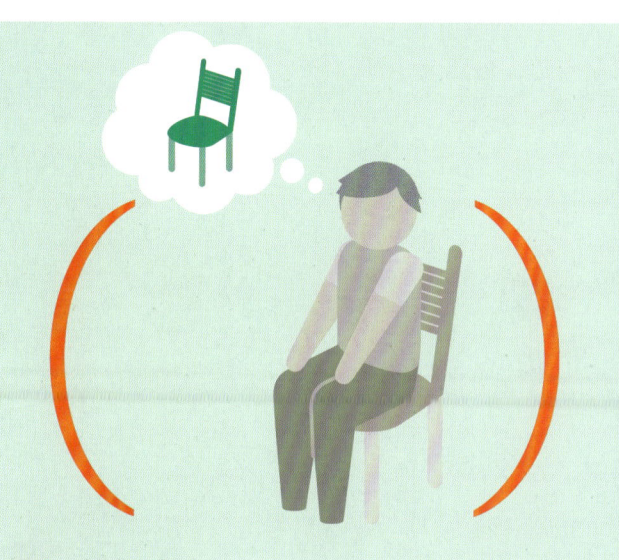

2 对象与现象
这使我们能够区分对象(椅子)和现象(我们所感知的椅子)。我们可能会毁了这把椅子,但我们仍然能记得或想象它。现象可以使对象存活。

3 聚焦意识
我们反思自己对椅子的感知或记忆,这意味着我们可以聚焦于我们内在的对象经验,并考察它们是如何在我们的意识中向我们显现的。

时间意识

胡塞尔认为，时间意识或我们对时间的意识是人类意识最为基础的形式。

现在、过去和将来

为了探索人类如何经验时间，胡塞尔以倾听旋律为例进行分析。对胡塞尔来说，当我们在一个准确的时刻听到旋律的一个音符时，这个音符的声音会产生一种"原初印象"或一种新的"现在时刻"。这个新的声音将最近的时刻推开。当最近的时刻变为过去，我们的意识就把握了它，那么被保留的声音就带着刚刚过去的特征，不再是即刻的现在。胡塞尔把这种把握最近的过去的过程称为"滞留"。

胡塞尔认为，事物的过去是由连续的滞留构成的。这种滞留的连续性使我们能够将一个对象感知为一个特殊事物，而不是许多事物或只是混乱。每一个滞留都会带来进一步的滞留。当一个当下的时刻滑入过去的时候，它就会与一个即将消逝的过去时刻的滞留相联结。一系列与当下时刻相连的滞留，像彗星的尾巴一样延伸到过去。当我们倾听旋律时，我们不仅要保留过去的声音，而且要通过借

时间之流

胡塞尔认为，倾听旋律的经验将当下的原初印象、最近的过去的滞留与对将来的期待的前摄结合在一起。

"一切意识都是对某物的意识。"

——埃德蒙德·胡塞尔

鉴过去的滞留来期待，甚至预测即将到来的新声音。胡塞尔把时间意识的这一前瞻方面称为"前摄"。

在胡塞尔看来，时间意识的三个基本元素——原初印象（现在）、滞留（过去）和前摄（将来）——允许即刻的现在与作为人类经验的过去和将来相联结，并意识到时间的流逝。

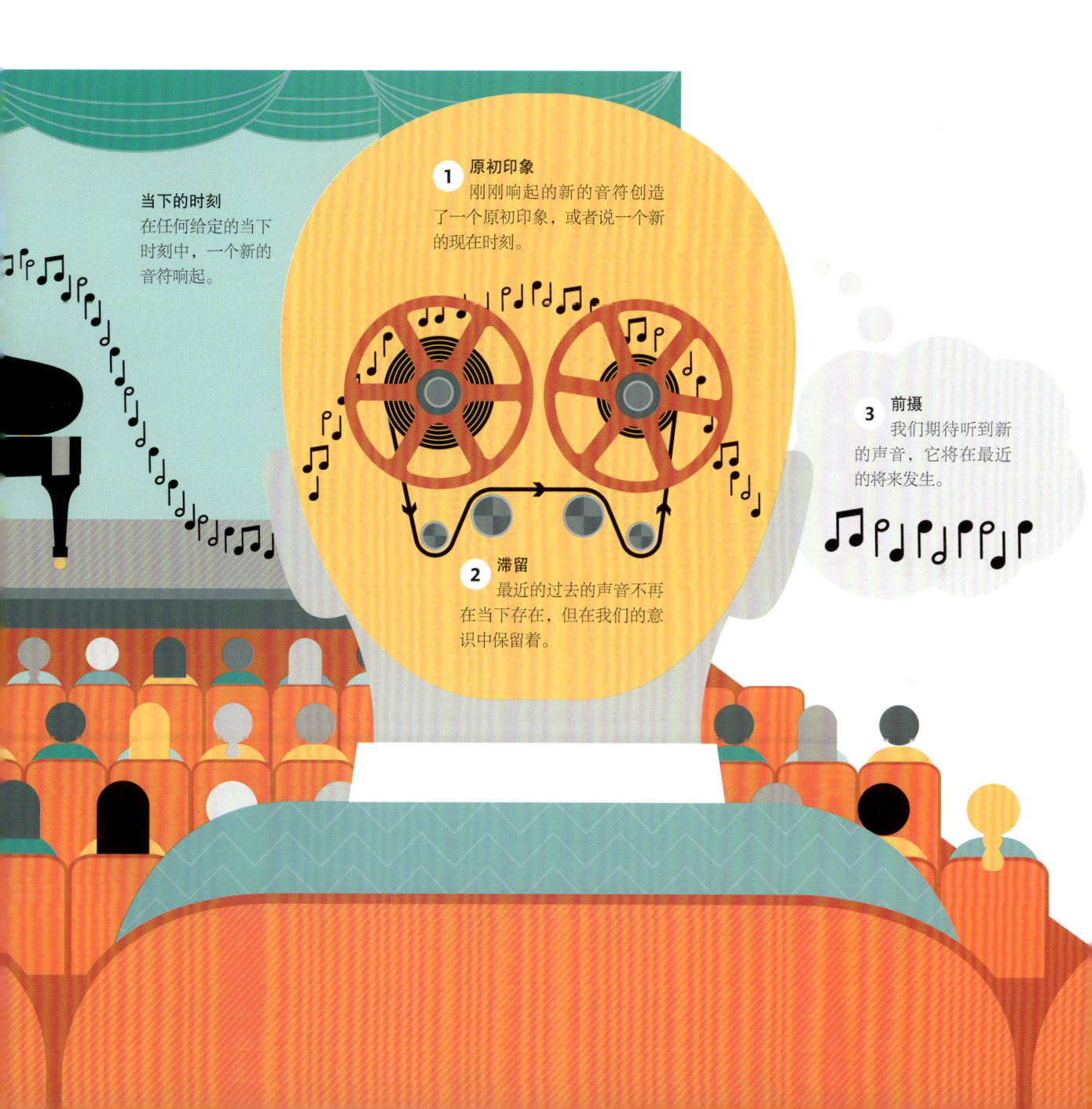

当下的时刻
在任何给定的当下时刻中，一个新的音符响起。

1 原初印象
刚刚响起的新的音符创造了一个原初印象，或者说一个新的现在时刻。

2 滞留
最近的过去的声音不再在当下存在，但在我们的意识中保留着。

3 前摄
我们期待听到新的声音，它将在最近的将来发生。

人的意义

在存在主义哲学中,马丁·海德格尔(1889—1976年)探讨了作为人意味着什么,尤其是作为一个生活在这个世界上的人,他的存在是什么样的。

存在主义现象学

海德格尔受到了胡塞尔的现象学的影响,但他改变了现象学的方法,以解决他所认为的意义和存在之更为基本的问题。胡塞尔认为,我们通过认识意识的结构来发现意义,海德格尔则认为,我们只有通过分析我们的日常生活中的人是什么样的,才能找到意义。

海德格尔坚称,将人定义为意识、主体或自我的各种尝试是不充分的,因为这些都在从外部看人的生活。他认为,为了理解作为人意味着什么,我们不应该询问关于人类存在的抽象问题,而应通过生活经验来思考人类存在。我们不应该问"什么是人类",而应该问"作为一个在这个世界上存在的人,这意味着什么"。

人类存在

在海德格尔看来,如果我们想要

询问什么

对于海德格尔来说,我们只有通过询问一些关于我们自身经验的问题,比如作为人是什么样的,才能理解我们在世界中的存在。一些科学问题,比如人是什么,无助于我们获得这种理解。

理解某物之为某物是什么意思，我们就需要理解作为人意味着什么。这是因为，人类是唯一把存在和存在的意义当作问题的存在者，动物、植物和无生命之物不会询问有关它们的存在和现实的问题，但人类却会问这样的问题。海德格尔认为，"此在"或者说在世存在的状态就是把我们定义为人类的东西。我们不是脱离我们想要了解的世界的孤立个体，而是存在于这个世界的存在者。在海德格尔看来，在世存在意味着生活在熟悉的环境中、生活在世界上，比纯粹的知识或知觉更为普通和广泛，并且关涉我们所从事的事情如何影响我们的存在，以及它们如何让我们有感觉。

在世存在

在《存在与时间》（1927年）一书中，海德格尔通过探索在这个世界中存在的人类对他们在世界上遇到的各种事物的情绪，描述了在世存在（此在）的本性。如果人类遇到某物，他们的内心认为这是潜在的可用来达到某种目的的东西，那么该物就是海德格尔所说的"上手状态"的东西。如果人类只是看或观察某物，而不接触和使用它，那么该物就是海德格尔所谓的"在手状态"的东西。这样，海德格尔就把人的存在视为询问关于一般存在的哲学问题的一个起点。

> ""此在"在任何情况下都是我属的和在世的。"
> ——马丁·海德格尔

作为人是什么样的？
作为在世存在的人类，这意味着什么？

向死而生

海德格尔认为，只有当我们活在一个"本真的"存在中，并且承认自己的必死性时，我们才能理解并参与到对我们来说最重要的事情中。

向死存在

在《存在与时间》（1927年）中，海德格尔认为，人类的基本之忧是，我们意识到我们不是自身的本原，因而没有绝对的权力把握我们的命运。事实上，他声称，这种无根据或缺乏基础的感觉是我们存在的核心，它与我们对死亡的觉知有关。海德格尔把这种面向死亡的生活情绪称为"向死而生"。

向死而生不是一种偶然出现的情绪，而是从一开始就是人之为人的一部分，不管我们选择承认它，还是选择忽视它。海德格尔认为，如果我们要活出本真的自我，我们就必须真正理解自身的有限性。通过承认死亡，我们认识到自身经验最高的界限。如果我们忽略了自身的必死性，那么我们就会错过我们存在的这个基本维度，沉溺于我们日常生活中那些最终毫无意义的平庸方面。这样，我们的存在就是非本真的。如果我们意识到死亡，我们就会对自身和存在的意义有更深的理解，并具有一个有意义的存在。

良知的召唤

海德格尔认为，对自身命运的真正理解会把我们从在世界上的迷失中带回到真实自我的面前。这一实现似乎是偶然发生的，但是，海德格尔宣称它是由"良知的召唤"所推动的。良知的召唤是存在的最深远的自我通传：良知切断了我们生活中表面的"闲谈"，并召唤我们来到自己的面前。这种呼唤让我们远离那些遮蔽了真理的消遣，而真理便是：我们是暂时性的造物，我们对死亡的害怕只有在直接面对它时才会缓解。

忧的本质

海德格尔认为，本真自我显现的方式之一是"忧"。他将"忧"与"怕"做对比，声称"怕"总是害怕某种特定的东西，比如蛇或蜘蛛。当蛇或蜘蛛被移走时，"怕"就消失了。相反，"忧"不是对特定事物的忧虑，而是一种与世界疏离的感受。在海德格尔看来，这种无根据的感受是本真自我的诞生，或者如他所说是此在的诞生，是个体化和自我意识的生成。这是一个与世界和他者保持距离的内在时刻，我们在其中可以自由地成为自己。

本真存在

海德格尔认为，存在是有限的，以我们的死亡结束。它不仅属于现在，也属于过去和将来，这些都是相互关联的。要理解本真存在的意义，就要不断地将我们的生命抛到死亡的视域中，即"向死而生"地存在。存在就是在时间中存在，我们的存在最终是向死的存在。然而，这不是一个悲观的观点。相反，它使我们能够理解对我们来说重要的事情，并使其优先于不太重要的事情。

大陆哲学
向死而生　124 / 125

死亡
找到真爱
出生
过去
建立家庭
学习阅读
现在
成为"自我"
未来

"死亡是我们所有可能性的界限。"
——马丁·海德格尔

意义来自行动和选择

通过把我们抛向未来的筹划，我们使自己和世界变得有意义。意识到死亡是我们所有可能性的最高界限，它使我们朝向对我们重要的将来筹划。消遣和对将来的筹划赋予我们生活的感受和意义。本真的自我会意识到死亡的界限，而非本真的自我则试图忽视它。

自由与身份

让-保罗·萨特（1905—1980年）认为，自由是我们之为人类的基本要素之一，但我们试图通过欺骗自己和设想固定的身份来否认这种自由的存在。

自在存在和自为存在

让-保罗·萨特是存在主义（人类在世存在的分析）最重要的贡献者之一，深受诸如埃德蒙德·胡塞尔和马丁·海德格尔等最重要的现象学家的作品影响。

在具有开创性的作品《存在与虚无》（1943年）中，萨特区分了存在的不同方式。"自在存在"是无生命物或动物的存在特征。它们正如被创造的那样，缺乏意识和自由来做选择。相反，"自为存在"具有意识和自由来选择和行动。萨特声称，人类是独特的，同时具有这两种本性。我们有自由，但是同时我们的存在被我们简单接受的环境和身份所定义，如个人历史、年龄、性别、种族、阶级和职业地位。然而，萨特认为，自由是无法逃避的。我们可能会试图逃避自由带来的选择和决定，因为我们不想对自己的行为承担责任。然而，我们命定自由，总是不断地面对这些选择和决定。

扮演角色

萨特以一个擅长其职业角色的咖啡馆服务员为例，说明了存在与本质的区别。作为一个服务员似乎是他的本质的一部分，这是强加在他身上的目的和身份。而且，他试图扮演一个咖啡馆服务员的理想角色。萨特说，服务员试图把自己囚禁在这个角色中，但原则上这是不可能的。这是因为人类无法摆脱自由。服务员不仅仅是服务员，他的存在是一种他可以自由行动和选择的生活状态，是由可能性塑造的。在萨特看来，一个人的身份不能化约为他在日常生活中扮演的角色。我们的存在是作为意识和自由的存在，它比我们扮演的角色或我们的本质更重要。

> 我是个完美的服务员，但我可以自由地离开我的职位。

> 雅克真是个完美的服务员，如此有礼和高效。

坏的信仰

萨特辨识出一种基本的意识和自由的自我否定，他称之为坏的信仰。自由超出我们强加给自己的身份，坏的信仰有关我们的自由的自欺。

然而，坏的信仰不是说谎。对于说谎，欺骗者和受骗者是两方。欺骗者知道自己要说谎，并且不会试图对自己隐瞒。相比之下，对于坏的信仰，欺骗者和受骗者是同一个人。欺骗者知道真相，并向自己隐瞒了真相，选择把自己囚禁在自己的角色中。萨特认为，坏的信仰是一种深层的意识悖论：我们否认我们的自由，但如果我们没有自由，我们就无法实现这种否认。

存在与本质

萨特认为，存在是存在的事实，而本质是它的目的、功能和定义。世界上一切由人类创造的东西，其本质都先于存在，但人类本身则相反。

萨特用一把裁纸刀来说明存在与本质的区别。如果没有需要的话，裁纸刀就不会被制造出来了。因此，这把裁纸刀的本质一定先于裁纸刀本身的存在。

作为一个无神论者，萨特不相信造物主上帝给了人类一个本质。他认为，除我们为自己积极定义的角色以外，人类没有什么本质。

> "存在先于本质。"
> ——让-保罗·萨特

自由
服务员可以自由地拒绝他的身份。

不再有坏的信仰！

他者

根据萨特的观点，我们不能视自我与他者或他人的心灵分离，因为只有当我们意识到他者在看我们时，我们才能意识到自我。

他者心灵的问题

许多哲学家从"他者心灵的问题"的角度来看待我们与他者的关系，并就此提出：我们怎么能够知道他者具有心灵，并像我们一样思考和感觉呢？这些哲学家试图证明他者心灵的存在，从而解决唯我论（我是我能知道存在的唯一心灵的观点）的问题。从萨特的观点看，试图证明或否定他者心灵存在的论证由于多种原因而失败。其中最主要的原因是，这些论证都把"自我"视为与他者分隔的，以及把他者看作我们的知识对象。

萨特论证道，自我与他者是不可分割的。我们与他者的主要关系是一种活的（直接的，第一人称的）经验，他者作为主体生活在具体的生活环境中，而不是作为知识对象。他说，一旦我们意识到他者把我们看作一个对象，并以他们选择的方式给我们贴上标签，我们就会意识到自己的存在，并把自己看作他者注视的对象。

在萨特看来，他者的存在无法被证明，但我们仍可以抵制唯我论。我们依赖有关他者的鲜活经历（我们如

他者之看

在萨特看来，当我们意识到另一个人（他者）可能在看我们时，我们不会只注意到有两只眼睛在直视我们，一扇开着的窗户或窗帘和门的移动，都可以是他者之看的显示。当我们被观察时，我们会意识到自己是脆弱的。这种意识不是某种知识，它是有关另一个人的鲜活经验，也是一种自己被另一个人看见时感到脆弱或羞耻的体验。我们只有在与另一个人的关系中作为一个客体时，才会意识到自身。因此，自我在他者之看中有自己的基础。被他者看是我们的存在中一个"不可还原的事实"。萨特总结道，我们与他者（和他们的"心灵"）的关系是一种内在的关系，而不是两个分离实体之间的关系。这是一种直接的、鲜活的关系，而不是一种中介形式的客观知识。

物化他者

萨特认为，当我们面对另一个人的注视时，我们会意识到意识状态，比如羞耻。为了说明这一点，他想象一个男人从钥匙孔里偷窥。这个男人在监视他的伴侣，她和另一个男人关系不一般。当他偷窥的时候，他全神贯注于他正在看的事情，而没有明确地意识到自己。然而，他的注视却把他的伴侣和另一个男人物化了。

何经历他们）来让我们意识到自己，以及他者如何看待我们并给我们贴上什么样的标签。当我们意识到他者贴在我们身上的标签时，我们可能会将这些标签应用到自己的身上，并失去我们的自由意识。但是，如果我们重申我们的自我和自由，我们就获得了更强的自我意识。

> "通过揭示我被他者的物化，我认识到他者作为主体存在。"
> ——让-保罗·萨特，《存在与虚无》（1943年）

我们与他者的不稳定关系

在萨特看来，我们无法控制他者看待我们的方式。他者如何给我们归类，例如归为"好"或"有趣"，是不可预测的，因为他们可以随心所欲地看待我们。正如萨特所说，他者的自由是"我们自由的界限"。他者可以在他们的心灵中给我们和我们客观的外表贴上某些标签。

通过这种方式将我们物化，他者就剥夺了我们内在的自由（我们作为自为存在的存在），反而把我们变成了自在存在。我们把自己看作脆弱的人，这使我们远离自己和我们在世界上的可能性，因为我们失去了自由意识，并被他者贴在我们身上的标签所限制。反对他者的物化，我们将重获自由。

被物化
突然，这个男人意识到另一个人正在注视他。他意识到自己是别人注视的对象，他被别人物化了。正如他给自己的伴侣和另一个男人贴上了负面的标签，注视他的人也会给他贴上偷窥者的标签。

发现自由
在另一个人的注视下，这个男人的自我最终得到重新确定，以反对另一个人的物化。这个男人寻求重新获得和确认自由。当自我意识到他的自由时，另一个人就变成了自我的对象。自我将不再感到羞耻。

性别认同

社会活动家和知识分子西蒙娜·德·波伏娃（1908—1986年）对当代哲学和女性主义理论具有巨大的影响。她所说的女人被框定为男人的"他者"的思想是开创性的。

他者

在《第二性》（1949年）中，西蒙娜·德·波伏娃从第一人称、现象学的角度审视了人类意识，并运用关于自由的存在主义思想来处理女性和男性差异的问题。她对性和性别进行区分，认为前者是生物学决定的，后者则是一个社会结构。她认为男性利用性别使女性成为他们的"他者"。男性和阳刚似乎是人类的绝对理想，女性则常被描述为不完美的和不重要的"他者"。最坏的情况是，女性的身体被认为比男性的身体弱或差。例如，弗洛伊德将女性描述为"残缺的男人"。最好的情况是，女性被视为一个"谜"，以证明她们作为"第二性"而处于次要的、异化的地位。

活的身体

波伏娃认为，无论性别差异是什么，它们都不应该被用于使女性处于从属的地位。

成为女人

波伏娃拒绝一些传统观点，比如"生物学决定我们是谁"，以及"这就是女人的命运"（例如成为一个母亲）。她认为，这种思想是男人发明的，主要是为了征服女人。她重申了存在主义关于"存在先于本质"的宣称，主张我们不是天生就具有任何特定的性别身份，以及女人不是天生的，而是通过社会的规训成为女人的。

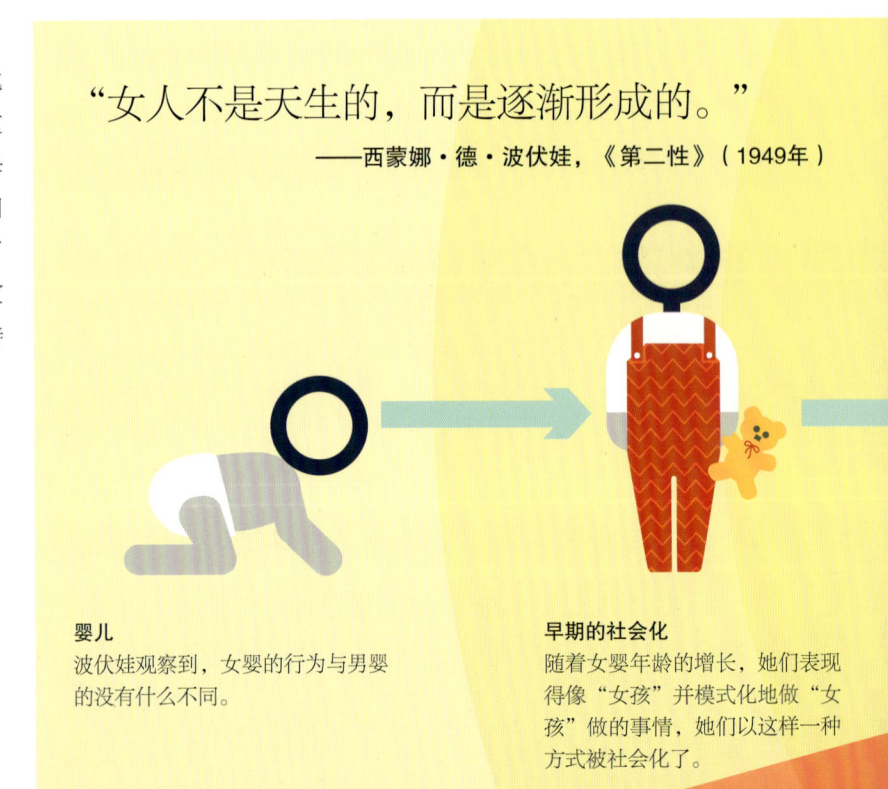

> "女人不是天生的，而是逐渐形成的。"
> ——西蒙娜·德·波伏娃，《第二性》（1949年）

婴儿
波伏娃观察到，女婴的行为与男婴的没有什么不同。

早期的社会化
随着女婴年龄的增长，她们表现得像"女孩"并模式化地做"女孩"做的事情，她们以这样一种方式被社会化了。

波伏娃把性和性别视为人类生活的本质。她认为，我们的存在具有"在世存在"的特征，是由我们的身体形态塑造的，女人和男人皆作为参与世界的具身个体存在。

该责怪谁？

波伏娃声称，女人有时是损害她们的自由的同谋。她认为，女人必须确认她们的身份，以避免损害她们的自由。

女性化
随着时间的推移，女孩按照与社会期待相一致的方式进一步女性化。

挑战
波伏娃认为，女性应该看穿这种规训，挑战自己的命运。

活的身体

莫里斯·梅洛-庞蒂（Maurice Merleau-Ponty）受马丁·海德格尔对"在世存在"的描述的影响，认为我们感知世界的方式不是纯粹智性的，而是由我们的身体所塑造的。

活的身体的现象学

梅洛-庞蒂批判对人类身体的传统理解，即理性主义的方法和经验主义的方法。理性主义从我们对身体的心理表征来看待身体，忽略了它的物质存在，忽略了身体是由物质构成的这一事实。例如，当人们遇到身体上的障碍、疾病或受伤时，这一事实就会变得非常明显。同时，经验主义将身体视为一种自然世界的东西，忽略了它独特的意向性，即它对世界的自觉参与。

梅洛-庞蒂认为，人类的身体不只是对外界刺激做出反应的物体。相反，他说，人们应该从人类参与世界，以及人类有目的地行动的能力方面来思考人类的身体。"活的

知觉作为背景

梅洛-庞蒂采用了海德格尔的"在世存在"的概念，即为了理解存在，我们必须首先考虑生活在世界中的我们自己的存在。并且，梅洛-庞蒂在其中增加了一个关于人的身体和知觉的新观念。

在《知觉现象学》（1945年）中，梅洛-庞蒂挑战了传统的知觉信念，论证它既不能从感官数据如何被接收和处理的方面（如经验主义者宣称的）得到解释，也不能从思考对象及它们自身的感观性质的方面（如理性主义者提出的）得到解释。在他看来，知觉是一种基本的开放性，是一种能让我们辨别特定的感官特征和何为"前反思"的背景。例如，我们可以识别手机的铃声，并伸手去拿手机，因为我们对事物已经有了一种它是一个手机（背景）的知觉。为了拿手机，我们无须反省，我们只需要自动地行动。

在日常生活中，我们既不仅仅是世界上的"表演"的观看者，也不仅仅是光说不做的思考者；实际上，我们在特定的环境中活动，知觉与行动和运动相联结。知觉不是只由身体或心灵产生的，而是由活的身体和意识的牵连产生的。例如，一个游泳者能感知到水并与之互动，而不去思考它。游泳者的身体有一种意识，能让其在不思考自己的动作及它们如何与水互动的情况下游泳。

无思考地感知
我们对事物的知觉涉及对整体对象的感知，包括我们看不见的部分，比如上图中房子的内部。这先于我们关注特定的细节。

身体"（胡塞尔首先用它来描述我们从第一人的视角经验到的身体）对我们来说是不可通达的，就像我们可以从各种角度看到和触摸到的对象一样，但是它始终存在于我们的面前，使我们能够进入这个世界。活的身体不仅是一个对象，它还涉及我们存在的一切。

幻肢

为了说明这一观点，梅洛-庞蒂使用"幻肢"的现象（失去部分肢体的人仍然感觉那个肢体是身体的一部分）进行说明。梅洛-庞蒂认为，这种现象不仅仅是神经连接的结果，也不仅仅是纯粹的心理过程。对身体的经验主义解释在这里是不充分的，因为如果肢体不再存在，它就不能接受刺激。另外，不同的病人对这种情况有不同的体验。理性主义的解释也失败了，因为肢体是生动的当下感觉。它太生动了，以至于根本无法通过记忆等心理表征产生。梅洛-庞蒂认为，幻肢的现象在人在世惯常的存在和行为方式中有着根源。因此，即使人的肢体没有了，意图仍然存在。

> "身体是我们拥有世界的总体媒介。"
> ——莫里斯·梅洛-庞蒂，《知觉现象学》（1945年）

感知幻肢
在梅洛-庞蒂看来，当一种惯常的在世存在方式与个人的环境变化相冲突时，幻肢现象就会出现。幻肢使人的具身生活领域保持活跃，并对世界开放。梅洛-庞蒂没有说生理条件或心理因素（记忆、情绪等）与幻肢的经验无关。相反，他说，这些事实不应该被孤立地设想出来，它们在在世存在的框架内相互啮合。

身体意图
幻肢的现象是从一个人通过身体参与世界的惯常方式中产生的。

批判理论

批判理论是为了回应20世纪的资本主义而发展起来的,旨在将个体从意识形态、文化和政治形式的统治中解放出来。

解放

20世纪30年代,在法兰克福学派的带领下,批判理论家考察了现代资本主义社会,试图发现并揭示它的局限性,特别是其定义社会和对个人施加权力的规范和制度的局限性。批判理论不仅试图揭示统治的根源,而且试图揭示社会变革的可能性,最终达到解放人类的实践目的。在法兰克福学派的领袖马克斯·霍克海默(Max Horkheimer,1895—1973年)看来,"真正的民主"是一种"由人类控制的社会生活的所有条件都取决于真正的共识"的民主。

工具理性

霍克海默和西奥多·阿多诺(Theodor Adorno,1903—1969年)批判自由主义和工具理性。工具理性是这样的理性:寻求为特定目的确定有效手段,从而控制和操纵相关要素,以达到既定的目标。他们认为,自由的、资本主义的意识形态被用来促进社会、经济或政治的进步,导致大规模的生产和泛滥的消费主义,并且已经造成了个体的衰落。因此,要追求真正的社会自由,自由主义的理性必须得到重新审视。

商谈理性

约尔根·哈贝马斯(Jürgen Habermas,1929年—)提出了一种更具商谈性和协作性的理性方法,将理性框定为一个在公共领域中开展的社会事业。他认为,对伦理和政治规范的评估不可能是独立的"只说不做"的思想的结果,只能经由公共讨论发生,而这些讨论应该对所有受公共事务影响的人开放。这种方法强调了社会的多样性和复杂性,使人们能够被视为在自己的社会历史环境中独立存在的个体。

> "资本主义个体受限的自由,正穿着完美自由的虚幻外衣。"
> ——马克斯·霍克海默
> 《批判理论》(1972年)

从自由主义中解放

批判理论家认为,自由主义的理性不再使我们自由,而是变成了一种新的奴役形式。他们试图推翻社会、经济和政治领域中各种形式的对个人的控制。

大陆哲学
批判理论　134 / 135

自由

批判理论旨在揭示统治社会的制度和规范，目的是将个人从资本主义的锁链中解放出来。

批判理论的兴起

第一批批判理论家受到了马克思理论的影响。站在批判理论运动中心的是法兰克福学派，其成员包括马克斯·霍克海默、西奥多·阿多诺、埃里希·弗洛姆（Erich Fromm）、约尔根·哈贝马斯和赫伯特·马尔库塞（Herbert Marcuse）等。

20世纪早期的技术进步使思想得以迅速复制，并传播给大量的人。批判理论家认为，这使某些意识形态和文化力量占据主导地位，抑制了个体为自身寻求答案的渴望。

自建立以来，批判理论已扩展出许多方向，包括女性主义、后殖民种族理论和性别理论。

权力运作

米歇尔·福柯（1926—1984年）是一位杰出的社会理论家、思想史家和后现代主义哲学家。他的著作挑战了关于权力的传统观念。

规训的权力

福柯的哲学理论既挑战了传统的哲学家，也挑战了他那个时代的重要思想家，如让-保罗·萨特。在某种程度上，福柯受到了存在主义、现象学及弗里德里希·尼采的思想的影响。

福柯认为，权力和知识是紧密相连的，被用来控制和支配个人。在《规训与惩罚》（1975年）中，他研究了在现代监狱中起作用的控制和惩罚的新形式。他发现了所谓的"规训权力"，它不仅在监狱中，而且在学校、医院和工厂等其他机构中也发挥作用。这是一种渗透到社会各个层面的控制模式。

现代规训权力旨在通过让人们实行自我规训来维持整个社会的权力结构。福柯认为，这种现代规训权力取代了基于封建社会结构的主权力量。

使个人循规蹈矩

规训权力通过使个人自愿地服从社会的规范和标准来达到控制个人的目的。它通过要求个人（尤其是"越轨"的人）适应现有的系统（如教育）来实现个人的"规范化"。这一过程旨在培养高效的劳动力。

同时，监控个人的工作设施，如安装摄像头，通过识别要处罚的"越轨"行为可以有效地控制个人。福柯还把他关于权力与身份关系的理论应用到性取向上，这是朱迪斯·巴特勒（Judith Butler）在她的有关性别、性和性取向的著作中探讨的一个论题。

惩罚
严密监视是一种比以前那种基于体罚的系统更有效的控制方式。

各种劳动力
经济需要大量来自不同背景的劳动力。

教育
教育为具有广泛潜在技能和能力的学生带来了新的机会。

规范化

福柯把对个人行使规训权力的关键技术称为"规范化"。它将被观察、被审视和被判断为不符合规范和规定（如工业中的规定）或不符合某些标准（如良好的"正常"行为）的个人视为"越轨的"或"异常的"。这些个人的行为需要被纠正，而且很可能会通过强制性的策略和程序被纠正。

大陆哲学
权力运作 **136 / 137**

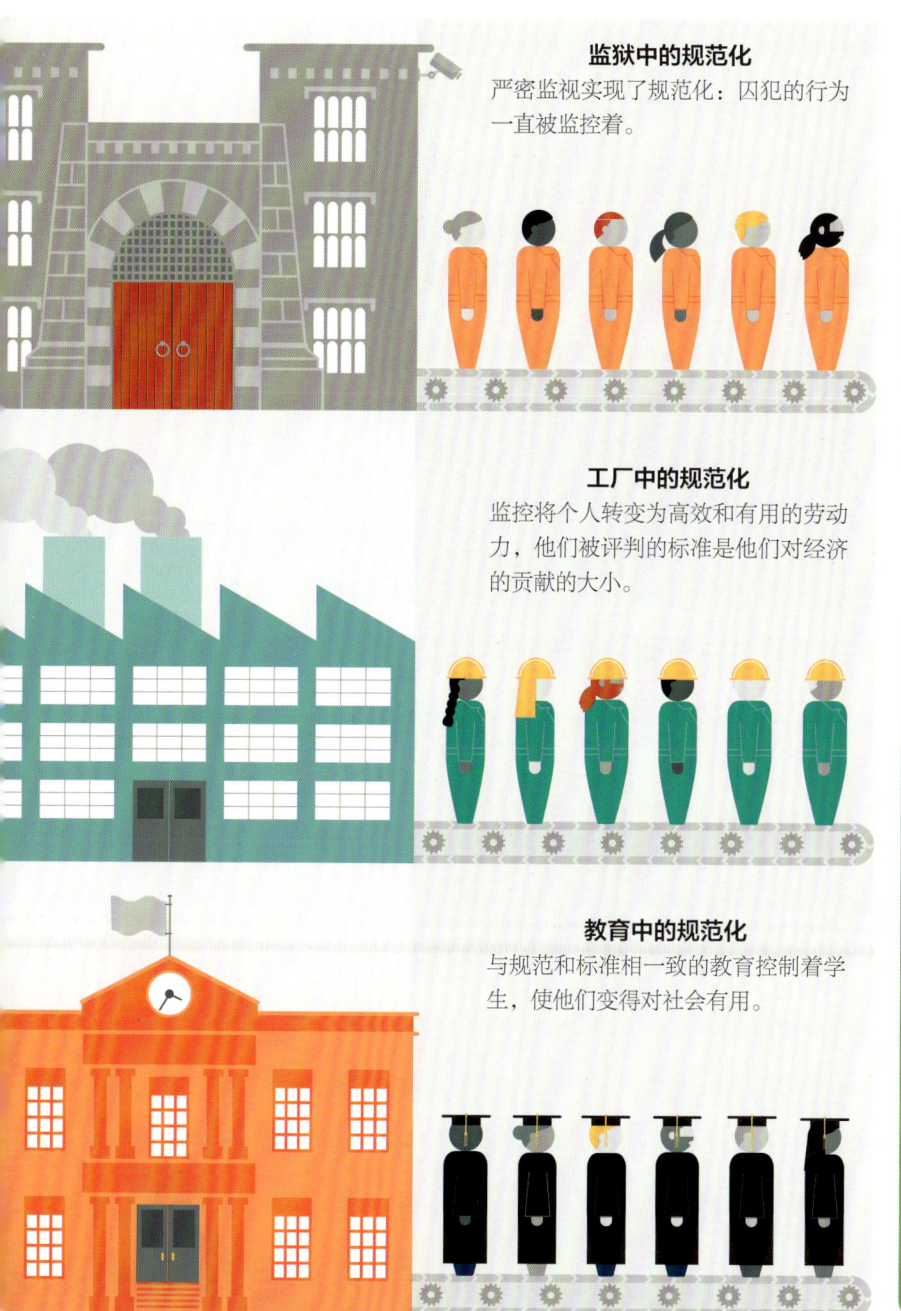

"规训的权力……在无形中运作。"

——米歇尔·福柯，《规训与惩罚》
（1975年）

监狱中的规范化
严密监视实现了规范化：囚犯的行为一直被监控着。

工厂中的规范化
监控将个人转变为高效和有用的劳动力，他们被评判的标准是他们对经济的贡献的大小。

教育中的规范化
与规范和标准相一致的教育控制着学生，使他们变得对社会有用。

圆形监狱

福柯以杰里米·边沁（Jeremy Bentham）在18世纪晚期设计的圆形监狱为例，阐述了他的现代规训权力思想。监狱的建筑模型包含围绕中央观察塔排列的多个单独牢房，囚犯随时都可以被看到，他们的行为一直被监控着。福柯认为，这种设计是利用规训权力来控制个人的典型例子。

圆形监狱从未被建造出来，但这座位于美国伊利诺伊州克雷斯特山的1928年的监狱遵循了边沁最初的设计理念。

解构

雅克·德里达（Jacques Derrida，1930—2004年）是一位有影响力的后现代思想家。他的"解构"论题对当时的主流观点和哲学传统提出了一定的语言挑战。

解构哲学

雅克·德里达提出的解构思想在很大程度上归功于马丁·海德格尔早期的解构观念。这一观念挑战了西方形而上学的哲学传统，即关注实在和我们对它的感知之本质的哲学分支。德里达继续发展海德格尔对形而上学的批判，特别是逻各斯中心主义批判。逻各斯中心主义认为，真理是一种独立于用来描述它的语言（逻各斯）而存在的实体。德里达的著名宣称"不存在外部文本"意味着，对于用来探讨哲学概念的语言之外的东西，我们无法认识。

德里达认为，词语的意义不是一个存在于"外部"的"真理"的描述。相反，词语的意义来自它们与其他词语的关联和对立。在传统的形而上学思想中，如本质/表象、言语/文字、心灵/身体、存在/虚无和男性/女性的二元对立都得到了接受。德里达指出，在任意决定的等级关系中，这些对立片面地将其中一个优先于另一个，这不仅在理论上是不充分的，而且在伦理和政治上是危险的，可能会导致暴力或不公正。

作为一种哲学方法，解构研究这些二元对立，并揭示它们的基础偏差。它不寻求调和对立方，而是力图动摇和重新思考传统对立之间的差异。

延异

德里达进一步使用他的延异观念探讨词语的意义，延异是一个同时包含差异和意义延迟的词语游戏。他认为，意义来自词语之间的差异，但意义的实现是延迟的，因为我们使用词语的方式是由它们周围的其他词语限定、解释和语境化的。在德里达看来，延异意味着，当我们审视"真理"、理论和思想时，我们必须对用来指代它们的词语进行解构，并且始终注意意义永远不会像它看起来的那样直接或明确。

后现代主义

后现代主义者认为，我们所知的世界是由话语构建的：个人与世界之间没有固定的或稳固的关系，这种差异是所有事物的核心。后现代主义者赞同多元视角，并强调使事物有意义的科学和其他理性尝试的偶然性。他们挑战理性和客观性的权威，认为人们选择一个理论而非另一个理论是个人决定的结果，而非出于理性和客观的正当理由。

质疑意义

意义是由词语之间的差异创造的，这种差异可以是无限的和模糊的。德里达鼓励我们不要将概念感知为存在于成对的对立中，而要质疑我们理解的基础，积极地通过挑战潜在的等级、打破传统的线性配对，以及通过寻找意义中的裂缝来解构意义。

大陆哲学
解构   138 / 139

传统话语

本质　身体
男性
言语
表象　心灵　虚无
存在　文字　女性

女性主义的后现代主义

受后现代主义影响的第三波女性主义者质疑性和性别是由生物学决定的观念，其目标是推翻占主导地位的"女性"和"男性"理想。

性别扮演

在《性别麻烦》（1990年）中，朱迪斯·巴特勒认为，性别是一种扮演。性别扮演的行为不断重复，并随着时间的推移而固化，产生了性别具有男性或女性本质的错觉。

巴特勒声称，这种扮演强化了与传统的性别二元性（女性和男性）和性取向（异性恋）有关的主导规范和理想，并排斥和压迫那些不顺从的人，如同性恋或变性人。

巴特勒认为，这些规范是社会建构的，扎根于作为"规范话语"的语言。这种话语塑造了何种形式的性、性别和性取向是可被社会接受的，从而使主导群体能够对他者行使权力。巴特勒认为，为了动摇性别二元性和强制异性恋的观点，我们必须对这些规范提出异议。

反对本质主义

按照通常的定义，本质主义认为，不论何种文化，不论哪个时代，所有女性都共有一些基本特征或经验。例如，一个本质主义者可能会说，性是

性和性别都是由社会建构的

包括巴特勒在内的第三波女性主义者认为，不仅性别是由社会建构的，性（拥有"男性"或"女性"的身体）也同样如此，其途径主要是通过语言。这些女性主义者质疑性别的生物学基础。

重新定义性别

许多当代的女性主义者认为，关于女性、性别和性的普遍宣称是错误的，这些宣称掩盖了女性处境的多样性，强化了男性与女性的权力等级制度。巴特勒认为，除性别外，性也是由社会建构和强化的。

由我们生来具有的基本生物特性定义的（一种被称为"生物学基础主义"的观点）。

巴特勒认为，本质主义是一种政治虚构，服务于现存的具有压迫性的父权制统治。在对"女人"这一范畴的批判中，巴特勒否定这个词指向统一的性别认同的观点，并提出对性别认同的复杂性的新理解，而这种复杂性是与女性认同的其他方面（如种族）相交织的。

女性主义的三次浪潮

传统的女性主义者的观点（1960年前）是性和性别是生物学的产物。也就是说，性决定了性别的行为和角色。第二波女性主义者（20世纪60年代至80年代初）认为性是生物学的，但性别是社会和文化的产物。第三波女性主义者（20世纪90年代以来）认为，性和身体不属于简单的生物学范畴：男性和女性的身体差异至少部分是由社会建构的。

第三波女性主义者质疑存在基本的女性特征。

> "性别是一种模仿，因为它不存在原型。"
> ——朱迪斯·巴特勒，《性别麻烦》
> （1990年）

一种模式并不适合所有人
巴特勒认为，一种理想的女性观是危险的错觉，具有压迫力和破坏力。

性别角色
巴特勒似乎想让我们像木偶戏中的演员一样表演性别剧本，并向我们提出一个问题，那就是该如何打破这些规范来为男女双方伸张正义。

4 心灵哲学

纵观历史，人们对意识经验的本质充满困惑。在现代，这个问题变得更加尖锐，人们会问：什么是心灵？它如何与身体相关联？

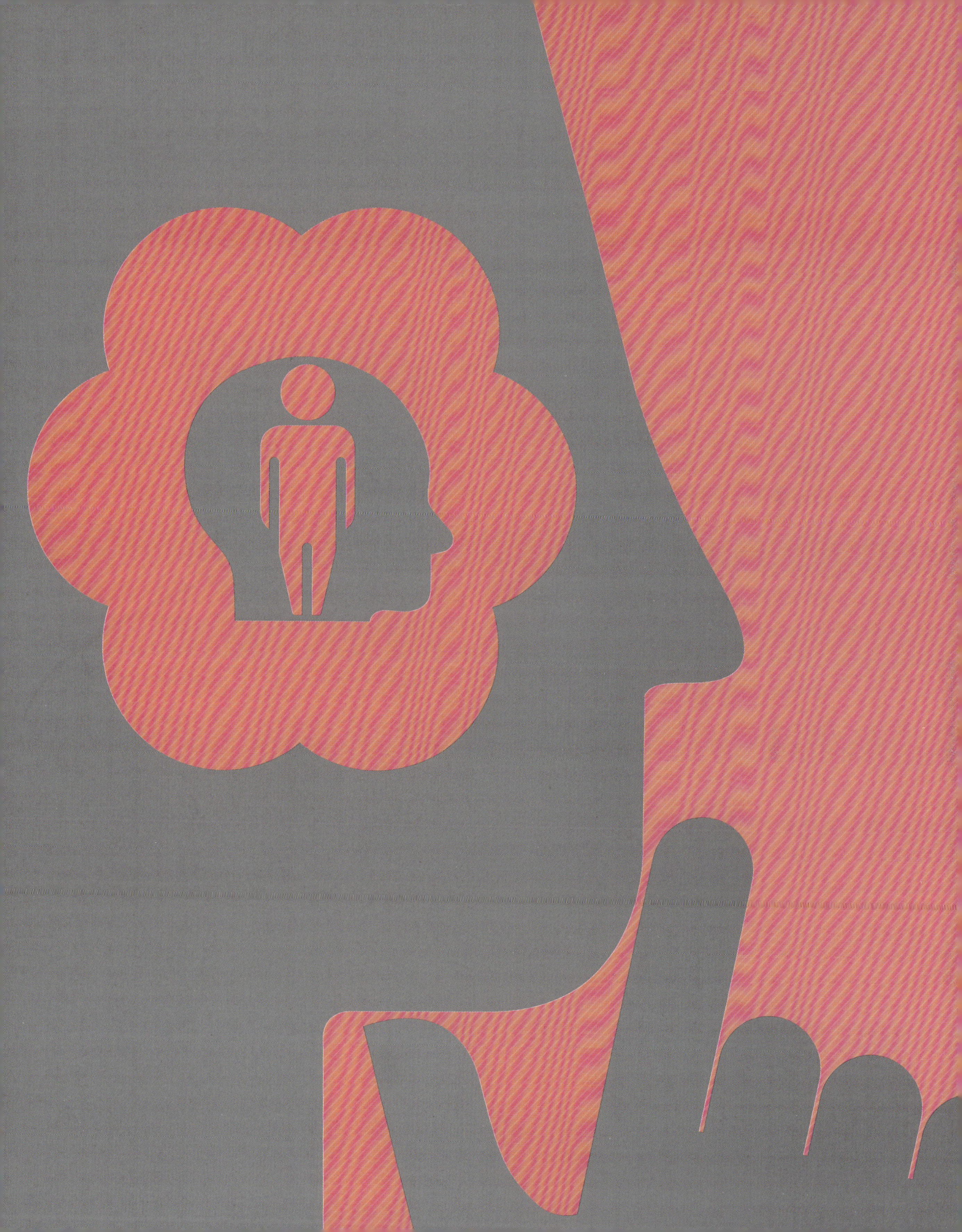

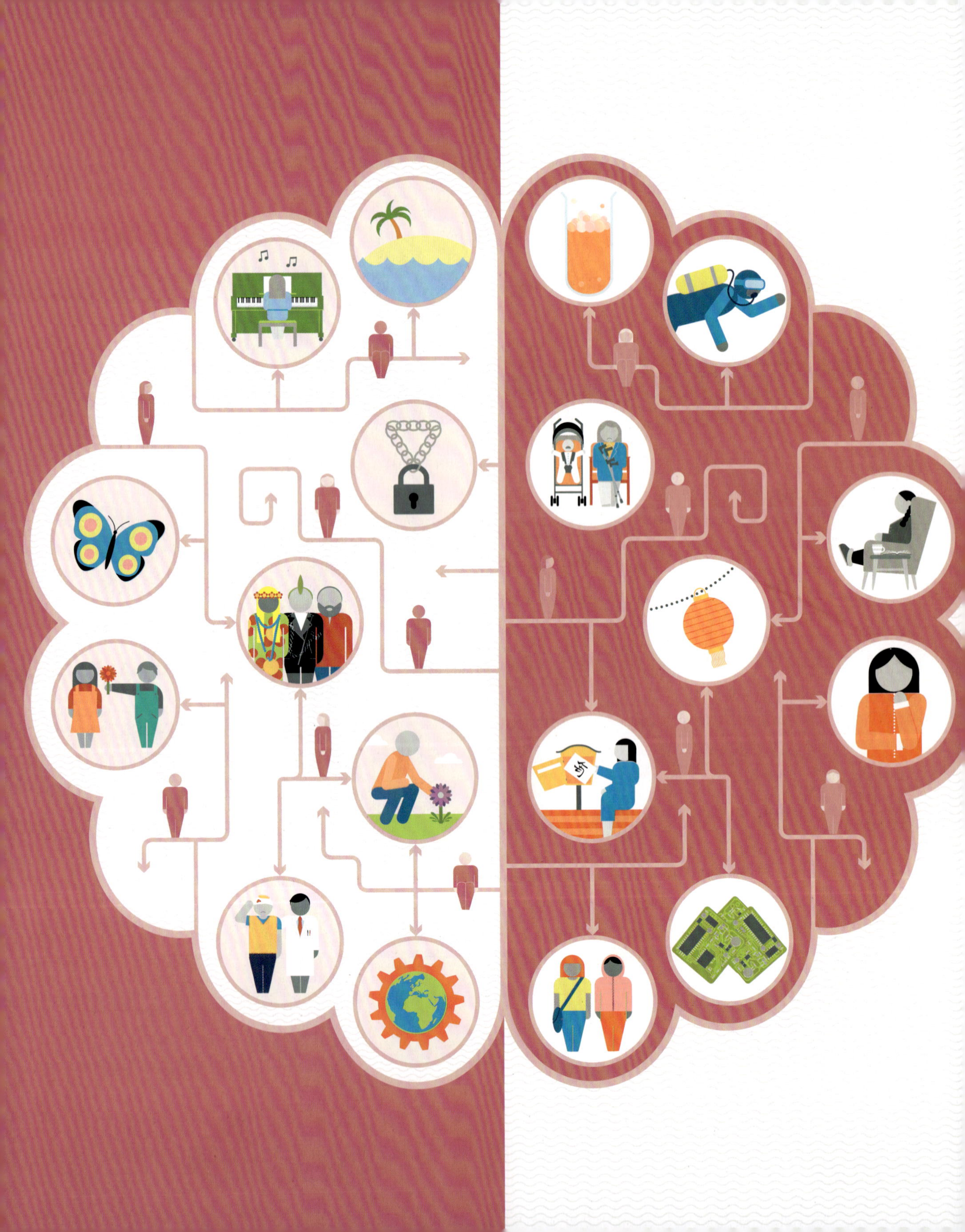

引言

伦理学和政治哲学涉及许多主题，而心灵哲学只关注一个问题，即我们理解为"心灵"的事物的本质是什么。

关于心灵的问题属于形而上学的问题，因为它们关注世上事物的本质。对这些问题的回答可分为两大类。第一类被称为"二元论"，它声称宇宙中有两种事物，一种是物质，另一种是心灵。第二类是所谓的"一元论"，它声称宇宙中只有一种事物，这种事物要么是物质，要么是心灵，要么是物质和心灵皆为其属性的某种东西。

心灵和身体如何关联是相对新近的问题。它可以追溯到17世纪，当时笛卡儿将世界一分为二：一个是物质世界，另一个是非物质世界。他认为物质世界是预定的，像钟表一样运转，人类的心灵则位于非物质世界中。他之所以做出这一区分，是因为他周围的"科学"正在生根发芽——伽利略和开普勒已经埋葬了亚里士多德的宇宙论，这意味着人们需要一个新的宇宙观。然而，笛卡儿认为，如果宇宙如科学家所宣称的那样像钟表一样运转，那么人类的自由就是不可能的。因此，他认为，存在一个非物质的世界，这个世界由非物质的心灵主导。这就是经典的二元论立场：心灵和身体是不同的事物，即便它们的相互作用是一个谜。尽管二元论已失去影响多年，但如今它正在复苏，这主要是因为一元论者的心灵描述存在缺陷。

如今，大多数一元论者是唯物主义者或物理主义者。他们声称，意识只不过是大脑的一种神经和化学功能。从这个观点来看，痛苦、欢乐、希望和意图最终在本质上都是物质性的。有些人认为，像"心灵"和"意识"这样的观念只不过是"民众心理学"。换言之，它们是我们在日常生活中使用的一系列概念的一部分，而非基于科学的事实。一元论的另一种形式是根植于语言哲学的行为主义。行为主义者声称，诸如"聪明"和"善良"这样的词描述了外在的、身体的行为，我们将其误认为是内在的心理过程。维特根斯坦既不是一元论者，也不是二元论者，他关注形而上学的问题，特别是那些涉及"心灵"和"身体"与"内在"和"外在"领域的区分问题，并且他认为这是语言混乱的结果。

二元论

17世纪的法国哲学家勒内·笛卡儿倡导现实在本质上为二元的观念，即它是由物质和精神两种元素构成的。

心灵与身体

根据笛卡儿的观点，物理对象存在于空间中，并受物理定律的支配。例如，一棵树的高度、宽度、质量和位置都是确定的。然而，他认为，人类心灵或者它的特征并非如此。例如，信念、疼痛和计划都没有这些特征，因此它们不能被视为物理的。在笛卡儿看来，心灵没有物质实体，它是一个纯粹的经验主体，超越了钟表式的机械世界。他相信，只有人类才能享有这种自由，其他的一切造物都是由自然法则决定的。

笛卡儿将世界分为心灵和物质两部分，并思考两者是如何相互作用的。他认为，两者在大脑的松果体中混合，但我们无法解释它们是如何混合的。事实上，对于二元论者来说，解释心灵与物质之间的相互作用是非常困难的，因为我们永远无法看到（非物质的）心灵是如何工作的。心灵是经验的主体，却不是经验的对象。因此，如果一个物理对象，如大脑或计算机，真的被作为心灵来呈现，那么一个二元论者就会事先知道它不是。

感受质

哲学家用"感受质"这个词来描述他们经验的直接内容，比如听到一个特定的声音是什么感觉。弗兰克·杰克逊（Frank Jackson）举了一个例子：玛丽生活在一个黑白世界里，她通过书本和电视纪录片了解了关于色彩的一切。接着，她进入现实世界，第一次经验色彩。她对色彩初次了解到的是感受质，根据二元论的说法，感受质不能被唯物主义者的心灵描述所解释。

一个唯物主义者可能会说，玛丽仅仅通过学习就可以了解关于色彩的一切，即使在她的黑白世界里也可以做到这一点。

同样，如果一个唯物主义者声称疼痛只是大脑中的电流活动，那么这只会加深其中的神秘感，因为我们知道，被意识到的意识，如被蜜蜂叮咬的感觉，与身体经历的过程紧密相连。

难题

如今，所谓的"意识难题"重新表述了笛卡儿的思想：科学无法让我们更真切地了解意识，例如对颜色、气味和声音的直接经验是什么。根据这一观点，科学将世界描述为"外面的"，并从经验的角度做到这一点。

然而，经验发生的地方是永远看不见的，经验的主体永远不会成为它的对象。正如自然主义二元论的捍卫者大卫·查默斯（David Chalmers）所说："通过研究意识，我们更加知道世界在本质上是陌生的。"

附随现象论

二元论者面临的一个问题是，宇宙可能是"因果完整的"。根据这一观点，人的行为完全由身体经历的过程来解释，并且除了经验身体的活动，心灵不做任何事情。生物学家T. H. 赫胥黎（T. H. Huxley）便持有这种观点，他称心灵是大脑的"附随现象"或副产品。他把心灵比作钟表的铃，它在保持时间运转上没有任何作用。

玛丽进入现实世界体验色彩，这突出了二元论者的观点，即色彩不是理论，而是一种经验。

> "除了我们自己的思想，我们无法知道任何绝对之物。"
> ——勒内·笛卡儿，《谈谈方法》（1637年）

语言的局限

20世纪40年代,哲学家路德维希·维特根斯坦提出了有关语言本质的问题,使人们对"心灵哲学"这一观念产生了怀疑。

语法阴影

在《哲学研究》中,路德维希·维特根斯坦(1889—1951年)认为,词语的意义不是它所指称的对象,而是支配其用法的规则。他声称,这些规则必须是公共的、共享的约定,可以根据语境进行更改。维特根斯坦通过这一主张动摇了笛卡儿的假设,即知识从个人开始,而确定性可以通过直接的、私人的经验获得。根据笛卡儿的说法,我们通过将"疼痛"一词与一种感觉联系起来学会它,然后将我们的经验应用到其他人身上。然而,维特根斯坦认为相反的情况才是正确的:我们是在与他人的互动中,以及在描述他人的行为中学会"疼痛"一词的。

关键在于,我们的私人情感和感觉远不是确定性的基础,我们与之的关系根本不是一种"认识"。比如,一个人永远不会说:"我认为我疼痛,但我可能不疼痛。"根据维特根斯坦的说法,说"我疼痛"不是一种描述,而是指疼痛的行为本身,它是一种寻求帮助的呼唤。

不可描述的疼痛

维特根斯坦认为,语言是交互的,是一个在主体间、在人与人之间,甚至在主体和自身之间建立的现象。例如,说某人疼痛的标准是行为。然而,当我们说我们自己疼痛时,情况却并非如此,因为没有标准来描述个人的感觉。说"我疼痛"实际上是一种寻求帮助的呼唤。

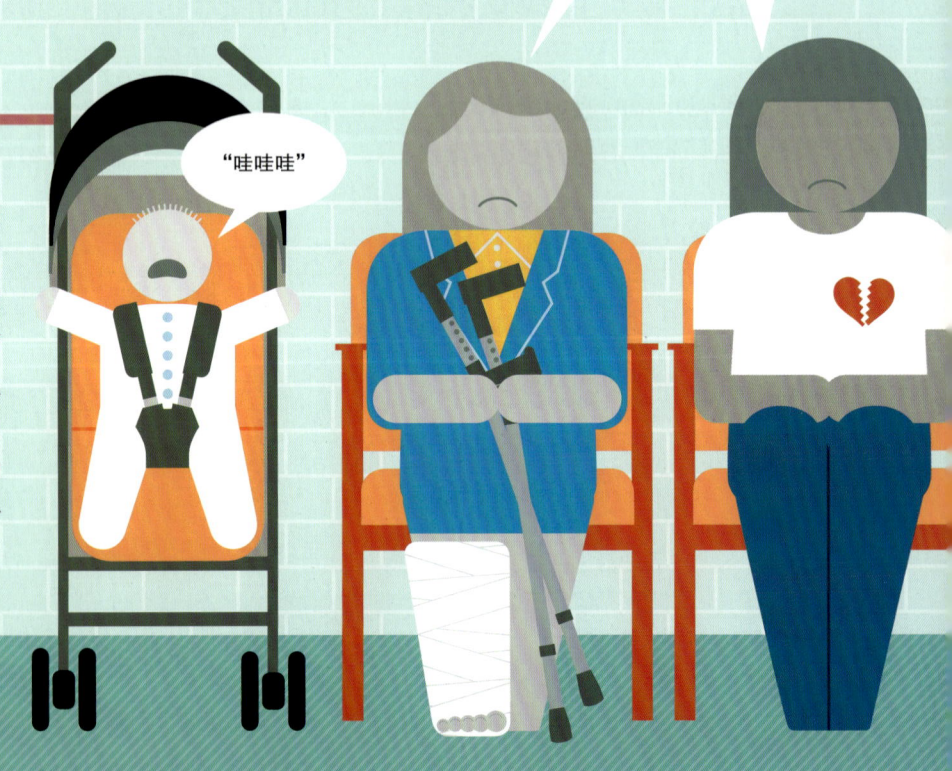

不可说的事情

在维特根斯坦看来，更值得商榷的是笛卡儿在"我思故我在"中对"我"一词的使用。在日常生活中，"我"一词是用来区分一个人和另一个人的。例如，一个老师问："谁在黑板上写字了？"一个学生说："我。"这个学生这样说是为了把自己和其他同学区分开来。但是，笛卡儿用"我"来区分他的心灵和他的身体，创造了一个他把他的"思想"限定在其中的"虚空"。维特根斯坦认为，以这种方式使用"我"一词毫无意义。

维特根斯坦不是说没有心灵或意识这样的东西，而是说我们缺乏能够用来框定形而上学问题的话语，或者说，当语言处于日常用法的粗糙地带时，这样的问题就消失了。正如他在早期的著作《逻辑哲学论》中所说的："凡是不可说的事情，我们必须保持沉默。"

> "内在的过程需要外部的标准。"
> ——路德维希·维特根斯坦
> 《哲学研究》（1953年）

"救命"

说疼痛是在寻求帮助，而非描述自己的内在感觉。

盒子里的甲虫

笛卡儿声称，我们可以怀疑其他人是有意识的，但无法怀疑我们自己是有意识的。相反，维特根斯坦认为，意识中没有任何我们能知道的东西。他想象一个共同体，每个人都把一只甲虫放在一个盒子里，没有人可以看到别人的盒子，每个人都说他只通过看他自己的甲虫就知道什么是甲虫。在这样一个世界里，"甲虫"这个词可以指代任何东西（甚至是空的空间），所以它没有任何意义。如果"疼痛"一词描述的是一种纯粹的私人现象，那么情况也是一样的，它所指的一切都不能被分享。然而，如果它不能被分享，它就没有意义。根据维特根斯坦的说法，意义必须是一种公共的、共享的约定。

行为主义

行为主义哲学家声称，心灵和身体的问题是语言的某种误用造成的错觉，这种错觉把行为描述当成了心理属性。

机器中的幽灵

行为主义者声称宇宙中只有一种实体，即物质，这既是一元论，又是唯物主义学说。在1949年出版的《心的概念》一书中，哲学家吉尔伯特·赖尔（Gilbert Ryle）宣扬了这一观念。他认为，二元论者在把心灵描述为一种非物理的东西，并赋予其"看"和"想"等超自然的力量时，犯了"范畴错误"。在赖尔看来，这个他所谓的"机器中的幽灵"创造了一个无限的倒退（一个永无止境的推理序列）：如果不是物理的眼睛看到一切，而是在其后面有一双幽灵般的心灵眼睛在观察一切，那么这双幽灵般的心灵眼睛就需要另一双眼睛在其后面引导它去观察，并如此反复。赖尔的回答是，这其中不存在心理的过程，只有物理的行为，我们错误地将其对象化为"心灵"。这远远地超出了维特根斯坦的宣称，即主观现象不在理智话语的领域之内。

行为主义者认为，一种给定的心理状态（如快乐），是以某种特定的方式表现出来的（比如大笑或微笑）。智力等属性最好被理解为描述身体的形容词，而不是表示非物理实体或属性的名词。正如鲁道夫·卡尔纳普所倡导的，逻辑行为主义更进一步声称"我很快乐"意味着我微笑或大笑等。对于这一点，今天很少有人会为之辩护。然而，卡尔纳普的观点突出了行为主义的一个问题，即它忽略了经验现象。例如，很少有人会说他们的疼痛是他们的行为的一种方式。这一反驳强化了二元论者的观点。

内在化的说话

人们对行为主义的一个共同反对基于这样一个事实，即我们花了这么多时间去思考它与行为无关，而是一个完全内在的心理过程。然而，行为主义者认为，思考只是内在化的说话，而说话毫无疑问是一种行为，正如我们在家庭中学习说话，又如我们通过老师所展示的规则学习算术。我们会写下我们的计算结果，然后我们学习如何把它们记在我们的头脑中。我们不用笔"思考"和用笔"思考"一样多。这一论证部分建立在维特根斯坦的"私人语言论证"的基础上，后者声称语言是一种公共活动，永远不能从个人开始。

大声思考
根据赖尔的看法，我们是在纸上公开思考，还是在头脑里私下思考，这是无关紧要的。

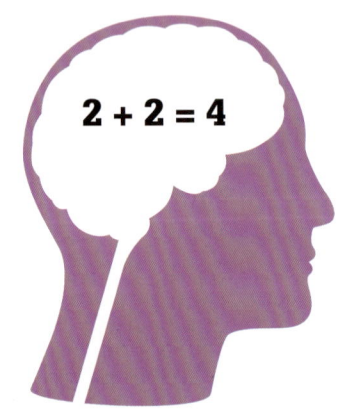

安静思考
赖尔认为，在一个人的头脑里的思考只是内在化的说话。

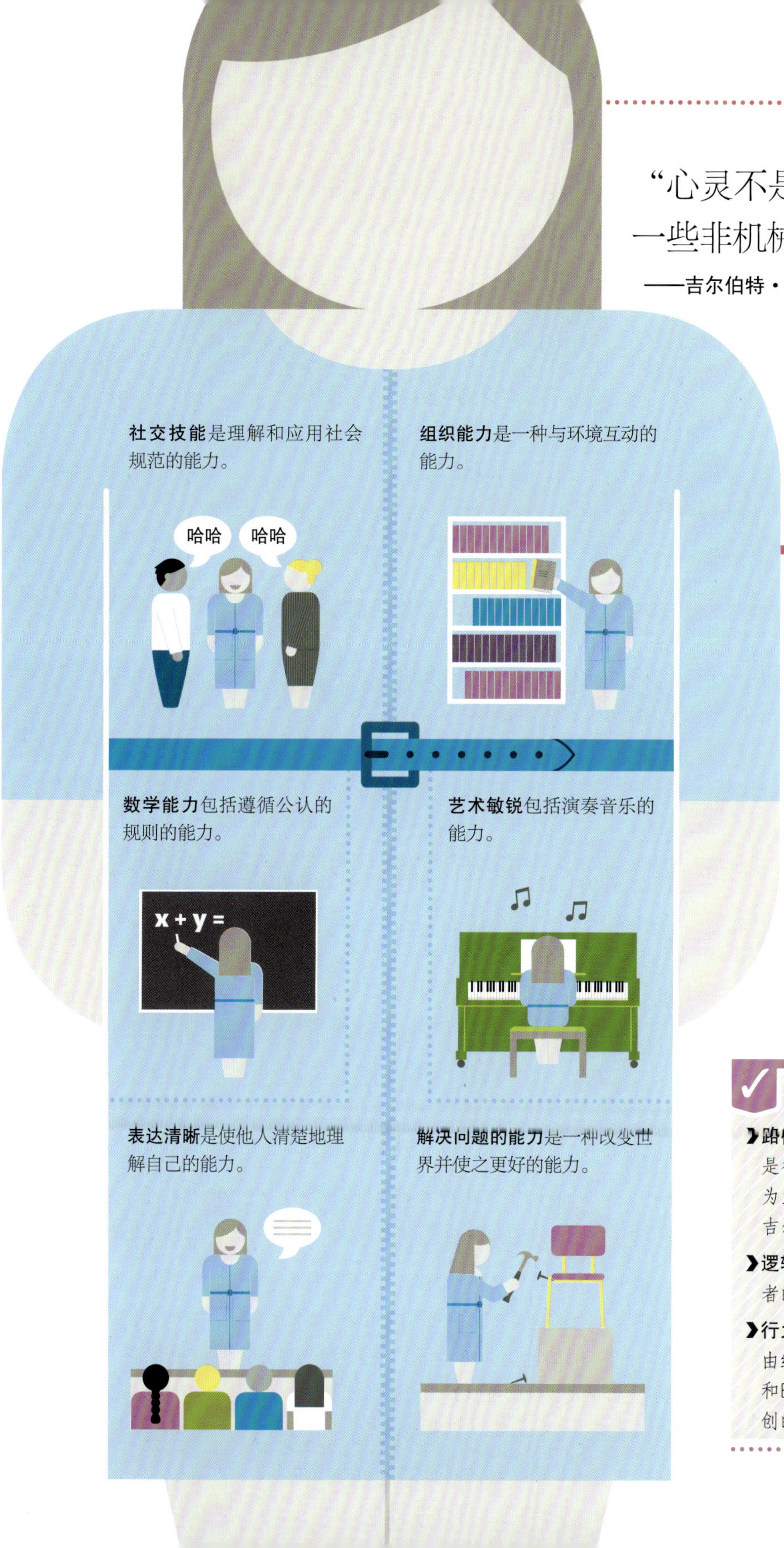

心灵哲学
行为主义 150 / 151

> "心灵不是机械装置，而只是一些非机械装置。"
> ——吉尔伯特·赖尔，《心的概念》（1949年）

社交技能是理解和应用社会规范的能力。

组织能力是一种与环境互动的能力。

数学能力包括遵循公认的规则的能力。

艺术敏锐包括演奏音乐的能力。

表达清晰是使他人清楚地理解自己的能力。

解决问题的能力是一种改变世界并使之更好的能力。

智力构成

根据行为主义的观点，心理性质只是行为的功能。比如，聪明就是拥有某种能力，如会做数学题，或说话清晰。这些性质是个人行为的证据，而不是心灵的私人属性。

✓ 知识点

▶ **路德维希·维特根斯坦**不认为自己是行为主义者，但他经常被归为行为主义者。他的思想极大地影响了吉尔伯特·赖尔。

▶ **逻辑行为主义**的根源在于实证主义者的证实主义教条。

▶ **行为主义心理学**是在20世纪20年代由约翰·B.沃特森（John B. Watson）和B.F.斯金纳（B.F. Skinner）首创的。

心脑同一论

20世纪50年代末，哲学家U. T. 普雷斯（U. T. Place）、J. J. C. 斯玛特（J. J. C. Smart）和赫伯特·费格尔（Herbert Feigl）重述了一个古老的观念：心理状态只不过是大脑的物理状态。

心灵机器

在《意识是一个大脑过程吗》中，普雷斯声称，行为主义认为心理状态由行为来界定，这一论点是不充分的，心理状态只是描述神经事件的一种方式。他论证道，"感觉"和"大脑状态"这两个概念之间的区别类似于"闪电"和"放电"。在这两种情况中，前一个短语就像一个非正式的、个人的说法，而后一个短语则是一个科学的说法，它的意思正是它所说的。普雷斯还认为，第一个短语可以还原为第二个短语。因此，正如闪电实际上是放电一样，疼痛实际上是大脑的一种特殊状态。

斯玛特和费格尔得出相同的结论，但声称"感觉"和"大脑状态"的关系与弗雷格关联"晨星"和"暮星"的方式一样。在每一种情况下，两个短语都有各自的意义，但指的是同一事物，比如在弗雷格那里指的是金星，在斯马特和费格尔那里指的是大脑。希拉里·普特南（Hilary Putnam）指出，外来物种可能会经验疼痛，却没有大脑，这表明心理状态不需要是同一种物理类型。相反，他提议我们用如个人身体的相关部分等特定的物理标记来说明心理状态的标记，例如特定的个人疼痛。

感觉

当我们看见和触碰的时候，我们可能会认为，我们正在经验一种私人的感觉（比如闻到花儿的气味）。但是，同一论者或物理主义者会说这是一种错觉。在他们看来，我们正在经验的事实上是一系列由大脑的信号所触发的物理事件。

同一性危机

同一理论的一个主要局限是它不能解释主观经验。希腊原子论者声称灵魂是由物理原子构成的，自他们提出这一构想开始，同一理论便成为一个问题。事实上，当托马斯·霍布斯在17世纪宣扬这一理论时，他只是强化了笛卡儿的二元论，因为它自身是神秘的。

因果完整性

同一理论的一个论证有赖于所谓的宇宙的"因果完整性"。例如，视觉开始于光子通过眼球晶状体，结束于物理反应，如躲避火焰。整个过程都是由大脑组织的，它向身体发送信号来触发相关反应，而心灵没有起任何作用。从这个角度来看，心灵是无关紧要的，或者用吉尔伯特·赖尔的话说，是"机器中的幽灵"。

预定的和谐

戈特弗里德·莱布尼兹指出这样一个事实：在一个因果完整的宇宙中，心灵在因果上是无效的。在莱布尼兹看来，心灵和大脑是独立的实体，不能相互作用。它们似乎是相互作用的，但那仅仅是因为上帝安排了世界，使两者保持同步。它们存在于莱布尼兹所说的一种预定的和谐状态中。莱布尼兹的想法类似于巴鲁赫·斯宾诺莎的平行概念。

情感

根据物理主义者的观点，和意图一样，情感也是可观察的行为状态，因而是不神秘的。愤怒或沮丧指个体倾向于以某种方式行事，这取决于个体大脑的化学构造。

意图

比如，一个人想给另一个人送花，这如何可能是一个大脑中的物理事件呢？在物理主义者看来，"意图"和"做"没有什么区别，它是对一组特定行为的简短描述，而所有的这些行为都是可以被科学描述的。

同一性

我们的个人同一性，从我们的种族和语言到我们特殊的着装方式，要么在生物学上，要么在文化上是有条件的。然而，在物理主义者看来，文化条件只不过是以某种方式行事而已。

> "哲学是一种应被治疗的疾病。"
> ——赫伯特·费格尔，《探究与挑衅：选集》（1929—1974年）

消除式唯物主义

近年来，各种各样的唯物主义哲学家抛弃了心脑同一论，转而倾向于一种更为激进的立场，即消除式唯物主义。

心灵科学

心脑同一论的捍卫者认为，心灵可以被还原为关于大脑的陈述。与之不同的是，消除式唯物主义者则声称，由于心理状态不存在，寻找它们将什么也发现不了。

哲学家保罗·丘奇兰德（Paul Churchland）和帕特里夏·丘奇兰德（Patricia Churchland）举了一个这样的例子：一个人可能认为他伤心是因为他的狗死了，但实际上是因为他的血清素水平降低了。事实上，他的悲伤只能表明他的血清素水平降低了，以及这种降低与他对狗的爱的生理机能有关。人们说他的悲伤可能会引起同为物理过程的他人的同情和帮助，然而事实是某个物理过程（X）导致了另一个物理过程（Y），而这个物理过程又导致了其他物理过程（Z）。根据行为主义者的说法，从"信念""欲望"和"道德"的方面来解释行为，类似于从"瘴气"的角度解释疾病，或者把心理疾病归咎于"恶魔控制"。他们说，这些观念属于经验科学之前的时代，而那时人们能依靠的只有民间故事和迷信。

丹尼尔·丹尼特（Daniel Dennett）认为，当我们对智力的设计一无所知时，我们会将之归因于一个系统。例如，我们可能会说一台计算机知道如何玩国际象棋，因为我们没有掌握它的工作原理。在丹尼特看来，对于复杂的系统，自上而下地看，它似乎是有意图的（能够思考的），而自下而上地看则是机械的。消除式唯物主义者声称，我们以相似的方式把快乐、痛苦等感觉都归因于自己，是因为我们不知道自身的工作原理。

民众心理学的命运

我们用来解释人类行为的日常语言，包括"信念""欲望""意图"等概念，属于哲学家所说的"民众心理学"的范畴。对于消除式唯物主义者来说，民众心理学实际上是一个失败的科学假设。

燃素说

17世纪，约翰·约阿希姆·贝歇尔（Johann Joachim Becher）试图解释燃烧和生锈的过程。他提出，火是由一种叫作"燃素"的元素释放到空气中引起的。

氧化反应

18世纪，燃素说被氧化理论取代。安托万·拉瓦锡（Antoine Lavoisier）发现，燃烧和氧化都是由某些物质与空气中的一种元素发生化学反应引起的。他称这种新元素为"氧"。

瘴气理论

人类历史上有几个世纪,许多疾病在世界各地都被认为是由腐烂的有机物释放的"瘴气"或"恶气"引起的。湿地和沼泽被认为存有瘴气,人们应尽可能地回避。

民众心理学

和过去一样,今天仍有许多人相信他们的生活受到他们的"信念""欲望"和"意图"的影响。同样,他们相信自己的情绪、思想和感觉都是存在于"心灵"这个特殊的私人领域的非物理现象。

病菌理论

19世纪,化学家路易斯·巴斯德(Louis Pasteur)和罗伯特·科赫(Robert Koch)证实,许多疾病是由微生物侵入人体引起的。

神经科学

消除式唯物主义者相信,有一天,神经科学将取代民众心理学。他们认为,关于人类的任何事情都不是私人的,也不会发生在一个被称为"心灵"的独立领域中。我们的所有情绪、思想和感觉都只是身体过程。

科学熔炉

消除式唯物主义者声称,科学已经证明心灵是一个虚构的实体。

功能主义

20世纪60年代，几位哲学家提出了一种功能主义的心灵理论。功能主义借鉴了亚里士多德和现代计算机科学的思想，关注的是心灵的作用，而不是心灵是什么。

机器能思考吗

亚里士多德认为，认识一个事物就是知道它的目的。同样，在功能主义者看来，关于心灵最重要的事情不是它是什么，而是它做什么。例如，疼痛的功能是提醒我们注意我们受伤这一事实，就像心脏的功能是向全身泵血一样。智力也是一种功能，例如数学能力。当被问到"机器能思考吗"这个问题时，计算机科学家阿兰·图灵（Alan Turing）的回答非常有名："潜艇会游泳吗？"他的观点是，我们如何使用"游泳"这个词是一个惯例问题，如何使用"思考"一词也是如此。然后，他设计了一个思想实验，证明在特定的情况下，机器可以被认为会"思考"。

图灵测试

阿兰·图灵在1950年开发的图灵测试为评估人工智能提供了标准。一个人、一台机器和一个人类评判员被隔离在不同的房间里。评判员不清楚哪个房间里是机器，哪个房间里是人。他与机器和另一个人通过打印件交流，并在打印件上收到他们的回复。如果在回答了一定数量的问题后，他无法区分两者，那么机器就通过了测试，这台机器就被认为是有智力的，它的系统升级可以增加它的智力。

知识点

- **在《论灵魂》中**，亚里士多德把灵魂定义为"一个拥有生命能力的自然身体的首要现实"。因此，灵魂或心灵是一种事物的活动，它的潜能会成为现实。
- **托马斯·霍布斯**将心灵视为"会计算的机器"，这一观念是现代功能主义的先驱思想。
- **现代功能主义**是作为心脑同一论和行为主义的替代物发展起来的。

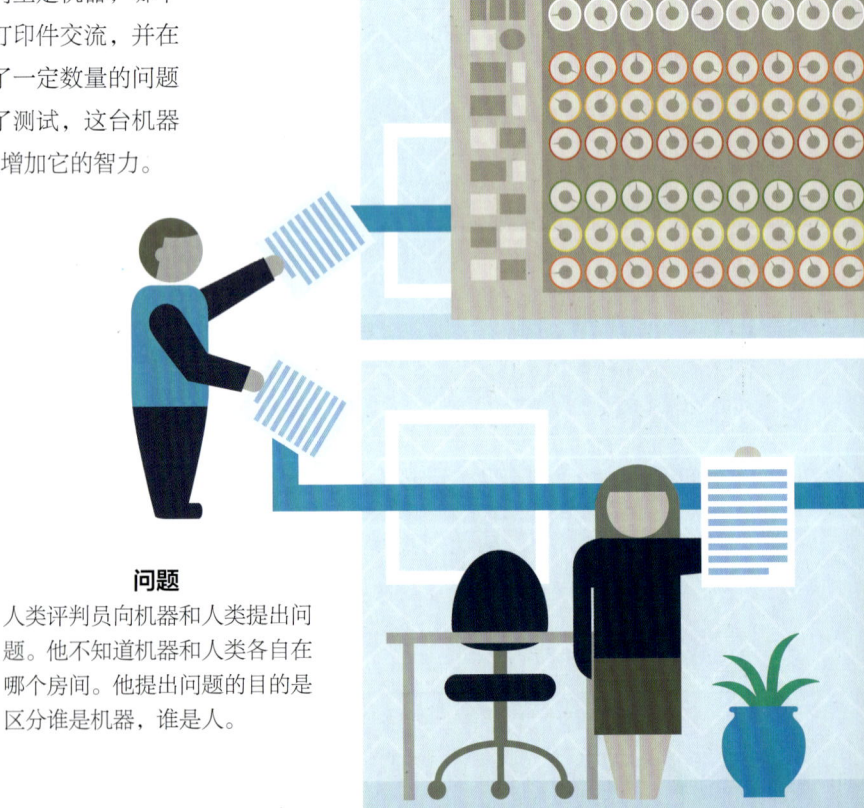

问题

人类评判员向机器和人类提出问题。他不知道机器和人类各自在哪个房间。他提出问题的目的是区分谁是机器，谁是人。

在《心理状态的本质》和一些文章中，普特南发展了这个观念，认为心理状态可以与软件相比较：它们是如大脑这样的"计算机器"的功能状态。正如计算机能够处理电子输入以产生输出一样，大脑也能将感知输入（我们通过感官收集的信息）转化为行为。在今天，这种强大的思想仍很有影响力。然而，批评家认为，把心灵比作计算机是本末倒置，因为计算机是被设计来模拟人类活动的，而"处理"只是意识的一个次要方面。

人造人

图灵测试提出了许多有趣的问题。例如，假设房间中的机器比测试中使用的机器复杂得多，假设机器和人是一样的，不再被关在房间里，假设机器在我们中间走动，被编程为能以明显的情绪做出反应，那么如果我们因为它通过了图灵测试而乐意称它为"智能"的，我们是否乐意说它有"感觉"呢？如果我们不愿意，那仅仅是因为它是由我们创造的吗？一直以来，人们都认为人类是由物理学、生物学和进化论共同"创造"的。

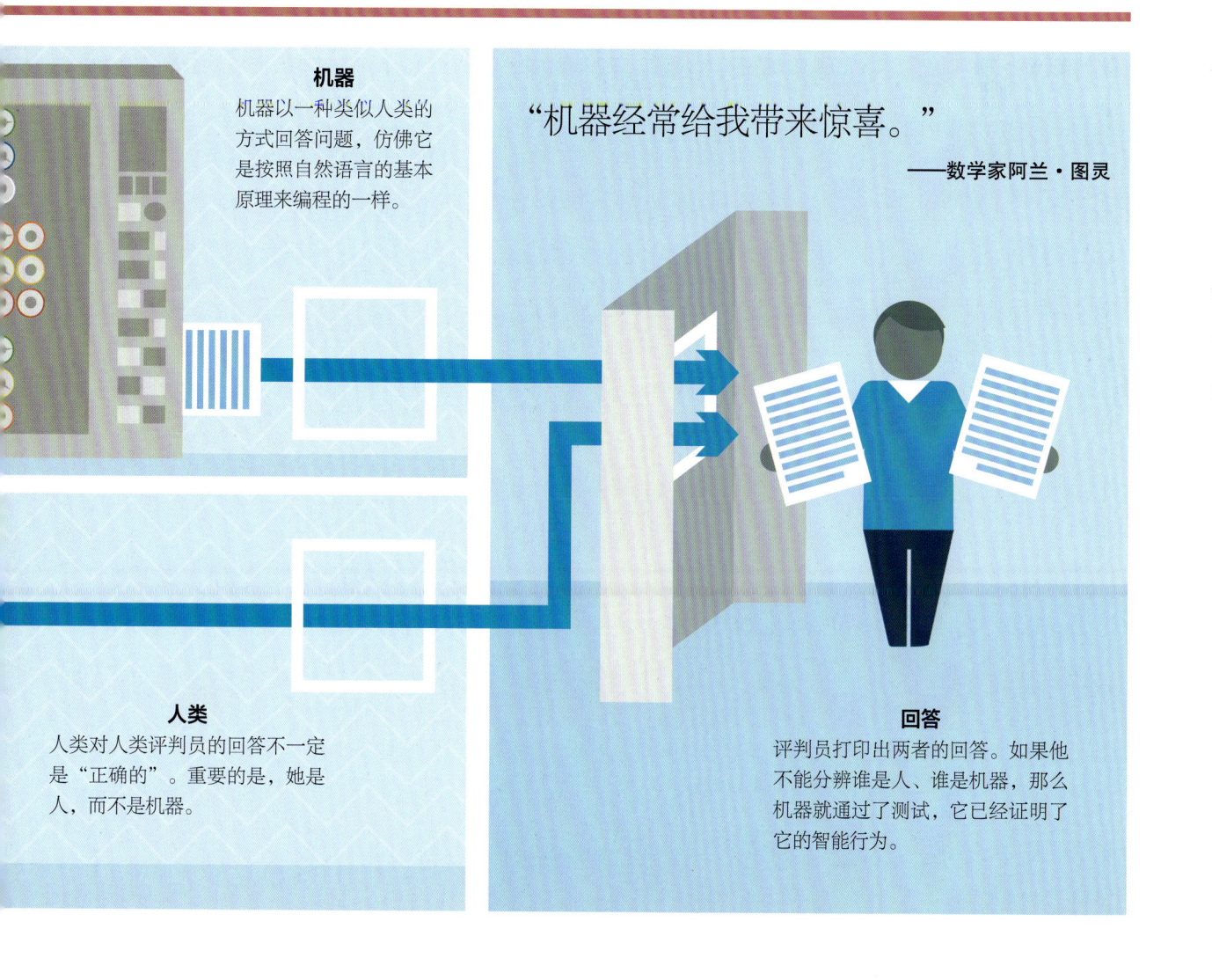

机器
机器以一种类似人类的方式回答问题，仿佛它是按照自然语言的基本原理来编程的一样。

> "机器经常给我带来惊喜。"
> ——数学家阿兰·图灵

人类
人类对人类评判员的回答不一定是"正确的"。重要的是，她是人，而不是机器。

回答
评判员打印出两者的回答。如果他不能分辨谁是人、谁是机器，那么机器就通过了测试，它已经证明了它的智能行为。

生物学的自然主义

哲学家约翰·塞尔（John Searle）认为，功能主义者被心灵的计算机模型误导了，它充其量只是一个有用的比喻。塞尔认为，心灵是物质的自然属性。

中文房间

在塞尔看来，功能主义者在他们的心灵模型中所犯的错误，源自混淆了句子的句法和语义。句子的句法是它的语法结构，可以被还原为符号逻辑，它的语义则是它所传达的意义。因此，同样的语义可以通过无限多的语言来表达，这些语言具有独特的句法结构。

塞尔做出如下比喻。一个人坐在一个房间里，一张写着汉字的卡片从门后传递给他。这个人不认识中文，但有一本说明书可以指导他如何回应：如果汉字X出现在门后，那么用汉字Y回应，等等。这个人可以使用这个系统进行交流，甚至他可能会被误认为是懂中文的人。塞尔认为，这就是计算机的工作原理：它们有指令但没有认识，有句法但没有语义。因此，当一个功能主义者声称心灵和大脑就像一台计算机及其软件时，他忽略了其试图解释的东西——认识的现象。

没有证据

塞尔的"中文房间"论证证明了功能主义的局限。塞尔认为，正如房间里的人不懂中文，通过图灵测试的计算机不能被认为会"思考"。

人类机器

通过使用说明书来回应从门后传进来的汉字，一个不认识中文的人虽然不理解传递的汉字是什么，他也可以被认为懂中文。

心灵哲学
生物学的自然主义 158 / 159

塞尔的立场被称为"生物学的自然主义"。他说，二元论和神经还原论都是错误的。他认为，意识是一种生物学现象，它很可能是由大脑引起的。事实上，心理性质是一种物理属性，科学可能会证明是它为我们提供了主观性。

莱布尼兹的磨坊

17世纪，戈特弗里德·莱布尼兹做出一个类似于"中文房间"的论证。他让我们想象一台模拟人类行为并假设具有认识能力的机器。它有一个磨坊那么大，我们可以进入并观察它的运作。他认为，这些零件的机械运动不能解释这个磨坊为什么有认识能力，我们应到其他地方寻找其认识能力的来源。

"其实我的汽车和计算器什么都不明白……"
——约翰·塞尔，《心灵、大脑和程序》（1984年）

邮件

很明显，房间里的人懂中文。

收到的信息
一个以汉语为母语的人读到锁着的房间里的人所传递的信息，得出了错误的结论：对方懂中文。

泛灵论

近年来，许多哲学家对二元论和古代的"普遍心灵"观念产生了新的兴趣。

难题

哲学家大卫·查默斯声称，我们还没有解决有关意识的难题——有意识意味着什么。他复兴了二元论的主张，即任何物理学都无法解释感觉意味着什么。查默斯注意到，如果唯物主义正确，经验就是不必要的。例如，如果我被炉子烫伤了手，我把手拿开这一事实被解释为神经系统的过程，那么我为什么会感到疼痛？恒温器对温度变化也有反应，但与之不同的是，人类有一个额外的抵制物理描述的"内在"维度。但是，在一个物质对象的世界里，这是怎么发生的呢？一个回答是，心灵虽然不是笛卡儿意义上的一种"实体"，却是宇宙的一个基本属性。根据这个被称为"泛灵论"的观点，物质和心灵总是紧密结合在一起的。石头之所以没有"意识"，

罗素的一元论

在1927年出版的《物的分析》一书中，伯特兰·罗素指出，科学描述了物质的外在（外部）属性，如事物的形状、数量和排列，但对物质的内在（内部）本质——它本身是什么——什么都没说。事实上，正是科学无法描述物质的内在本质这一观点造成了身体和心灵的问题。罗素一元论者认为，意识是物质的一种隐藏属性，它不能被科学检验，但它以各种复杂的形式存在于从石头到人类的所有事物中。

> "一切都充满了神。"
> ——米利都的泰勒斯
> （公元前6世纪）

C = 意识

心灵哲学
泛灵论   160 / 161

是因为它们缺少感觉器官，但心灵却存在于它们之中。在泛灵论者看来，我们将之描述为"有意识"的事物仅仅是那些在生物学上与我们相似的东西。这一观念在19世纪盛行，后来被实证主义思想取代了。它最初是由阿纳克萨戈拉构想的，近期得到物理学家大卫·玻姆（David Bohm）的推崇。

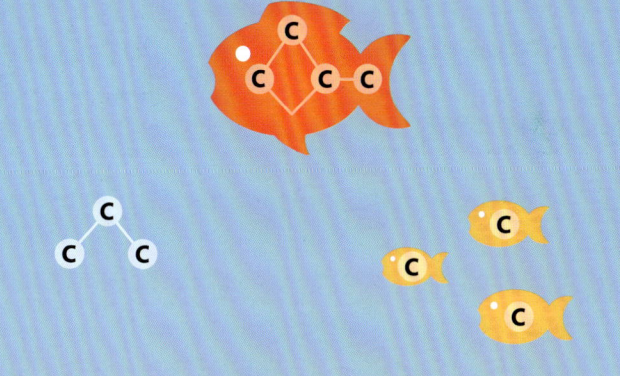

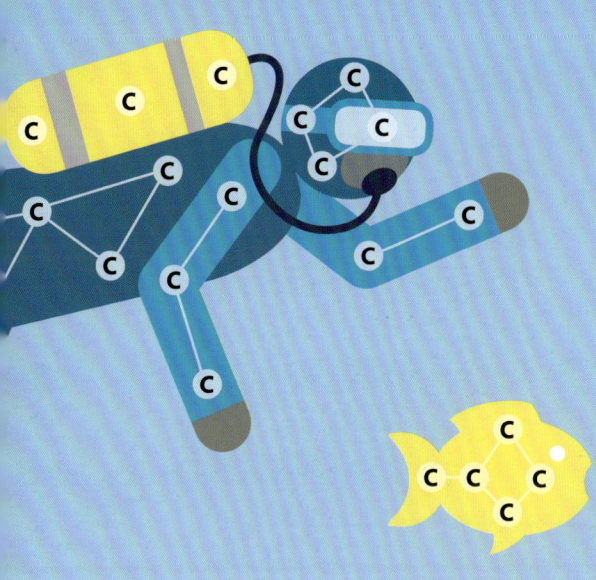

叔本华的意志

德国哲学家亚瑟·叔本华（Arthur Schopenhauer，1788—1860年）是发展泛灵论的重要人物。他受康德区分感官的现象世界和物自体的世界的影响。康德认为物自体是不可知的，叔本华却说，人类有特殊的途径通达他们自身。叔本华认为，通过反省，我们会遇到"意志"。它远非一种欲望，它是宇宙的驱动力。

然而，叔本华是一个悲观主义者。他相信，意志是世界上一切事物固有的，但它是非个人的、无目的和无意识的。它是我们无法满足的欲望的根源，它带来了苦难。为了找到安宁，我们必须学会用同情战胜它。

身体的本质

语言学家诺姆·乔姆斯基认为，身体和心灵的问题只在17世纪和18世纪很短的一段时间内得到了明确的表达。

机械哲学

在整个中世纪，亚里士多德的思想主要以将之与天主教信仰结合起来的经院哲学的形式在欧洲占据主导地位。例如，亚里士多德认为，一块岩石之所以会滚下山坡，是因为它倾向于下沉，朝向地球的中心；火则倾向于上升，试图冲向天空。到了16世纪，磁铁和铁屑被认为会"同情"彼此，因而相互吸引。从17世纪开始的科学革命试图用因果的、机械的解释来取代这种超自然的解释。它的假设是，一旦人们知道了某一事物的原理，就没有什么需

科学和可懂性

在乔姆斯基看来，科学在17世纪经历了一场至今仍被人们遗忘的革命。当时人们的信念是科学可以解释世界的神秘，但牛顿表明这并非总是可能的。通常来说，最好的科学所做的就是创造出让我们能够讨论世界的世界模型，这不应该与如其所是地理解现实世界相混淆。

1　被解释的世界

在中世纪的欧洲，从某种意义上说，一切都被解释了。生命、世界和天堂都是用经院哲学的术语来描述的，"身体"和"心灵"没有区别。磁铁之所以能吸引铁屑，是因为据说两者"同情"彼此。

2　被重新定义的世界

17世纪，笛卡儿将世界一分为二，即身体和心灵。最重要的是，他以纯机械的术语定义身体，将物理体系描述为具有目的的和由齿轮和滑轮的对应物驱动的机器。

要解释的了。法国工程师雅克·德·沃康松（Jacques de Vaucanson）在1739年对这一点加以说明。他创造了一只机械鸭，它可以吃食、消化和排泄谷粒。这种机械哲学最初由伽利略·伽利雷（现代科学之父）采用，并被他的继任者艾萨克·牛顿所追求。

在牛顿生命的后期，他声称他失败了。挫败他的是他发现的力量——地球引力。因为地球引力唯一做的是"在远处活动"——在没有滑轮、齿轮或链条的情况下，使地球绕着太阳旋转。他称地球引力"如此荒谬"，以至于没有人能接受它，然而它实际上是一种支配宇宙的"超自然力量"。简言之，物质再次变得神秘，而科学家们重新定义了他们的任务的本质，他们对"理解"世界这一方面关注得越来越少。

在乔姆斯基看来，这对心灵哲学有着深远的影响。他的观点是，物质本身并不是一个简单的机制，以至于心灵可以被说成某种存在物或与之相互作用的东西，其实它本身是一种我们没有明确定义的事物。乔姆斯基遵循C. S. 皮尔士的理论，将"问题"与"奥秘"区分开来，前者处在我们的认知范围之内，后者则不在我们的认知范围之内。根据这一观点，心灵、物质和它们可能的相互作用也许就是一个奥秘。

3　世界成为奥秘
牛顿认为，笛卡儿所描述的两个实体之一，即身体，是不存在的。如地球引力所显示的，"在远处活动"的现象表明，这个世界不是机械的，而是一个奥秘。

4　使世界变得可懂
虽然身体或物质依然是一个奥秘，科学家和哲学家仍然可以构建模型来描述它。他们的目标是建立一种物质模型，在不将其简化为其他东西的情况下解释心灵。

5 伦理学

研究道德价值本质的哲学分支被称为"伦理学"。它的核心问题是：我们的道德是从哪里来的？什么是我们认为它们为真的理由？

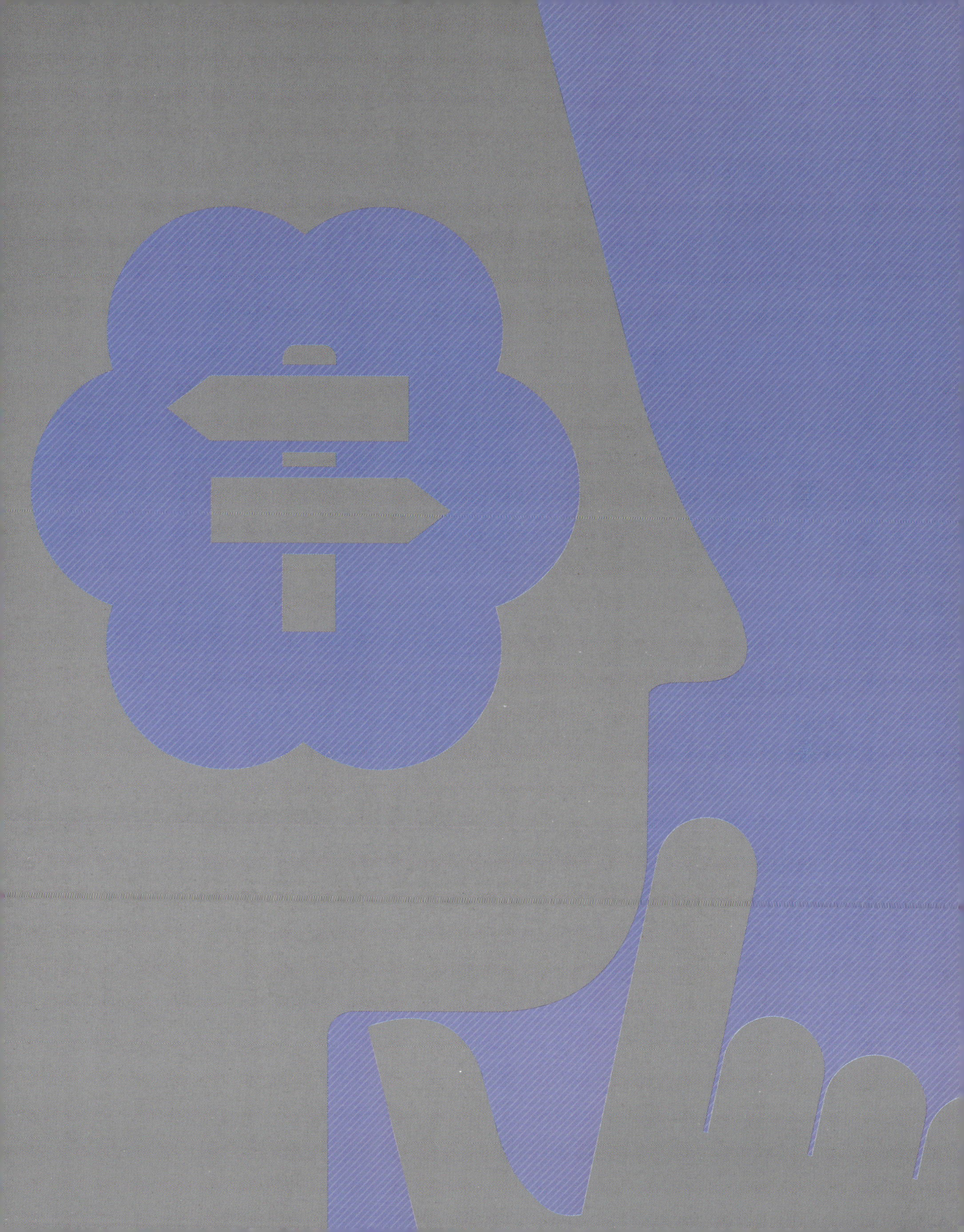

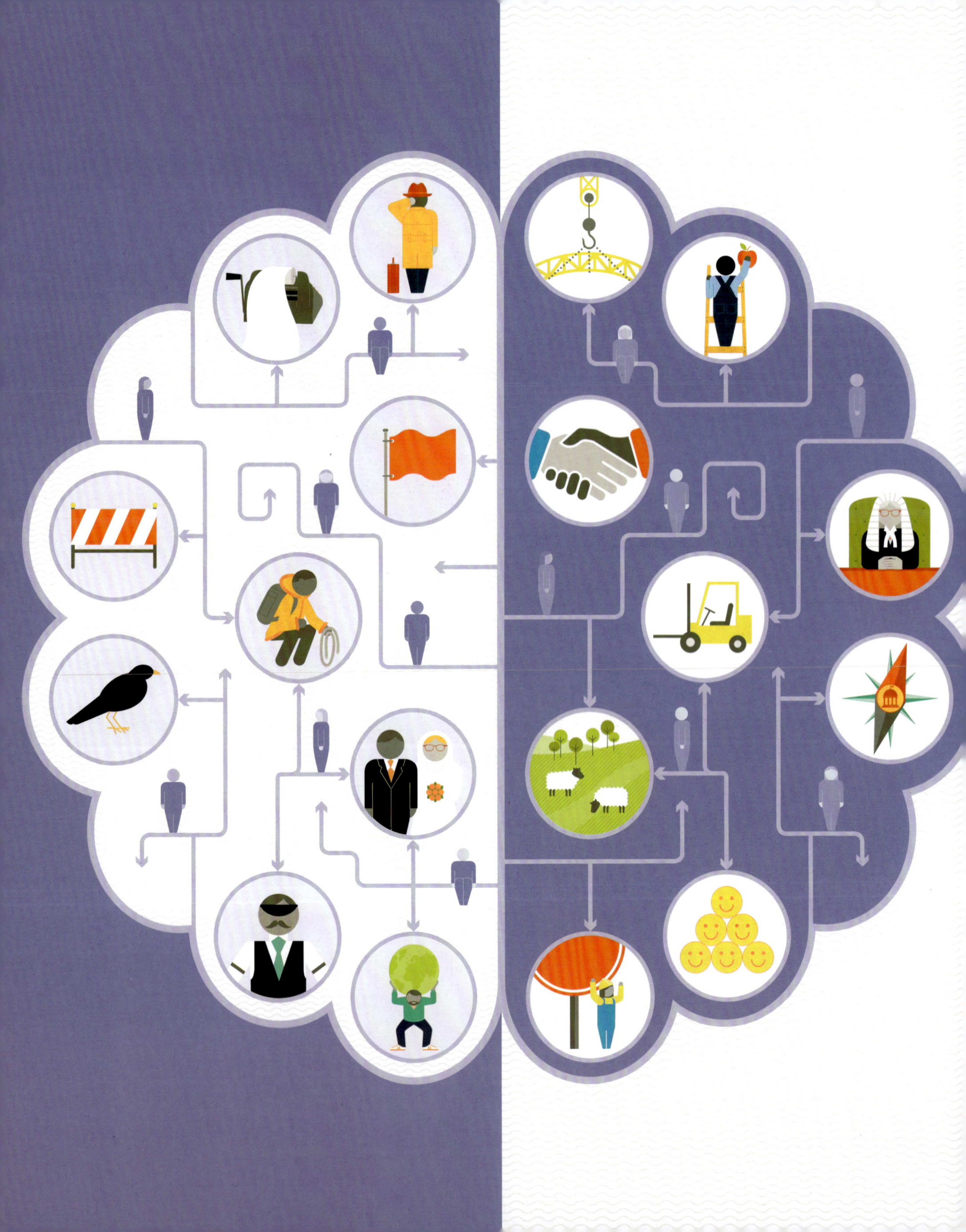

引言

许多人认为,道德是一套要求我们采取某些行动及制止他人的规则。然而,当两种规则相互矛盾时会发生什么呢?应做的正确之事并不总是像遵循规则那样简单,这提出了一个关于道德权威之本质的问题,它是伦理学的核心问题之一。

亚里士多德相信,伦理学只能始于规则。他认为,常规之间的冲突迫使我们为自身进行思考,正是这一"正确理性"的运用构成了道德。然而,通过否认道德规则,亚里士多德并没有声称我们不能具有"经验法则"。他的观点很简单,即规则从来不具有绝对的或永恒的约束力。

然而,许多哲学家不同意亚里士多德的观点。有些人相信,道德是一系列包含在人类本性之中的规则的集合。例如,伊曼努尔·康德认为,道德由范畴命令,或由理性思想所达到的具有普遍约束力的规则所支配。因此,在康德看来,一个行为的道德价值应该根据它的动机或它是否出自道德律来判断。功利主义哲学家杰里米·边沁也相信规则,甚至认为只有一个规则是必须的:我们应以这样的方式行动,即最大化最大多数人的幸福。因此,对于功利主义者来说,行为具有道德与否不在于它的动机,而在于它的结果。

还有一些哲学家追随大卫·休谟,认为理性是"激情的奴隶"。这样说的意思是,道德行为仅仅是一种带来所渴望的事态的行为。根据这个传统,"说谎是错误的"是"我不喜欢说谎"的另一种形式,因为道德只是个人偏好的一种表达,不能被合乎理性地证明为是正当的。持有这种观点的哲学家把情感而不是理性当作道德决策和行为的根基。

大多数哲学家都同意的一点是,道德是关乎选择的问题。不同于物理定律,道德规则可以被打破,但它只能被自由地打破。例如:如果偷东西的人自由地选择偷东西,他们就会表现出不道德的行为;如果他们偷东西是被迫的,那么我们倾向于以不同的方式来判断他们——他们也许需要帮助。为此,决定论,即我们的行为是由自然法则决定的这一观念,使道德变得毫无意义。正如让-保罗·萨特所说,自由行动的能力使我们成为道德能动者。

当代的道德哲学分为两大类:一阶伦理学和二阶伦理学。一阶伦理学涉及对具体的道德问题的思考,包括克隆人在道德上是否可接受,动物是否具有权利,以及法律是否应允许协助自杀。二阶伦理学则更为普遍,涉及对道德的本质的思考,包括是否存在一个规则系统,我们是否有自由意志,以及我们是否可以有理由地宣称我们知道什么是对的,什么是错的,我们甚至知道对错确实存在。

规则与原则

一些哲学家相信，我们需要遵循规则来做出道德决策。另一些哲学家则认为，不存在道德规则，我们只能通过评估我们的特殊情境来做出道德决策。

是否遵循规则

大多数人从小就被教导应将规则视为决定什么是对和什么是错的核心。孩子被教导的道德规则为他们应该如何表现提供了一个框架。年幼的孩子需要这个框架，因为他们还不能为自己的行为给出理由。然而，随着孩子慢慢长大，经验告诉他们，将僵化的规则应用到具体情境中是困难的。他们会遇到这样的情况：一个道德规则与另一个道德规则发生冲突，或者遵循一个道德规则可能会产生可怕的后果。因此，道德必定不是只限于我们从小被教导的规则。

对于道德是否由规则构成，哲学家们持不同的意见。亚里士多德说，做出道德决策并不总是应用规则的问题，相反，我们往往需要运用理性和判断。只有在大多数的道德判断受其所处的情境影响的情况下，规则才是有帮助的。

道德特殊主义和道德普遍主义

道德特殊主义的理论走得更远。它指出，不存在道德规则，因为每个人的判断都取决于其做出判断的情境。因为不存在两种相同的情境，所以每一个道德决策都必须根据自身的特点做出。哲学家乔纳森·丹西（Jonathan Dancy，1946年—）是最著名的道德特殊主义倡导者。丹西认为，道德不能由规则来支配，因为采取或不采取一个行动的所有理由都取决于我们可能采取行动的情境。

拒绝道德特殊主义的哲学家被称为道德普遍主义者。他们认为，道德是关于遵循规则的问题，但不一定是孩子从小被教导的僵化规则。他们提出了更容易适应具体情境的更为普遍的规则。功利主义者认为，我们应该做最大化最大多数人的幸福之事，这是道德普遍主义者会接受的一个规则。另一个规则是金规则，即我们应该以想被别人对待的方式来对待别人。当道德普遍主义者面临道德困境的时候，他们可能会应用诸如此类的规则。

道德困境

在日常生活中，我们经常会遇到道德困境——我们从小就被教导的普遍道德规则在具体情境中相互冲突。例如，我们可能被教导应该保持忠诚和说真话，但在很多情境下，说真话就意味着对某人不忠。当面临道德困境时，道德特殊主义者只会根据情境的背景做出道德决策，道德普遍主义者则仍遵循规则，但这些规则比孩子被教导的规则更灵活。

金规则

金规则是我们应该按照我们希望被对待的方式来对待他人的原则，或者是我们应该"按照我们愿意被对待的方式去做"的观念。这条规则不能为我们做出道德决策提供具体的指示。为了遵循金规则，我们需要决定在特殊情境中我们想要被怎样对待，以及什么样的行为方式会包含像我们希望被对待那样对待他人的方式。这不是能够教给孩子的规则，因为他们还不能为自己的行为给出理由。但是，它是一个在道德困境中能够帮助道德普遍主义者的规则。

伦理学
规则与原则 168 / 169

道德特殊主义

道德特殊主义者认为，在特殊情境中，我们不能用普遍规则来做出道德决策。他们会争论道，我们是否采取行动的理由取决于我们所处的情境，因而我们只能通过评估这个情境做出道德决策。

道德普遍主义

道德普遍主义者相信，道德规则可以帮助我们做出道德决策。但是，比起孩子被教导的规则，道德普遍主义者遵循的是更容易适应特殊情境的规则，比如金规则。

"没有原则，道德可以进展得很好。"
——乔纳森·丹西，《无原则的伦理学》
（2004年）

忠诚

真理

伦理与法律

适用于特定国家或地区的法律，即国家法律，是每个人都必须要遵守的规则。这样的规则支配着我们的行为，我们决不能违反。

国家法律

对国家法律的无知不能成为违反国家法律后的辩护理由。这意味着，国家法律应让每个人清楚地知道它是什么。但是，如果基本的道德规则存在的话，它们与构成国家法律的规则有什么关系呢？

很明显，道德规则和国家法律是不同的。我们知道，这是因为法律并不总是公平的，不公正的法律可能会被拒绝。例如，目前许多国家正在探讨是否应允许协助自杀。协助自杀是对现有的禁止夺去人类生命之法律的挑战。如果一些法律不应被通过，而另一些法律应被通过，那么道德在某种程度上便决定了国家法律。但是，如果道德决定了这些法律，那么又是什么决定了道德呢？

有些哲学家认为我们应该遵循的道德规则是那些我们在孩童时被教导的规则，另一些哲学家认为是其他的道德规则，还有一些哲学家则认为根本不存在道德规则。那么，谁是正确的呢？

道德知识

找出哪些道德规则（如果有的话）应被遵循，以及如何被遵循，这是道德认识论（关于道德知识的研

道德指南

哲学家约翰·洛克认为，（从时间和重要性来看）道德律先于国家法律。他认为引入维护道德律的法律是政府的职责，但这些法律决不能超越道德律。在他看来，如果一个政府制定的法律严重地偏离了道德律，这将为反抗政府的行为提供正当的理由。

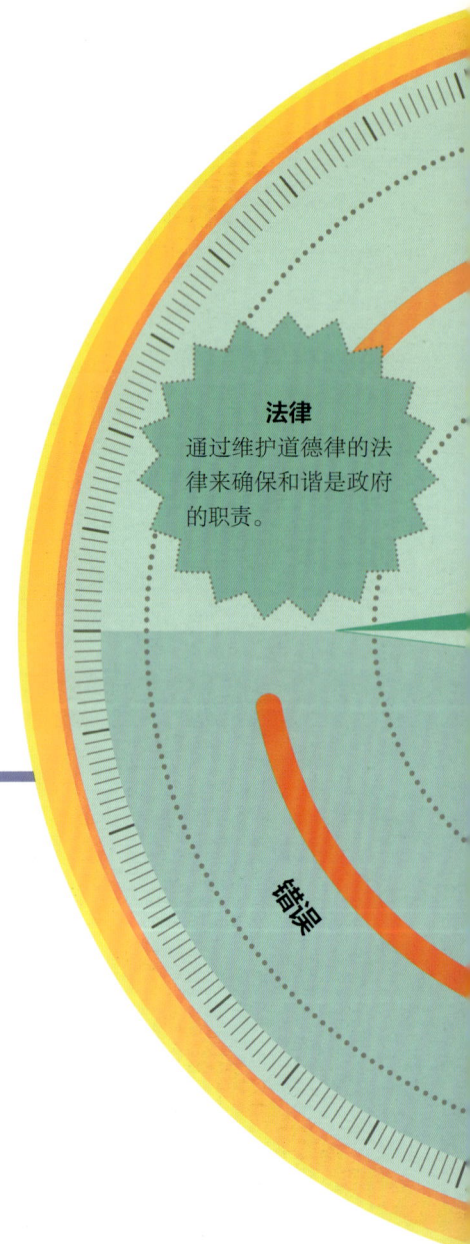

✓ 知识点

- **道德认识论**是关于我们对道德规则或事实的认识的研究。
- **道德特殊主义**是这样一种理论，它表明不存在道德规则，因为每一个道德判断都受到它所处的情境的影响，并且没有两个情境是相同的。
- **道德普遍主义**相信道德应遵循规则，但不一定是我们在孩童时习得的规则。

法律
通过维护道德律的法律来确保和谐是政府的职责。

错误

伦理学
伦理与法律

究）研究的问题。每次做出道德判断时，我们是否必须使用理性呢？或者说，如果我们必须应用一条规则，我们该如何确保我们的判断是正确的呢？我们无法观察到一个行为是错误的，或者说我们无法通过实验知道一个行为是否是错误的，所以在这方面科学也无能为力。有些哲学家说，我们有一种特殊的直觉，它可以让我们"看到"道德真理。另一些人则认为，随着时间的推移，我们会通过我们的行为获取道德知识，并从我们的经验中建立道德感。

和谐

正确

法律
如果一个政府通过的法律超出或违反了道德律，人们可能会发起反抗。

反抗

> "法律的目的不是废除或约束自由，而是维护和扩大自由。"
> ——约翰·洛克，《政府论》（1690年）

与不公正做斗争

当人们面对自己认为不公正的法律时，他们会有反抗的倾向。20世纪80年代，英国发生了暴乱，当时政府试图引入一种地方税收制度，而许多人认为这是不公平的。在20世纪初的美国，当人们开始相信黑人比白人更少地受法律保护时，反抗就在逼近。

自由意志

大多数人认为道德行为关乎自由意志的行使，即关乎自由选择我们的行为和我们的行为的理由的能力。然而，一些人认为自由意志并不存在。

理性与道德

自由意志通常被认为是成为道德能动者（能够正确或错误地行动）的必要条件，这是因为自由意志关乎出于特定的理由自由地选择行动。如果一个能动者根据道德规则做出合理的选择，那么，他的行为可以被视为在道德上是正当的。这表明，理性和自由意志是道德不可或缺的方面。尽管大多数成人都是理性的，许多人类行为，如情感的或本能的行为，又或者强迫性的行为，却是非理性的。因为无论是好是坏，它们都不是出于什么理由而实施的。由于道德能力需要理性，因此，非理性行为不是道德行为。这就解释了为什么年幼的孩子不是完全的道德能动

选择存在吗

传统的道德观是，只有当我们自由地选择自己的行为时，我们才能道德地行动。如果我们不相信自由意志，我们可以重新思考这个传统观点，认为道德依赖于其他东西，而不是自由选择我们行为的能力。或者，我们可以接受这个传统观点，同时认为由于不存在自由意志，我们的行为就不是道德行为，因而道德性也是不存在的。

强决定论
人的自由感是一种错觉，人们没有自由意志。人们的行为受自然法则和当时的条件的支配。

弱决定论
决定人们行为的条件包括人们的信念和欲望。这意味着，决定论并非与自由意志不相容。

自由意志
人们决定采取或不采取某种行为是存在许多理由的。人们具有自由意志来选择作为行动依据的理由。

者，因为即使他们具有自由意志，他们也还没有发展出使他们能够选择以某种形式的道德理由行事的理性（以及对正确和错误的认识）。

然而，一些哲学家质疑是否一般的成年人就是道德的能动者。心理学家认为，人的心灵是由两个系统组成的，其中只有一个系统涉及理性思维。甚至有人认为，成年人在做出最明显的道德决策时可以说是非理性的。对此的一个论证是，人们为他们的道德决策给出的理由大多是事后的合理化。换言之，人们经常在回顾中对非理性行为进行理性解释。

自由意志争论

决定论

决定论者认为，无论人们做的或想的是什么，世界是由自然法则支配的。这意味着，人们的行动和行为也由自然法则所支配，因而没有自由意志这样的东西存在。

自由意志

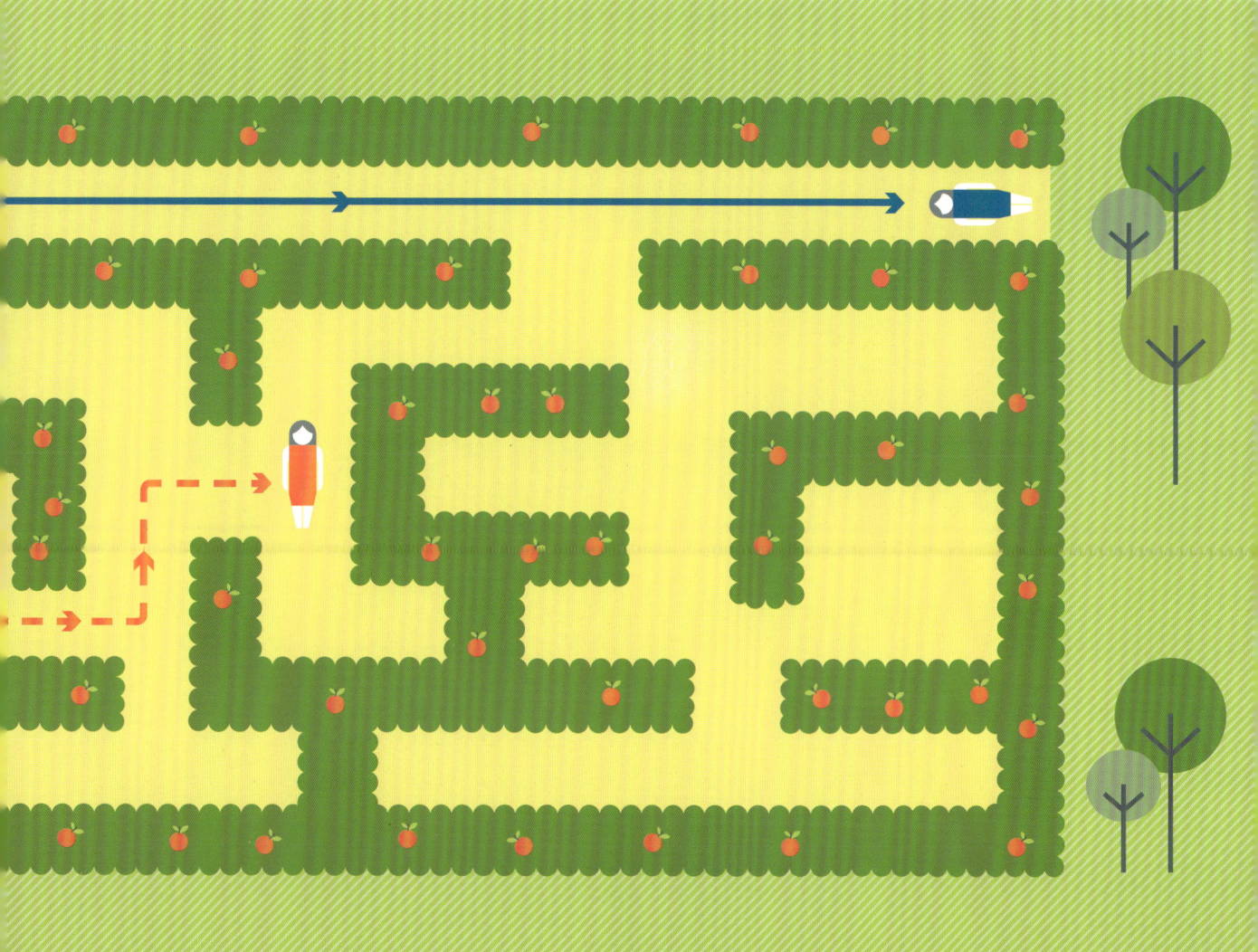

还有一些人相信自由意志论的观念，即认为人们出于自己的理性选择自己的行为，这与自然法则无关。由于人们可以出于某种理由自由地选择以某种方式行动，自由意志必定存在。

我们是否具有道德知识

大多数人假定人类有能力知道什么是对和什么是错。然而，有些人论证道，当我们认为自己是在道德上行动时，这就不是一个知识问题，而是一个情感或生物学问题。

"如何-知识"与"什么-知识"

道德知识是关于什么是对和什么是错的知识。要理解道德知识的本质，就必须定义什么是知识。知识通常可分为两种类别："如何-知识"与"什么-知识"。

"如何-知识"是我们所学的和已经成为本能的行动和技能的知识，例如骑自行车，我们会发现我们很难向他人解释这一知识。"什么-知识"是基于我们"知道"为真的事实、感觉或感知，它可以用话语表达，也可以向他人解释。

道德知识存在吗

道德知识是"什么-知识"的一个例子。所有类型的"什么-知识"都是事实性的。也就是说，它们表达的是"除非为真，否则我们无法知道"的命题。如果道德知识存在，那么我们的道德信念就必定得到道德事实的支持，或者至少是可以进行合理辩护的。

在日常生活中，我们假定我们知道什么是对和什么是错。然而，有些人认为，我们的道德信念不是基于事实或理性的，而是基于情感、心理或进化的，道德知识不过是一种错觉。还有一些人会说，我们具有道德知识，因为我们能够理性地思考道德。

> "我认为，道德感并非天生的，而是后天习得的。"
> ——约翰·斯图亚特·密尔，《论自由》（1863年）

情绪理论

非认知主义者认为，道德信念不是关于知识和理性的问题，而是关于情感的问题。在非认知主义者看来，当我们说一个行为方式在道德上是对的或错的时，我们不是在表达关于真理或谬误的信念，而是在表达一种更像情感的东西。他们认为，不存在客观的道德事实，因此道德陈述只能表达说话者对一个行为方式的赞同或反对。

非认知主义的一个流行理论是道德的情绪理论。它是这样一种理论，比如，说"谋杀是错的"实际上是说"谋杀真糟糕"，而说"信守承诺是对的"就是在说"信守承诺真棒"。根据道德的情绪理论，这些陈述不是要表达真理或谬误，而是情感反应。

道德虚无主义与道德知识

道德虚无主义是一种认为没有对错的观点，道德虚无主义者认为不存在道德事实。如果没有道德事实，那么就不存在道德真理。如果没有道德真理，那么就不存在道德知识，因为没有什么是可知的。心理学、神经科学和进化生物学提供了一些支持这种道德虚无主义观点的论证，声称有一天科学会证明道德信念是人类进化和心理学的产物。

一些人对此反驳道，这些科学论证实际上只是关于科学在未来可能会证明什么的理论，而实际上科学离证明道德性只是生物学的还有很长的路。在这种情况发生之前，我们应该认真考虑我们所拥有的证据，思考我们的确可以理性地为我们的道德信念提供正当理由，我们确实具有自由意志，至少我们的一些行为不是由基因遗传或进化冲动为了让我们适应环境而决定的。这个证据意味着，我们确实具有道德知识。

论证	道德虚无主义	道德知识
正当理由	**事后证明** 一些心理学家认为，我们所视为对我们道德行为的解释只不过是事后合理化而已。换言之，当我们必须在对与错之间做决定时，我们通常会在情感上而非理性上做出反应，然后试图在回顾中解释我们的行为。	**道德信念的理性证明** 科学永远无法成功地证明没有人能解释什么是对和什么是错。许多哲学家花了很多时间理性地思考道德问题。
自由意志	**强决定论** 强决定论者认为，不存在自由意志，我们的行为受自然法则和当时条件的支配。一些神经科学实验支持自由意志是一种错觉的观点。如果我们不能自由地选择我们的行为，那么我们也不能基于道德知识为它们提供合理的解释。	**弱决定论** 弱决定论者认为，自由意志与决定论是相容的，因为支配我们行为的条件包括我们的信念和欲望。如果这些信念包括道德信念，那么我们就能够出于道德理由而行动。
进化	**进化适应** 一些进化生物学家认为，当人类认为他们在道德上行动时，他们仅仅是在适应他们的社会环境。人类是社会动物，因而获得诚实、善良、合作和忠诚的名声对他们是有利的。不利于获得这种声誉的基因更有可能消亡。	**利他主义** 许多人会有利他主义行为，这从进化的角度不容易得到解释。有些利他行为是秘密进行的，所以不会帮助一个人获得慷慨的名声。有时，人们也会为了永远不会遇到的人的利益而做出无私的行为。

是否存在道德真理

传统的道德讨论方式意味着，道德信念（关于什么是对和什么是错的信念）要么为真，要么为假。然而，道德真理到底是什么？它可能不存在吗？

道德事实

如果道德信念可以为真或为假，那么就存在像道德真理这样的东西。但是，如果信念是由事实决定为真的，那么，道德真理必定取决于道德事实。道德虚无主义者论证道，不存在道德事实，因而道德真理是不可能存在的。当然，通过观察或实验来确定道德事实的存在是非常困难的。然而多年来，哲学家提出了一些关于这类事实的说明理论。这些事实使道德信念为真，并帮助人们做出道德决策。

道德理论

亚里士多德认为，如果一个行为是有德之人会做的，那么它就是正确的。对亚里士多德来说，一位有德之人知道什么正确，知道要做正确的事，并且知道要出于正当理由做正确的事。义务论者认为，道德是建立在不能违反的律法的基础上的。非认知主义者认为，道德信念是关于情感而不是关于理性的问题，因此，道德陈述不能为真或为假。然而，非认知主义者也认为，我们可以得出一种道德事实，它有助于我们通过采取"稳定而全面的视角"做出道德决策。这意味着，要尽可能地找出我们认可或不认可的事情，并考虑那些不同意我们的人的意见。

非道德事实

根据功利主义者的观点，如果一个行为产生最大多数人的最大幸福，那么，它就是正确的。功利主义者会争辩道，这是一个道德事实，我们可以从我们已经理解的事物——人类幸福的角度来认识关于对与错的问题。这意味着，任何行为都不是内在地对或错的，因为其产生最大多数人的最大幸福的可能性取决于其出现的情境。至于某个特殊行为是否会在特定情境下产生最大多数人的最大幸福，功利主义者不一定会达成一致。有人会说，从人类幸福的角度看道德，是一种试图将道德事实简化为非道德事实的尝试。

没有可观察事实的真理吗

道德信念不是唯一一种不能通过可观察到的事实来确认为真的信念。

- **新理论**不能通过观察或实验来确认为真，只能通过现有理论、规则和公理（公认的陈述）的论证来确认。这些现存的理论、规则和公理不是具体的事实，而是抽象的事实。也就是说，正如新理论一样，它们也不能通过观察来确认为真。

- **一般主张**不能通过观察或经验来确认为真，因为它们是关于过去、现在和未来的事态的主张，而我们无法观察未来。这样的一般主张和信念是由模态事实（关于可能性和必然性的事实）而非具体事实确认为真的。

- **分析的真理**（例如"被冻结的水是冰"）是取决于构成陈述的术语意义的真理。它们从定义上为真，不能用外部世界的可观察事实来确认真假。换言之，它们不是通过具体的事实，而是通过概念的事实来确认为真的。

自然主义的谬误

根据哲学家G. E. 摩尔（G. E. Moore）的观点，功利主义者犯下了"自然主义的谬误"，即假定使我们快乐的东西与善的东西是一样的。摩尔认为，善不能被简化为快乐或幸福的概念。在摩尔看来，某些行为是错的是一个残酷的事实，它不能从任何其他事实的角度来分析。我们只能通过观察有关内在的对与错的事实来确定道德主张的真理，而这些事实可以通过我们特定的道德感或直觉来检测。我们可能不会注意到一个特殊行为是错的这一事实，但是通过我们特定的道德感，我们确实"直觉"到了这个事实。

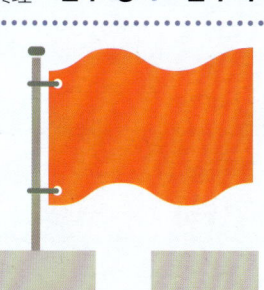

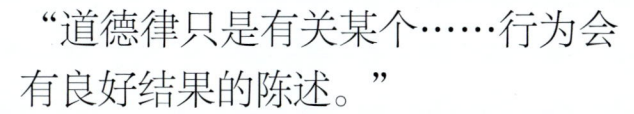

> "道德律只是有关某个……行为会有良好结果的陈述。"
> ——G. E. 摩尔，《伦理学原理》（1903年）

道德信念、真理和事实

如果信念是由事实确认为真的，那么道德真理的存在就取决于道德事实——关于一个行为是对或错的事实。说道德信念直接为真或为假是困难的，因为道德事实如果存在的话，它是不能通过观察来确认的。但是，许多哲学论证都是基于道德真理和道德事实的。

道德信念

道德信念是关于什么是对和什么是错的信念。大多数人会认为，信念可以为真，也可以为假，并且如果信念为真，那么它们就是通过事实来确认的。因此，道德信念只能通过道德真理来证明，而道德真理只能通过道德事实来确认为真。但是，关于人们认为什么是对和什么是错的陈述，真的能直接确认为真或为假吗？什么样的道德事实可以使这些信念为真？

道德真理

那些认为信念是由事实确认为真的人，把真理理解为信念和事实之间的关系，认为许多陈述直接为对或为错。我们可以观察到事实证据，证明它们为真或为假，或者通过实验来建立这些证据。关于道德信念的陈述不能通过经验或可观察的事实直接确认为真或为假。但是，是否存在道德事实呢？

道德事实

如果存在道德事实，它们就不是具体的事实。换言之，我们不能触摸、看见和听到道德事实，也无法用实验去发现道德事实。然而，大多数哲学家相信道德事实是存在的。例如：功利主义者认为，如果一个行为产生最大多数人的最大幸福，那么它就是正确的；义务论者则认为，如果一个行为属于一个规定它的规则，那么它就是正确的。这些不是我们通过观察确认的事实，但是对于功利主义者和义务论者来说，它们是使道德信念为真的事实。

事实与价值的区分

大卫·休谟认为，我们不能从一个事实（一个关于事物是怎样的陈述）中得出一个价值（一个关于事物应该是怎样的陈述），因为价值取决于对我们来说什么是重要的。

什么是价值

一些哲学家认为，价值判断的关键特征是我们不能构建支持或反驳它们的论证。价值判断表示持有关于对我们来说什么重要或我们看重什么的根深蒂固的信念。如果我们不看重某个事物，那么说服我们重视它就是困难的。我们可以说服某人重视某个事物，但如果我们通过威胁他来这样做，他的立场就不是发自内心的。我们可能会试图说明这是他看重的某个事物，来说服他重视它。但是，这可能只会使他不再重视他已经看重的东西。关于价值的判断似乎非常不同于关于行为的判断。

事实

"是"的陈述

描述性陈述，指涉行为，描述事情是怎样的，直接表达真理或谬误。

我们能弥合裂缝吗

休谟区分了"是"的陈述（表达"事实"的陈述）和"应该"的陈述（表达"价值"的陈述）。他认为，人们有时会掉入陷阱，用"应该"的陈述来代替"是"的陈述。也就是说，人们混淆了价值和事实的角色。根据休谟的观点，任何试图弥合事实和价值之间的裂缝的尝试，都会包含关于什么重要的假设。价值判断无法以和事实判断一样的方式达到。

> "道德规则不是我们的理性推论。"
> ——大卫·休谟，《人性论》（1738年）

伦理学
事实与价值的区分

价值

"应该"的陈述

规范性陈述，表达价值或对一个事实的潜在价值的判断。只有在对我们来说重要或不重要的情况下，这些判断才为真或为假。

功利主义

最大多数人的最大幸福

功利主义者可能会认为，某些行为方式没有为最大多数人带来最大的幸福。这是一个描述性陈述，它表达了一个事实。然后，功利主义者会论证道，我们不应该跟随这个行为方式。这是一个规范性陈述，它表达了一个价值。但是，在从一个事实达到一个价值的过程中，功利主义者已经假定最大幸福原则对我们很重要。

道德真理：相对的还是绝对的

关于绝对真理的陈述，在任何条件下都是正确的。关于相对真理的陈述则取决于只存在于与某个事物相关的事实。那么，道德陈述是绝对真理还是只是相对真理呢？如果它们是相对真理，它们相对于什么为真？许多人相信，道德真理不是绝对的，因为道德判断和道德律会根据它们所处的情境发生变化。这个情境可能是一个共同体、一种文化、一种情况，甚至是一个人。功利主义者可能声称"我们应该做任何符合最大幸福原则的事情"这一陈述是绝对真理，却认为关于一个行为方式是对是错的道德陈述只是相对真理，这与该行为方式是否会在给定的情境下符合最大幸福原则有关。

亚里士多德的美德伦理学

亚里士多德的道德理论近来作为"美德伦理学"而为人所知。美德伦理学把在道德上正确的行为定义为一位有德之人会做出的行为。

知道什么正确

亚里士多德认为，一位有德之人知道什么正确，知道要做正确的事，并且知道要出于正当理由做正确的事。理性是美德伦理学的核心，亚里士多德认为我们的推理能力将我们与其他生物区分开来。只有人类才能区分他们之在和之是，以及他们应在和应是。这意味着，只有人类才能通过做他们应做的事，通过成为有德之人，使自身从他们的之在和之是达到他们的应在和应是。亚里士多德认为，人类真正的功能和目的是在行动中运用理性。在行动中运用理性就是在每次行动中都操练美德（做我们知道该做的事情）。

有德行为

只有我们在所有的行动中都操练美德，我们才能达到生命的目的——美好生活（eudaimonia），意思是过上"幸福"或"繁荣"的生活。体验快乐不是经历美好生活。在亚里士多德看来，我们唯一能达到美好生活的方法是在我们的一生中按照美德行事。只有当我们出于正当理由行动时，我们的行为才是有德行为。以达到美好生活为目的的行为不是有德行为。只有出于美德本身的需要做美德要我们做的事，我们才能表现出美德。如果我们偶然地做了美德要求我们做的事，却不是出于美德本身的需要，即使我们的行为可能是有德的，我们也不是有德之人。

积累美德

成为有德之人需要时间。每次选择一个行动，我们都在选择我们未来的品格。如果我们坚持以正当理由做出正确的选择，我们将会获得良好的品格。亚里士多德将美德分为两类：道德的美德和理智的美德。

中道

亚里士多德说，要成为有德之人，我们必须了解美德的本质。没有指导手册可以告诉我们如何表现得有道德。我们确定应该或不应该做什么的唯一方式是保证在每一种情况下都根据"中道"来行动。这是一种能够避免某些品格的过度或不足的方式。例如，一个勇敢的行为既可以避免鲁莽（勇气过度），又可以避免懦弱（缺乏勇气）。这样的行为不仅可能在每种情况下都是不同的，而且可能对于每个人也是不同的。因此，要成为有德之人，我们必须了解我们自己。

理智的美德

理智的美德是理论和实践的智慧，可以由父母和教师教导。

伦理学
亚里士多德的美德伦理学

> "美德关乎我们的能力，邪恶也关乎我们的能力，因为不管去做还是不去做，它都得在我们的能力范围内。"
>
> ——亚里士多德，《尼各马可伦理学》（公元前4世纪）

道德的美德

道德的美德是无法教导的。相反，它们必定是习得的。即使我们生来就有诚实的倾向，我们也不是生来就有诚实的美德。要有这种美德，就要了解诚实意味着什么，要始终如一地诚实，以及始终出于正当理由地诚实。

寻求帮助

美德伦理学的一个问题是，它没有给我们明确的规则来决定如何行动。亚里士多德说，我们应该以一位有德之人为行动的典范。

有德行为与有德能动者

亚里士多德区分了有德行为与有德能动者。他认为，当我们面临一个道德困境时，我们每个人都必须运用道德推理来决定如何去做。当我们行动时，在这种两难的情况下，只要我们做了正确的事，我们的行为就是有德的。但是，只有我们出于正当理由做正确的事，我们才是一个有德能动者。

休谟的伦理学

哲学家大卫·休谟认为，正确的行为是真理法官会赞同的行为，错误的行为是真理法官会反对的行为。

激情而非理性

乍一看，休谟的理论看起来像亚里士多德的美德伦理学，但是休谟的"感受赞同"不同于亚里士多德的"知道什么正确"，"真理法官"也不同于"有德之人"。休谟是"非认知主义"的倡导者，认为道德不是关于理性的问题，因而道德陈述不能为真或为假。

休谟的伦理学是建立在他的心灵哲学，尤其是他有关心理或认知状态的论述之上的。他认为，如信念和知识这样的认知状态不能激励行为。行为只能由欲望、价值和情感等"激情"驱动。例如，在缺乏对咖啡的渴望（一种激情）的情况下，知道如何制作咖啡（认知状态）不会激励一个人去制作一杯咖啡。

根据休谟的观点，理性会告诉我们事实和观念之间的关系，而激情会激励我们行动。他说，道德判断在本质上与行为有关。因此，道德判断不能表达诸如信念之类的认知状态，而必须表达激情。这意味着，在我们做出道德判断时，是激情而非理性在促使我们行动。

道德判断

休谟认为，如果信念不能激励我们行动，那么激励我们的道德判断就不能表达信念。因此，它们必定表达激情。与信念不同，激情不能为真或为假。道德判断会激励我们行动，这是毋庸置疑的事实。如果我们相信说谎是错的，我们就认为我们不应该说谎。从"是"到"应该"的转变表明，信念本身就在激励人们。休谟说，当这一变化将我们从信念（关于具体情况）转向价值（什么对我们重要）时，道德判断表达的不是信念，而是激情。

在当时，这种认为道德判断表达激情而非理性的论证是革命性的。例如，"说谎是错的"这句话似乎表达了一个有关某种行为（在本例中是"说谎"）的信念，这种行为要么是对的，要么是错的。然而，休谟会说，这句话表达的不是一个关于世界的信念，而是一种感受，即说话者不喜欢说谎。这是一种高度主观主义的观点，暗示道德不比我们的喜好和厌恶强多少。休谟坚持认为，如果一个赞同或不赞同的表达是由一位拥有"稳定而全面的视角"并因此成为真理法官的人做出的，那么它就可以被视为道德的。由此，他赋予道德判断以某种客观性。

成为真理法官

休谟认为，为了成为真理法官，我们必须将孩童时代的"前道德的同情心交付"转变为真正的道德态度。这些"前道德的同情心交付"是我们同情他人时所经验的。例如，如果一个小孩因为她的朋友在哭而哭泣，她就在经历这样的状态。因此，要成为真理法官，我们必须具备比天生的同情心多得多的能力。

> "理性无非是激情的奴隶。"
> ——大卫·休谟，《人性论》（1738年）

伦理学
休谟的伦理学 **182 / 183**

真理法官

经验

获得成为真理法官所需的知识是一个自然的过程。随着成长，我们的父母、老师和我们的经验告诉我们，如果我们伤害了我们的朋友，我们将失去他们。在我们赞同或不赞同的表达可被真正地视为道德之前，我们必须通过我们的生活经验学会考虑我们的行为，然后在决定是否行动之前运用这个能力。

稳定而全面的视角

要成为真理法官，我们就必须对我们赞同或不赞同之事的本质，以及对世界上的事实如何相互联系有大量的了解。如果我们容许偏见扭曲我们的观点，或者不去考虑那些会受到我们的行为影响的人，那么我们赞同或不赞同的态度就称不上是"道德态度"。如果我们确实成功地拥有一种稳定而全面的视角，那么现代的休谟主义者，比如西蒙·布莱克本（Simon Blackburn）就会说我们"有权"去思考我们的道德判断是对是错。尽管这些判断仍然是激情而非理性的表达，它们所表达的激情却被理性所渗透，几乎获得了信念的地位。

义务论

义务论认为，道德建立在不能违反的规则之上，正确的行为是根据道德律采取的行为。

倾向还是义务

最著名的义务论者是伊曼努尔·康德。他相信，我们的所有行为或者是为了达到渴望的结果，或者是出于道德责任感，即遵循道德律的需要。前者是由倾向（一种激情）驱动的。康德认为，激情所驱动的行为无法是道德的。它们可能被道德律所禁止，也可能符合道德律，但它们是因其自身的目的而非道德律所激励的能动者来施行的。与亚里士多德一样，康德相信，无须能动者有德，一个行为也可以是有德的。他论证道，当且仅当能动者把他的倾向放在一边，并出于义务（因为道德律要求这样做）采取行动，一个行为才是一种道德行为。因此，只要我们的意图是好的，并且我们出于敬畏道德律去行动，我们的行为就是道德的。

像康德这样的义务论者认为，道德地行动取决于我们的行为受道德律的约束，与它能达到渴望的结果无关。然而，道德律是什么？康德认为是"绝对命令"。

动机

远足者A给那个人提供了绳子，因为他想让远足者B认为他是勇敢善良的。远足者A的行为出于他的动机，而不是道德义务。

救命！

道德高地

想象一下，两个远足者遇到了一个摔落的人，这个人非常需要帮助。远足者A和远足者B都各自给他一根绳子。他们的行为是相同的，但他们的动机不同。康德会说，远足者B的动机确保其道德地行动，但远足者A的动机意味着其没有道德地行动（即使行为受道德律的约束）。

命令

命令告诉我们该做什么，它等同于指令。康德区分了两种类型的命令：假言命令和绝对命令。假言命令告诉我们如何行动，以实现一个渴望的目标。它只适用于那些想要实现特殊目标的人。在为一个行为寻求赞同时，一个人基于假言命令在行动。绝对命令则适用于每个人，无论个人的欲望或环境如何。承认一个行为在道德上是正确的，就是认为它应该被施行。在出于道德义务行动时，一个人基于绝对命令在行动。

公式

康德提出两种主要的绝对命令公式：普遍法则公式和目的自身公式。根据普遍法则公式，我们应该总是以这样一种方式行动，即我们会乐意他人在同样的情况下以同样的方式行动。换言之，道德规则必须在任何情况下适用于所有人。根据目的自身公式，我们不应该把"目的自身"当作一种通往其他目的的手段。换言之，我们不能忽视他人的需要或为了实现我们个人的目标而将之非人化。

道德义务
远足者B把自己的绳子扔给那个人，因为远足者B相信这样做是正确的。远足者B出于义务行动，在遵守道德律。

普遍法则公式
"不论做什么，都要使你的意志遵循的准则永远能够成为普遍法则。"

目的自身公式
"你的行动，要把你人格中或他人人格中的人性，在任何时候都看作目的，而不是手段。"

"道德不是关于如何使我们幸福的学说，而是关乎如何使我们配得上幸福的学说。"

——伊曼努尔·康德

功利主义

功利主义哲学基于这样一种观念：正确的行为是使最大多数人得到最大幸福的行为。

计算结果

功利主义关注行为的结果，认为正确的行为是具有最多可欲结果的行为。根据约翰·斯图亚特·密尔（John Stuart Mill）的说法，我们每个人唯一想要的就是幸福，所以我们的最终目标是让每个人都幸福。他把幸福定义为"得到期望得到的快乐和没有痛苦"，把不幸福定义为"痛苦和缺乏快乐"。

密尔认为，我们从小学习的道德规则是无用的，因为我们不把它们视为不能打破的规则。我们需要一个可以在任何情况下应用的规则——一个没有例外的规则。最大幸福原则就是这样一条规则。根据最大幸福原则，只有当一个行为使最大多数人得到最大幸福时，它才是正确的。如果我们不打算使最大多数人得到最大幸福，那么我们以何种方式采取行动对功利主义者来说都是不重要的，因为他们只凭结果来判断一个行为。

解释功利主义

最大幸福原则可以用许多不同的方式来考量，例如：最重要的是幸福的数量还是质量？最大幸福原则所指的行为是个人的"标志性行为"（行为功利主义行为）还是一般的"行为类型"（规则功利主义行为）？

最大幸福原则

最大幸福原则告诉我们，正确的行为是使最大多数人得到最大幸福的行为。在功利主义者看来，真正的道德能动者会让他的行为随着时间的推移成功地使最大多数人得到最大幸福。

数量还是质量，或两者兼而有之？

另一位著名的功利主义者杰里米·边沁认为，我们只需要关注所产生的快乐的数量，图钉游戏（一种棋类游戏）和诗歌的享受在"快乐计量法"中的价值是相等的。然而，密尔认为快乐的数量和质量都很重要，他认为诗歌的享受（他称之为"更高的快乐"）应该更重要。

伦理学
功利主义

行为功利主义

行为功利主义者认为"说谎是错的"是指一个具体的谎言是错的。行为功利主义者根据最大幸福原则检验每一个行为，并选择能使最大多数人得到最大幸福的行为。当说谎会促进最大多数人得到最大幸福时，行为功利主义者将打破"说谎是错的"这一道德经验法则。因此，对于行为功利主义者来说，不存在绝对的道德规则。

观察与经验

功利主义者（至少是行为功利主义者）不会接受这样的观念，即我们的日常道德规则都绝对为真或为假。他们相信，最大幸福原则无处不在、无时不有，对每个人都是真实的。他们还认为，我们通过归纳法获得道德知识。我们会通过观察或其他方式来了解各种行为的结果，并假设未来与过去相似，我们认为那些可能使最大多数人得到最大幸福的行为（可能）是对的，而其他行为（可能）是错的。因此，道德知识并不像康德所认为的那样是由直觉来辨别的，而是通过观察和经验来辨别的。

规则功利主义

规则功利主义者认为"说谎是错的"是指所有的谎言都是错的。规则功利主义者不研究每个行为的后果，而是指出一套基于促进最大多数人得到最大幸福的一般"行为类型"的道德规则，并根据这些规则检验个人行为。即使一个行为会违反最大幸福原则，规则功利主义者也不会违反规则。

"行为的正确度与它们有助于提升幸福的程度成正比。"
——约翰·斯图亚特·密尔，《功利主义》（1863年）

存在主义伦理学

让-保罗·萨特的存在主义否定了上帝和人类的本质（一系列决定我们的思想和行为的共同特征）。只有我们自己才能选择我们的生活方式。

自由选择

萨特认为，人类并没有被某些神性心灵设定为具有一个特殊的目的或本质，即使我们成为我们之所是的特征。决定我们应如何思考和行动的神圣目的是不存在的，也没有一套告诉我们应如何生活的神圣戒律。同样，也不存在任何这样的非神圣的目的或规则。萨特认为，认为人类的本质存在，就等于未能推出上帝不存在的信念的逻辑结论。

根据存在主义的说法，告诉我们应如何生活的客观规则是不存在的。这一说法意味着，人类是"完全自由的"。也就是说，人类不是被他们的本质定义的，他们的选择也不是由他们的本质决定的。人类没有被要求去做或重视任何由神圣存在所规定的事情。相反，人类必须选择自己的价值观、信念和行为。个体是由他们在过去所做的选择塑造的，每个人都是如此。他们都将成为他们将成为的人，因为且仅仅是因为他们在未来所做的选择。

坏的信仰

萨特继续论证道，如果我们试图说服自己或他人，我们对我们的自由所做的一切不负责任，那么我们就处在坏的信仰中。例如，一个人说他"被激情迷住了"就表现出了坏的信仰，就像一个人把自己的选择归咎于贫穷一样。

认识到只有我们自己才能选择我们的生活方式突出了我们的主体性。萨特认为，人类是唯一"驱使自己走向未来并意识到如此"的存在者。只有我们能够超越自己，超越我们之所是，成为我们选择成为的人。

从负担到绝望

做出负责任的选择对我们来说是沉重的负担。当我们认识到做决定的负担只能落在我们身上，并且没有任何东西或任何人可以帮助我们时，我们感到很苦恼。即便我们可以从我们认为有德的人那里寻求指导，我们也在做选择——选择问谁。因此，如果我们处在好的信仰中，除接受为我们的决定负责这一事实以外，我们别无他法。即使这会让我们感到绝望，我们也必须接受，并决心以此来达到最好的自己。拒绝行动就是选择拒绝。通过这样的行动和不行动，我们创造了自己。

自由

我们可以自由地为自己选择，所以我们必须认识到，无论我们在什么样的情况下做出什么决定，我们都在自由地选择。萨特承认，某些普遍的事实，例如我们都会死，会对我们的选择构成限制，但是我们每个人都必须对这些独特的情况做出个人回应。我们不能逃避我们的自由——我们注定是自由的，即使不做决定也要决定。

伦理学
存在主义伦理学 188 / 189

责任

自由带来的责任不仅包括为自己选择，还包括为他人选择。这是因为我们做出选择的同时会相信我们的选择是好的，而且对每个人都是好的。存在主义者声称一些选择是正确的（那些负责的选择），而另一些选择是错误的（那些不负责的或处于坏的信仰中的选择）。相反的观点认为，我们的选择是任意的，因而没有所谓的对与错。

寻求指导

萨特举了一个例子，一个来找他的年轻人在道德上进退两难。萨特被问道，他应该和爱他却没有任何人照顾的老母亲住在一起，还是应该离开她，加入抵抗纳粹的法兰西阵线。萨特指出，传统道德可以证明这两个决定都是合理的。但是，只要询问一个存在主义哲学家的建议，这个年轻人就知道，他必须做出自己的选择。因此，在某种意义上，他已经接受了这样做的必要性，他只是在推迟做决定。

"只有在我们的决定中，我们才是重要的。"

——存在主义哲学家让-保罗·萨特

动物权利

在过去，人类很少质疑将动物用于各种目的的道德性。然而现在，许多人认为，人类应对动物负有责任，甚至动物也有自己的权利。

理性与感性

义务论者伊曼努尔·康德声称，一个存在者只有在它自身是目的的时候才具有权利。康德相信，自身就是指一个目的的存在者必须是理性的和自主的。他认为，动物既不是理性的，也不是自主的，因而没有权利。然而，另一些义务论者认为，有些动物会选择如何行动，尽管它们的推理与我们的不同。根据这些义务论者的观点，动物既是理性的，也是自主的，因而拥有权利，但不一定是与人类相同的权利。

一些哲学家认为，即使动物不是理性的，它们仍然具有权利，因为它们是有感知能力的，它们像人类一样能感受到快乐和痛苦。功利主义者认为能够使最大多数人得到最大幸福的行为是正确的，并且一个有能力感受快乐和痛

动物权利与最大多数人的最大幸福

相信动物具有感觉能力的功利主义者认为，在决定哪些行为将产生最大多数人的最大幸福时，动物也应被考虑在内。但是，并非所有的功利主义者都认为动物的幸福与人类的幸福同等重要。即使是认为动物和人类一样具有幸福权利的功利主义者也会面对一些难题，比如哪些行为将为动物和人类创造最大的幸福。

养宠物

有人会认为，养宠物是残忍的，动物在可以自由地发挥它们的自然潜能的野外会更快乐。但是，动物在野外真的会更快乐吗？许多人会争辩道，宠物喜欢和人在一起，它们喜欢住在一个安全、舒适的家里。

素食主义

一些素食主义者认为，杀死动物或使动物受苦是错误的。另一些人认为，素食主义的饮食会将人类的痛苦降到最低。他们认为这样的饮食比吃肉和吃奶制品更健康，并对环境更有利。非素食主义者可能会从人类幸福的角度来证明吃肉和吃奶制品对他们的健康更好。

苦的存在者具有权利，即使它不能表现出理性思想。笛卡儿并不认为动物会感到快乐和痛苦，对他来说，动物只是"自动机"。

权利还是义务

哲学家罗杰·斯库顿（Roger Scruton）认为，动物是理性的，但它们没有权利，因为它们不能理解义务。比如人的生命权伴有不能杀人的义务，但狮子不明白不能杀害同类的义务，所以它不能拥有生命的权利。

但斯库顿同时又认为，即使动物没有权利，我们也要对它们负有责任。在斯库顿看来，我们对动物的责任很重要，因为我们的行为对它们有影响。康德也认为，我们对动物负有责任，但仅仅是因为对动物残忍的人类更有可能对他人残忍。在康德看来，我们对动物的责任是对他人的间接责任，而对斯库顿来说，我们对动物的责任是直接的。

"为动物着想不违背人性。"
——汤姆·里根，《动物权利案例》（1983年）

动物研究
有些动物权利活动家认为，任何一种动物试验都是错误的，它们给动物造成的痛苦永远无法被证明是正当的。然而，还有一些人认为，开展动物研究在道德上是正确的，尤其在一些以治愈疾病为目的的医学研究中。

动物园
一些人认为，把动物关在动物园里在道德上是错误的，就像人类不想被监禁一样。但是，有人会争辩道，如果没有动物园，一些动物物种就会灭绝。

物种歧视

有些人可能会说，动物的痛苦比起人类的痛苦不算什么。功利主义者彼得·辛格（Peter Singer）认为，这种态度是物种歧视。对辛格来说，物种主义就像种族主义或性别主义一样，在道德上是不可接受的，我们必须始终考虑我们的行为对动物的快乐或痛苦的影响。

安乐死

安乐死在许多国家都是非法的,并就人类生命的神圣性提出了有争议的问题。

什么是安乐死

安乐死(Euthanasia)一般指对无法救治的病人停止治疗或使用药物,让病人无痛苦地死去。"安乐死"一词源于希腊文,意思是"幸福地死亡"。

安乐死一直以来都是引起社会各界颇多争议的话题,它涉及道德、伦理、法律、医学等诸多方面。目前,世界各国对安乐死的态度和规定并没有达成共识。

对安乐死的担忧

人类必须对安乐死的正当性和合法性等若干问题予以谨慎思考。比如,我们能确定准备安乐死的人的意图真的是结束痛苦吗?

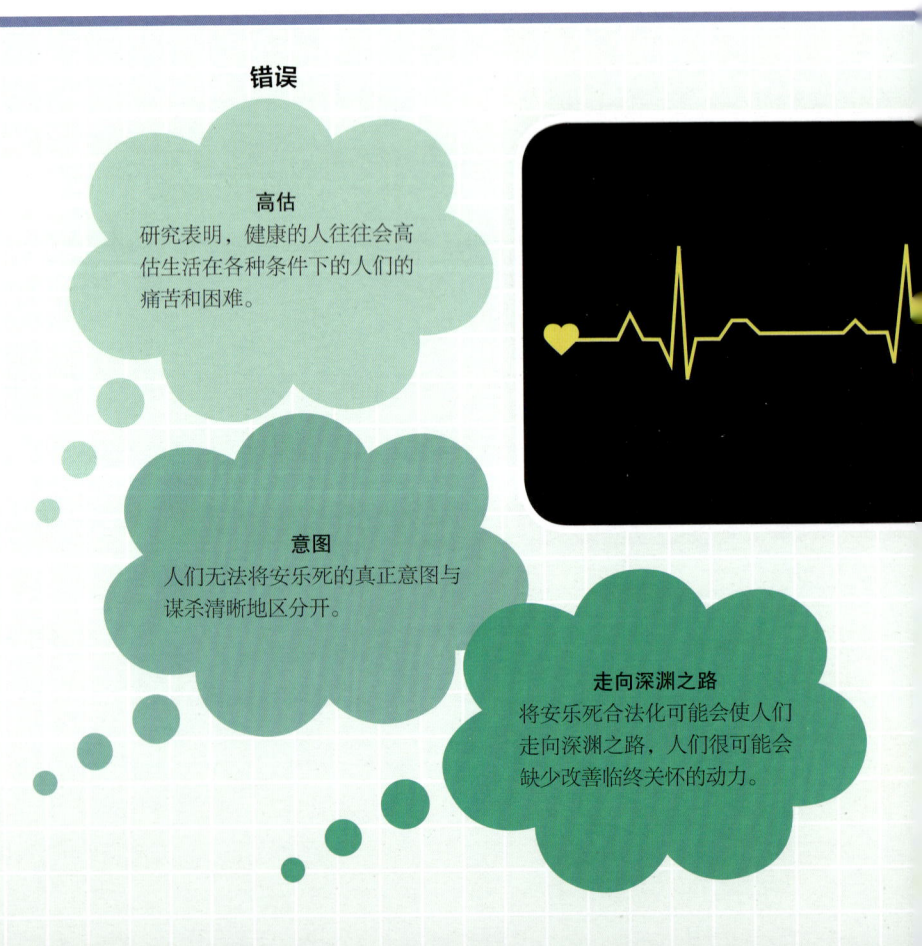

错误

高估
研究表明,健康的人往往会高估生活在各种条件下的人们的痛苦和困难。

意图
人们无法将安乐死的真正意图与谋杀清晰地区分开。

走向深渊之路
将安乐死合法化可能会使人们走向深渊之路,人们很可能会缺少改善临终关怀的动力。

伦理学
安乐死

"生命是一条艰险的峡谷，只有勇敢的人才能通过。"

——米歇潘

合法化和非犯罪化

安乐死行为的完全非犯罪化将使任何人在任何时候都可以决定结束他们的痛苦。

在荷兰、比利时、卢森堡、瑞士、哥伦比亚和加拿大，安乐死已经得到法律认可。在每一个合法化安乐死的国家中，申请安乐死的人必须是成年人（比利时和荷兰除外），心理健全，并了解他们的选择，而且他们必须自愿死亡（以书面形式或在证人面前）。

然而，对于安乐死是否应合法化和非犯罪化，世界各国的人们还没有一致的看法，仍存在剧烈的争议。

正当

死亡的权利
有些人认为，人类应该有权选择自身死亡的时间和方式。

结束痛苦
有些人认为，人类应该有权选择结束自己的痛苦。

不存在走向深渊之路
调查显示，自从荷兰和比利时将安乐死合法化以来，这两个国家没有出现更多的辅助自杀的案例。

克隆

人类克隆一直存在争议，并提出了许多道德问题。

克隆的目的

人类克隆有两个潜在的目的：治疗性克隆（为医学研究克隆人类胚胎）和生殖性克隆（利用克隆产生新的人类婴儿）。这两种情况都会带来道德问题。大多数国家都通过了禁止生殖性克隆的立法，但在某些国家，在一定条件下，治疗性克隆是被允许的。

治疗性克隆的伦理

治疗性克隆可以使我们为先天性疾病开发出更有效的诊断技术和治疗方法。

然而，研究人类胚胎在道德上是可以被接受的吗？相信人类的生命神圣的义务论者会认为不可以接受。而功利主义者不反对治疗性克隆，只要它能产生最大多数人的最大幸福。

克隆在道德上是错误的吗

治疗性克隆和生殖性克隆都具有高度的争议。由于治疗性克隆包含对人类胚胎的研究，且最终会毁灭它们，因此围绕治疗性克隆的争议主要集中在对人类生命何时开始的辩论上。生殖性克隆更具争议性。在大多数国家，生殖性克隆是被禁止的，主要是出于安全的考虑。

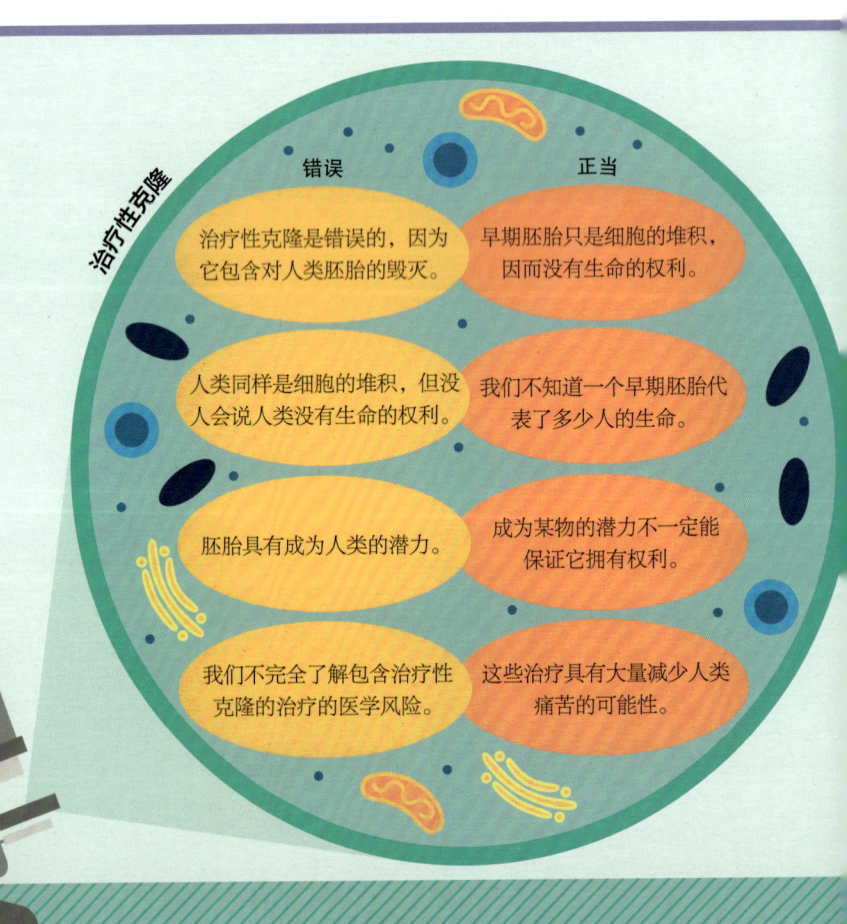

治疗性克隆

错误
- 治疗性克隆是错误的，因为它包含对人类胚胎的毁灭。
- 人类同样是细胞的堆积，但没人会说人类没有生命的权利。
- 胚胎具有成为人类的潜力。
- 我们不完全了解包含治疗性克隆的治疗的医学风险。

正当
- 早期胚胎只是细胞的堆积，因而没有生命的权利。
- 我们不知道一个早期胚胎代表了多少人的生命。
- 成为某物的潜力不一定能保证它拥有权利。
- 这些治疗具有大量减少人类痛苦的可能性。

伦理学
克隆

克隆羊多莉

克隆羊多莉是世界上第一只从成年羊的体细胞成功克隆出来的哺乳动物。它于1996年7月出生。在它出生后的几个月内，几乎世界上的每个国家都禁止了生殖性克隆，因为这项技术还没有先进到可以在不冒损害人类健康的巨大风险下进行。不过，这项技术一直在改进。

克隆羊多莉的标本在位于爱丁堡的苏格兰国家博物馆展出。

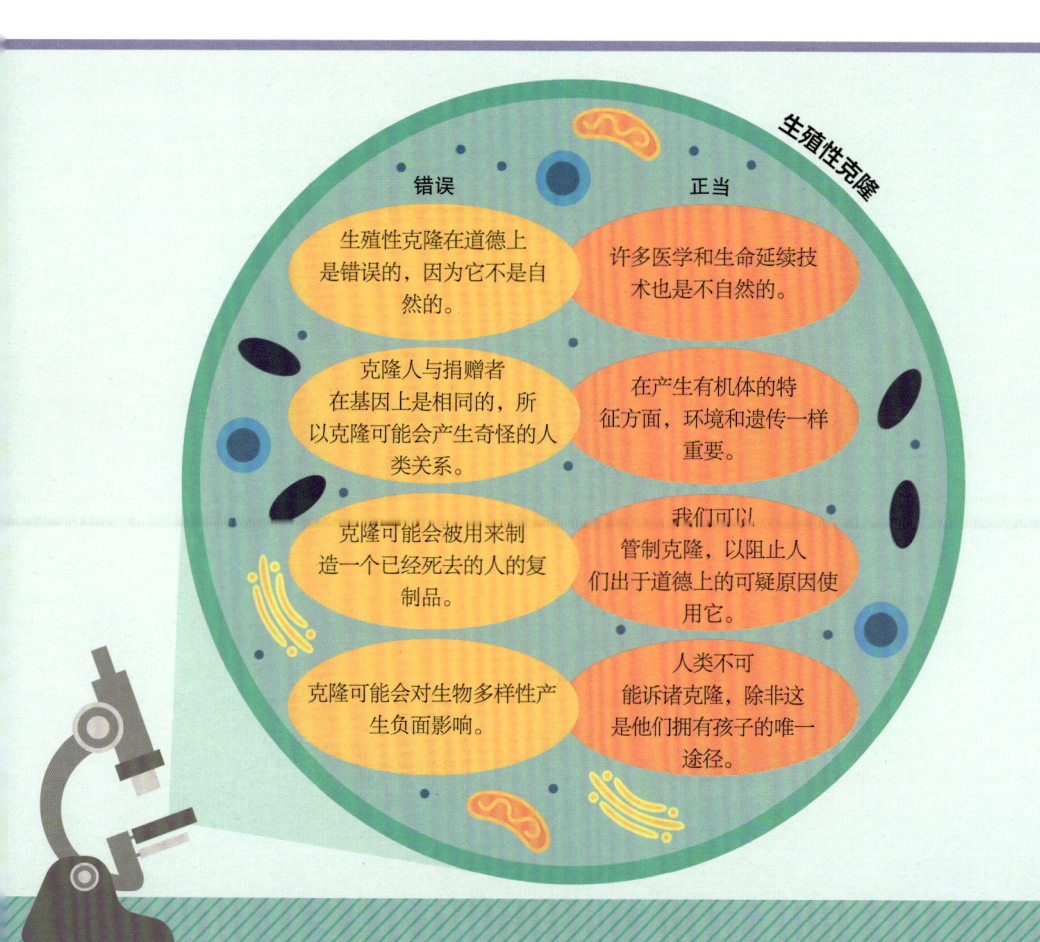

"克隆体和本体只是同卵双胞胎而已。"
——生物学家理查德·道金斯

生殖性克隆

错误

- 生殖性克隆在道德上是错误的，因为它不是自然的。
- 克隆人与捐赠者在基因上是相同的，所以克隆可能会产生奇怪的人类关系。
- 克隆可能会被用来制造一个已经死去的人的复制品。
- 克隆可能会对生物多样性产生负面影响。

正当

- 许多医学和生命延续技术也是不自然的。
- 在产生有机体的特征方面，环境和遗传一样重要。
- 我们可以管制克隆，以阻止人们出于道德上的可疑原因使用它。
- 人类不可能诉诸克隆，除非这是他们拥有孩子的唯一途径。

6 政治哲学

政治哲学着眼于个人与国家之间的关系，主要关注政治权力的性质和它的正当性。

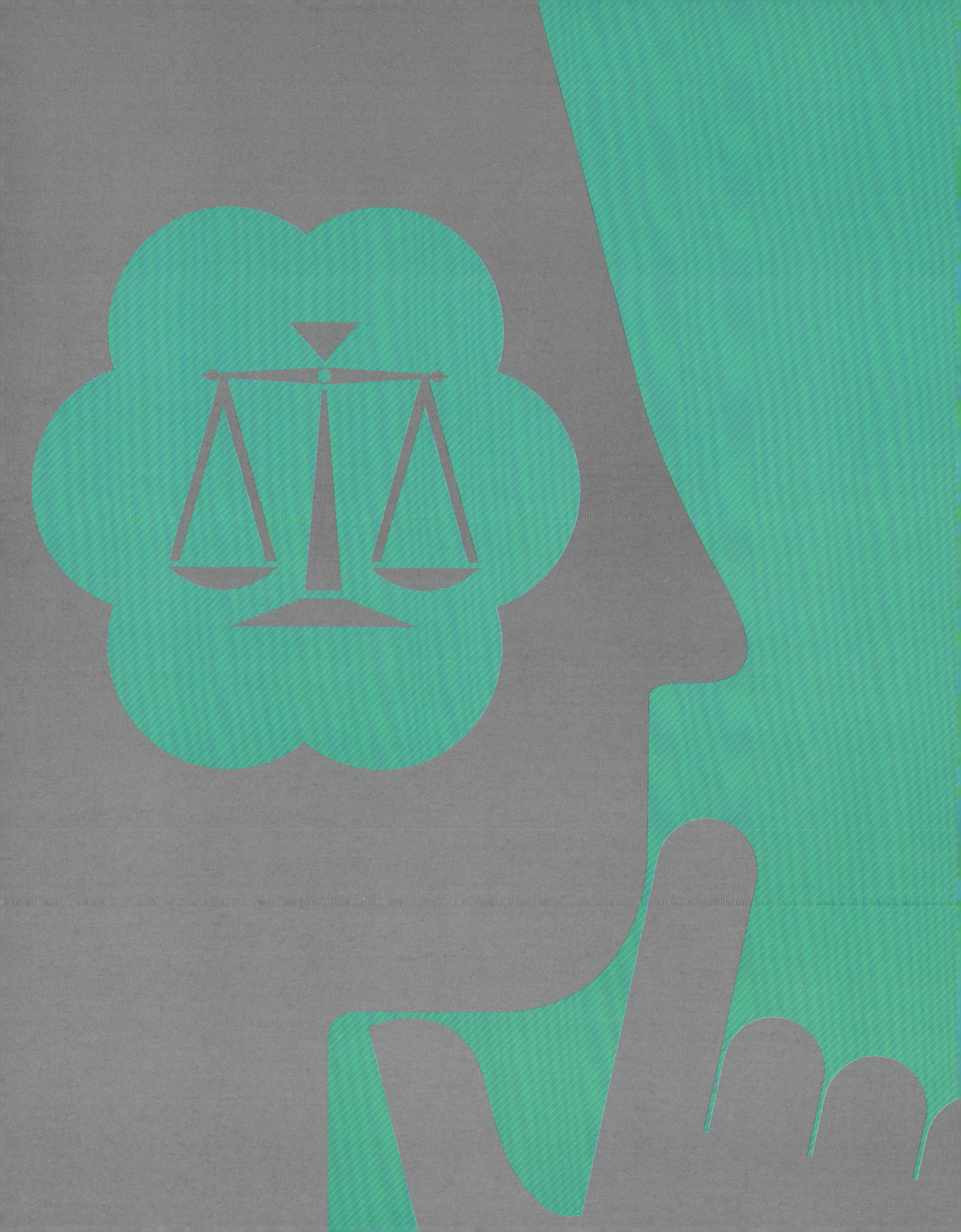

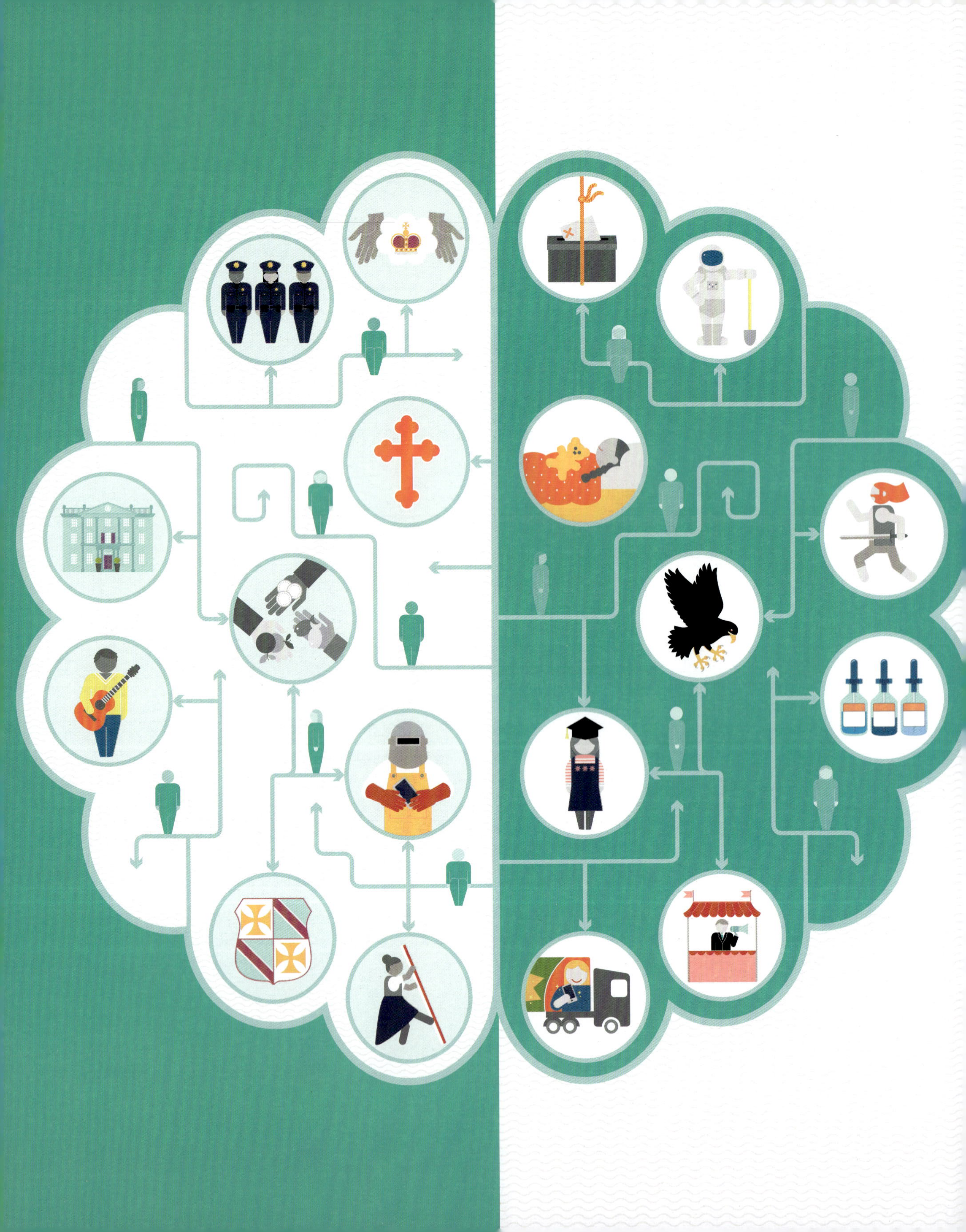

引言

政治哲学审视社会、国家、政府、司法机关和个人之间如何相互关联。它试图理解政治权力的性质，尤其是国家用来证明其权威之正当性的论证。

像哲学的所有分支一样，政治哲学也分析论证，特别是那些声称基于事实的论证。例如，它询问：国家对公民应拥有什么样的权力？公民应保有什么样的权利？这些问题的回答可能要从一个关于人性的前提开始——国家的权力应该是广泛的，如果缺少它，人类就会陷入内战。同样，如果假定人性更具合作性，我们就可以建立一个不同的、不那么悲观的论证。托马斯·霍布斯和约翰·洛克的思想差异便在于此。

政治哲学的核心问题包括：应由谁行使政治权力，个人（君主制）、精英团体（贵族制），还是民众（民主制）？政治义务的基础是什么？什么是产权？现存的政治结构应该得到保留，还是应被准许逐步改良，或者应以正义的名义被消灭呢？当今这个时代关注的问题包括社会内部和社会之间的权力和财富分配的不平等问题，其中许多问题都以阶级、种族和性别为基础。哲学家们质疑，我们回答这些问题时是否客观，我们的回答是否只是表达了特定的政治倾向。

这其中的一些问题历史悠久，甚至在柏拉图的时代就曾被讨论过；另一些则是新近的问题。事实上，一些曾经被认为已经解决的问题又回来了。今天，一些政治家声称"客观真理"是一个神话。他们认为不存在客观真理，只有不同的看待世界的方式，所有这些方式都同等有效。

也许，所有的政治哲学问题都反映了人们对时代事件的关注。然而，这些问题具有一个共同的根源：它们迫使我们审视客观真理的本质，并确定其在何种意义上与单纯的意见不同。

由谁统治

在现代社会，民主制被广泛认为是理想的政府形式。然而在过去，哲学家有时也会拥护君主或精英贵族集团的统治。

寻求合法性

少数群体或个人为自身的统治进行了各种辩护。古希腊和古罗马的统治者声称自己是诸神的后代，甚至自称为神。柏拉图在《理想国》中为贵族制（由最好的人统治）提供了一个更实际的案例。柏拉图的老师苏格拉底在被公民陪审团审判犯有不敬神的罪后被迫自杀。柏拉图认为，在民主制中，一个没什么教养的代表可能会受民粹主义者的影响而做出错误的决定。因此，只有一群有智慧的、公正的哲学家才能被人们信任并施行明智的统治。

像托马斯·阿奎那这样的中世纪哲学家主张政府应映射天国秩序，他们为君主制（由个人统治）提出了原创性的神学论证。这一思路一直延续到17世纪，托马斯·霍布斯仍在自然法的基础上捍卫君主制。他认为君主可以通过自然法保护社会不陷入混乱。

统治的形式

虽然君主制和贵族制在今天看来是不可接受的，但两者都具有有力的论证。这些论证倾向于支持稳定和安全，而不是保护个人自由。

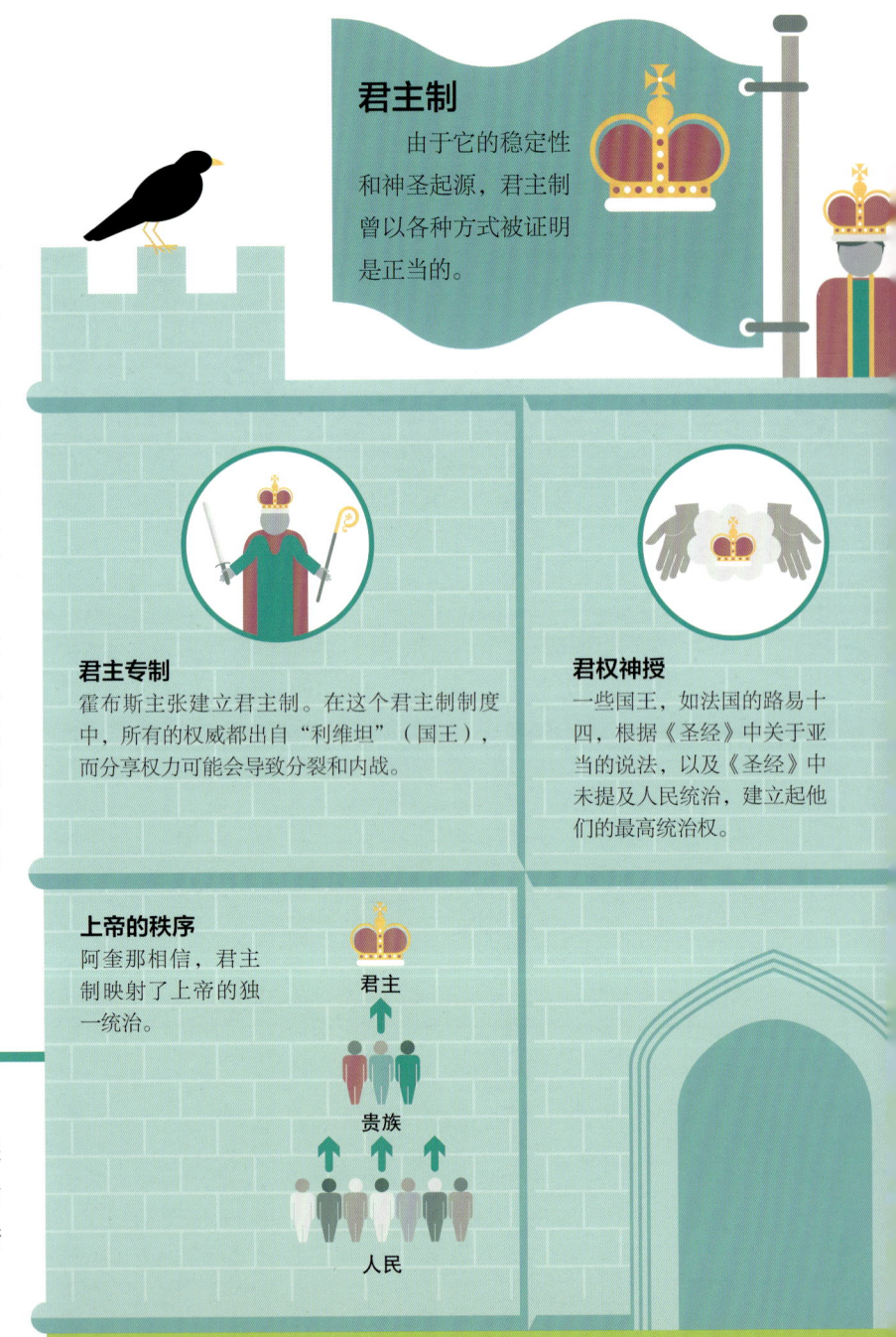

君主制
由于它的稳定性和神圣起源，君主制曾以各种方式被证明是正当的。

君主专制
霍布斯主张建立君主制。在这个君主制制度中，所有的权威都出自"利维坦"（国王），而分享权力可能会导致分裂和内战。

君权神授
一些国王，如法国的路易十四，根据《圣经》中关于亚当的说法，以及《圣经》中未提及人民统治，建立起他们的最高统治权。

上帝的秩序
阿奎那相信，君主制映射了上帝的独一统治。

君主
贵族
人民

统治的原则

亚里士多德在《政治学》(约公元前335年)中向所有统治者提供了建议。

▶为所有人的利益 统治者的统治必须是为了所有人的利益,而不是为了他们自己的利益。如果不是这样,君主制就变成了僭主制,贵族制就变成了寡头制,民主制就变成了暴民制。

▶出于美德 那些最具美德的人最有资格拥有权威。

▶法律统治 无论君主制、贵族制,还是民主制,统治者都必须依照法律进行统治。

贵族制

在《理想国》(约公元前380年)中,柏拉图提出由"哲学王"的精英阶层统治的思想。

这是为了你们的利益!

由最好的人统治

柏拉图认为,由一批精挑细选的哲学家组成的贵族统治,是唯一能阻止政府经历四个阶段的下降并最终以暴政结束的方式。

1 勋阀制 由拥有私有财产和军事荣誉的人统治社会。

2 寡头制 统治阶级以自身利益为出发点,剥削社会中的穷人。

3 民主制 公民追求个人的、相互冲突的意志。

4 僭主制 独裁的统治者用专制压迫人民。

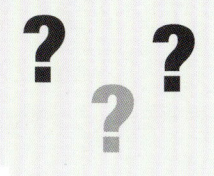

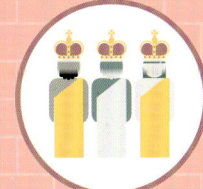

哲学王

柏拉图认为,唯一合适的统治者是哲学家,因为他们:

▶不会被权力、财富或声望所腐化。

▶不受那些愚弄无知者的拙劣论据和欺骗影响。

▶没有比对真理的哲学渴望更关心的事。

▶致力于审慎的思考。

为君主专制辩护

"自然状态"是一种与公民社会和政府形成强烈反差的假想状态。一些哲学家认为,政治权威可以保障人类远离它。

永久冲突

在《利维坦》(1651年)中,托马斯·霍布斯(1588—1679年)认为,剥离文明的外表,人是理性的,却受其本性的自利与"欲望和厌恶"的驱使而竞争和冲突。霍布斯所描述的自然状态是可怕的——生活充满"孤独、贫穷、肮脏、野蛮和短暂"。

霍布斯主张必须有一个君主,他能带来秩序和和平、结束战争。人们同意构建一个社会契约来树立这个权威人物,使他成为唯一有权阻止人类社会回归自然状态的人。接着,霍布斯指出这个契约应具有的主要特征,以及人们服从政府的原因。这个契约是永久的、不能撤销的,服从也是永久性的。

当其他人在为国王的君权神授争论不休时,霍布斯对君主制合乎逻辑和理性的辩护显得不同寻常,他的自然状态中存在权利的假设也引发了争论。

君主带来秩序

霍布斯认为,人类在自然状态下的存在如此残酷,以至于和平只有在一个专制君主下才能实现,他的保障使社会得以繁荣。

1 霍布斯的自然状态是一个野蛮和不文明之地。这里没有时间、法律、社会、工业、农业、财产和文化的概念。在自然状态下,没有人会信任他人。

2 在自然状态中会存在暴力、流血和永久的斗争,即存在一场"所有人对所有人的战争",因为这里没有法律或权威人物可以阻止人们用武力夺取他们想要的东西。

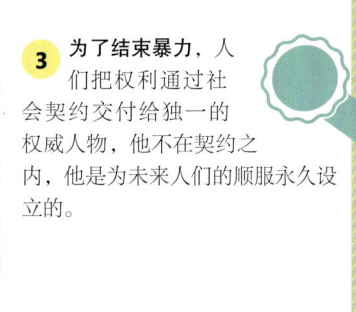

3 为了结束暴力,人们把权利通过社会契约交付给独一的权威人物,他不在契约之内,他是为未来人们的顺服永久设立的。

政治哲学
为君主专制辩护 202 / 203

君主专制

- 霍布斯将君主制确定为最稳定的国家形式，因为君主不能与自己的意见相左。议会制度则由于其固有的不稳定性而处于劣势。
- 君主需要绝对权力来阻止内战。回到自然状态的风险太大，君主不允许公民享有权利。
- 社会契约是不可撤销的。公民服从专制统治，因为君主统治下的和平比自然状态下的无政府和流血更可取。

专制统治

军事权力   公民意志   宗教权威

5 个人将自主权交付给君主。君主维护和平，强制执行社会契约，并阻止社会回到自然状态。

4 为了维护和平，君主拥有绝对的权力，他使用军事权力和宗教权威这两种武器进行统治，并且统治不能被推翻。

政府与公民

17世纪，约翰·洛克（1632—1704年）提出了另一种"自然状态"和"社会契约"，他认为政府应保障他所认为的天赋人权。

赋自由

与托马斯·霍布斯的自然状态不同，约翰·洛克的自然状态是基于上帝建立的平等。在平等的基础上，没有人比其他人更有权力，人是自由的。但是，"这是自由的状态，而不是放纵的状态"，人们是理性的，无意伤害他人或窃取他人的财产。不像霍布斯的自然状态，洛克的自然状态指向一个和平之地。在那里，人们互相尊重，而尊重财产被视为一个关键原则。显然，这不是一种内战状态。

自然状态下的人们保留着"自然法的执行权"，政府必须尊重这份权利。

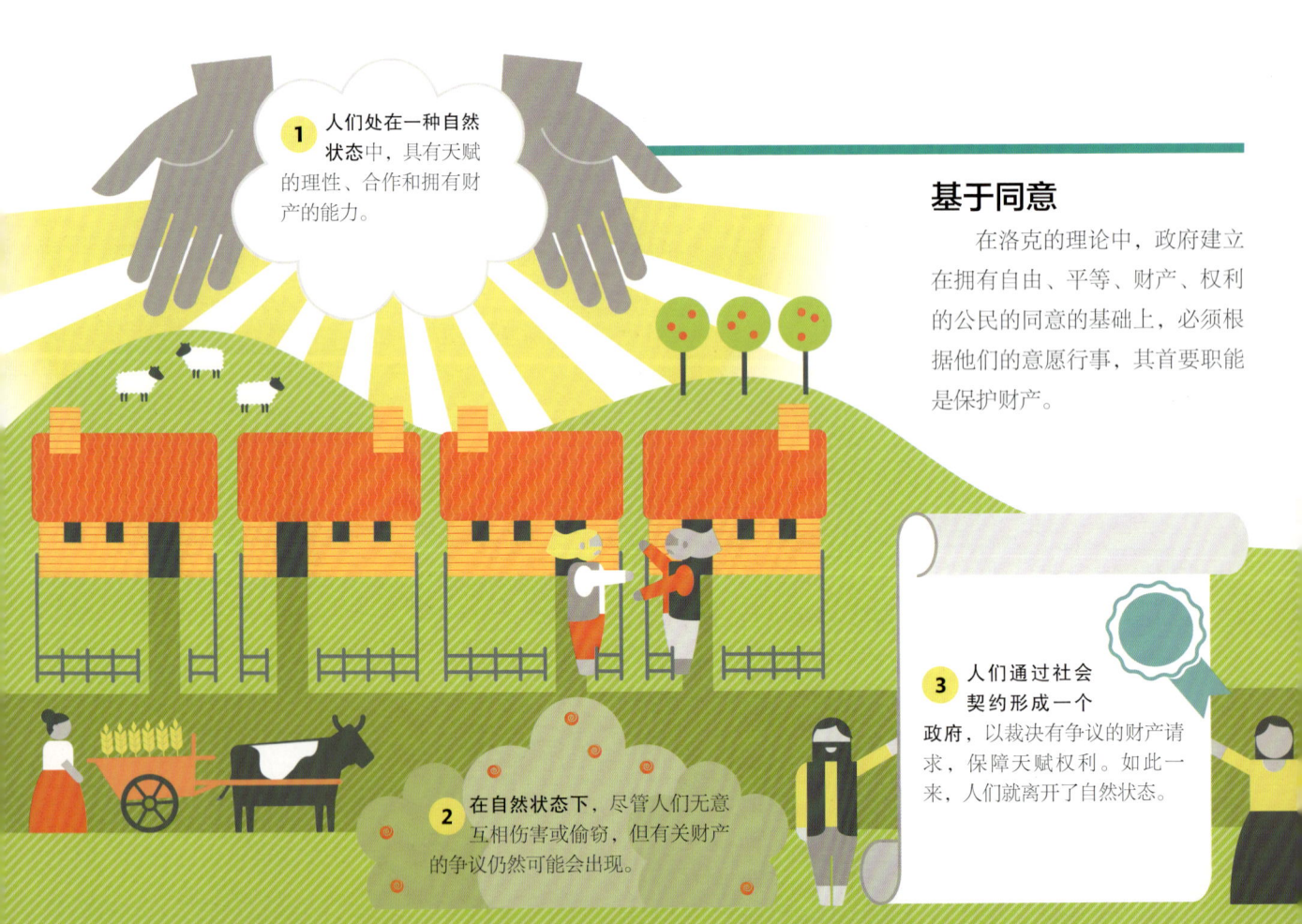

1 人们处在一种自然状态中，具有天赋的理性、合作和拥有财产的能力。

基于同意

在洛克的理论中，政府建立在拥有自由、平等、财产、权利的公民的同意的基础上，必须根据他们的意愿行事，其首要职能是保护财产。

3 人们通过社会契约形成一个政府，以裁决有争议的财产请求，保障天赋权利。如此一来，人们就离开了自然状态。

2 在自然状态下，尽管人们无意互相伤害或偷窃，但有关财产的争议仍然可能会出现。

有限政府

洛克主张一个有限的政府。他声称，公民有义务遵从政府，因为政府是基于他们的同意形成和行动的。人们必须交付的唯一权利是决断自己的法律案件的权力。最重要的是，政府的主要目的是保护财产。关键在于，形成政府的社会契约是可撤销的。洛克说："如果法律终结，暴政开始，这种情况一旦发生，任何当权者都可能被反对。"

洛克的思想影射了1688年的光荣革命，并对100年后托马斯·杰斐逊撰写《独立宣言》产生了巨大的影响。

国家权力的界限

- **所有人都服从法律的统治。** 在一个公民社会中，"没有人……可以免于法律的约束"，即使君主、立法者和政治领袖也不例外。
- **不存在君主的绝对权力或君权神授。** 君主并没有被赋予绝对统治权，其权力是有限的，而不是无限的。
- **不应强迫个人信仰宗教。** 个人具有宗教信仰的自由，宗教不能"用武力传播"。
- **多数人统治。** 国家必须得到大多数人的同意，而人们仍然保留反叛的权利。

> "反抗是人们的权利。"
> ——约翰·洛克
> 《政府论》（1689年）

4 这是一个有限的、文明的政府，它建立在公民的同意和他们不可剥夺的财产、言论、宗教和反抗自由的权利之上。

5 公民的同意是可撤销的。如果政府是不公正的，并回到了自然状态，人们就会撤销自己的同意。

资本主义民主

在《社会契约》中，让-雅克·卢梭（Jean-Jacques Rousseau，1712—1778年）提出了一个问题，那就是什么样的政府能够保障社会的利益（如财产和法律），同时仍允许每个人像以前一样自由。

枷锁中的人类

与霍布斯和洛克一样，卢梭把自己的理论建立在"自然状态"和"社会契约"的观念基础上。他所说的自然状态是人们在其中主要是快乐的、合作的，可以享受自由。然而，在政府的统治下，社会变得越来越不平等，暴力和危险变得非常常见。正如卢梭所写的："人生而自由，却无处不在枷锁之中。"

卢梭的解决方案既有争议，又晦涩难懂。他提出："我们每个人都必须将自身置于普遍意志的最高指引之下，每个成员在其中都是整体不可分割的一部分。"关于这个思想，卢梭没有给出任何界定，只是解释道，这不是代议制民主，因为没有得到每个人同意的法律是无效的。

被迫自由

卢梭声明，在普遍意志下，每个人都将"被迫自由"，"公民同意所有的法律，甚至是那些反对他们的意志的法律。国家全体成员的不变意志就是普遍意志"。为了避免某个特定群体占据主导的危险，卢梭主张不应存在永久性的政治派别。这没有使卢梭成为极权主义者。卢梭的普遍意志观念可能更适合地方议会，而非民族国家。

> "在普遍意志中……每个成员都是整体不可分割的一部分。"
> ——让-雅克·卢梭，《社会契约论》（1762年）

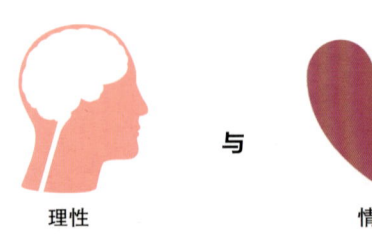

普遍意志

卢梭的普遍意志观念的核心是，公民的意志是比他们自己更大的事物——一个集体性决策过程的一部分，并且与他们所属的共同体紧密相连。

指导原则

理性与情感

卢梭反对启蒙运动所驱动的支配他那个时代的理性主义，他认为理性会破坏人们追求自由和幸福的自然倾向。相反，他认为情感应该处于优先的地位。对共同体的自豪和爱将引导人们参与到普遍意志中。

理性 与 情感

政治哲学
资本主义民主

1. 普遍意志是由所有人联合创造的，并适用于所有人。

2. 普遍意志以法律的形式表现出来。这种法律不是侵扰性的，而是保护个人自由的。

3. 普遍意志对所有人有利，因为它着眼于公共利益，保护每个人的自由和平等。

资本主义民主制度

普遍意志
公民行使权利，投票表决不受政治党派、社会团体或派系的影响。

教育
公民应从小接受教育，培养自身的良好品质，使之更倾向于普遍意志。

资本主义民主体制

直接民主

在直接民主中，每个公民都有权投票表决。它最早大约于公元前5世纪出现在古代的雅典。当时，公民在公共广场上就政策问题进行投票。对卢梭来说，自由意味着对我们直接参与制定的法律的服从。

代议制民主

作为现代最常见的民主体制，代议制民主要求公民选举政治家作为他们的代表。卢梭指责这样做是对公民应单独行使权力的背叛。

如何证明产权正当

在《政府论》的第二卷中,约翰·洛克分析了如何在自然状态下获得财产,以及产权是如何得到证明、保护和传承的。

财产始于自然状态

托马斯·霍布斯认为,财产需要人与人之间的同意,这只能发生在政府的保护之下。洛克不同意,他认为财产是在自然状态下获得的。洛克相信,世界是由上帝赐予所有人的,每个人都有财产,包括他们自身——占有自己的身体、自己的劳动,以及自己的劳动产品。当一个人在土地上劳作,并且"把自己的劳动与土地混合在一起时……他就使土地成为自己的财产"。

只要每个人"留下的足够多,并有利于他人跟随",不占用超过为自己提供所需的土地,生产不超过所需,不浪费供应物,可以得到的财产就没有限制。为了避免浪费,人们可以用剩余的易腐物品(如李子),来交换可以保存的物品(如坚果),而不会违反最初财产获得的公正性。洛克认为以农产品换取金钱没有什么不公平,这一点或许颇有争议。金钱的价值不是以劳动或财产为基础的,它允许财富的积累和不平等。此外,洛克认为,财产请求是通过劳动提出的。这意味着,无主之地可以简单地通过劳动来获得,这似乎可以被视为殖民主义的正当理由。

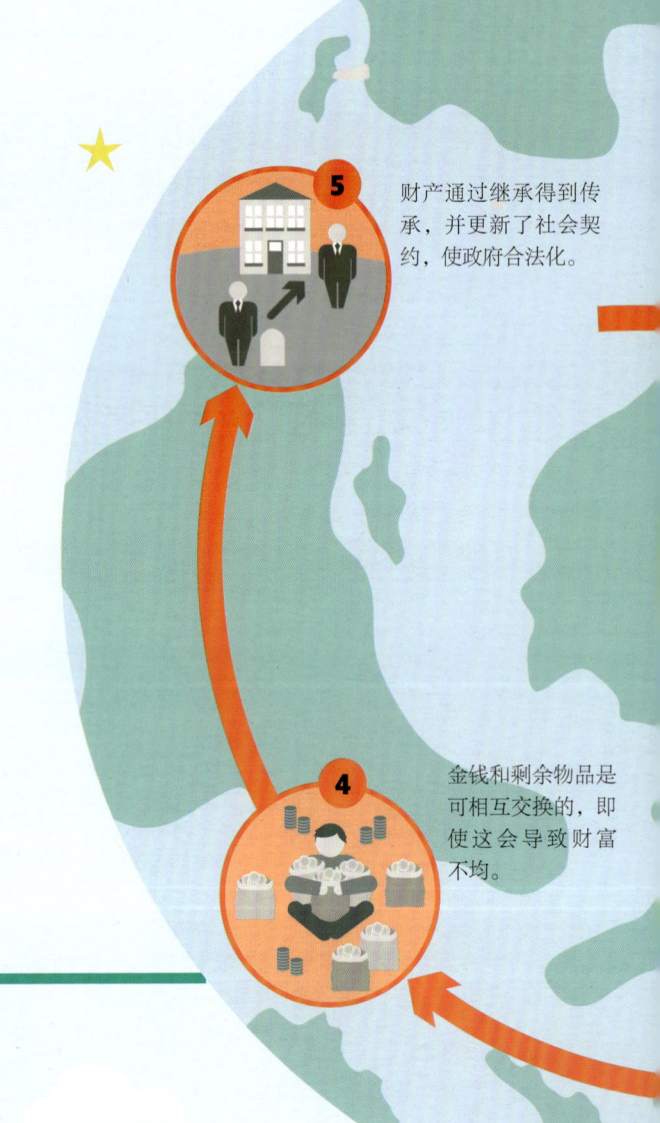

继承带来同意

洛克认为,通过继承财产,人们默许了一个他们没有参与创建的政府,因为他们需要政府来保护他们的产权。如此一来,他们就更新了社会契约,并赋予国家合法性。洛克的论证似乎是阻止定期选举可能会扰乱财产分配的一种尝试。

5 财产通过继承得到传承,并更新了社会契约,使政府合法化。

4 金钱和剩余物品是可相互交换的,即使这会导致财富不均。

政治哲学
如何证明产权正当

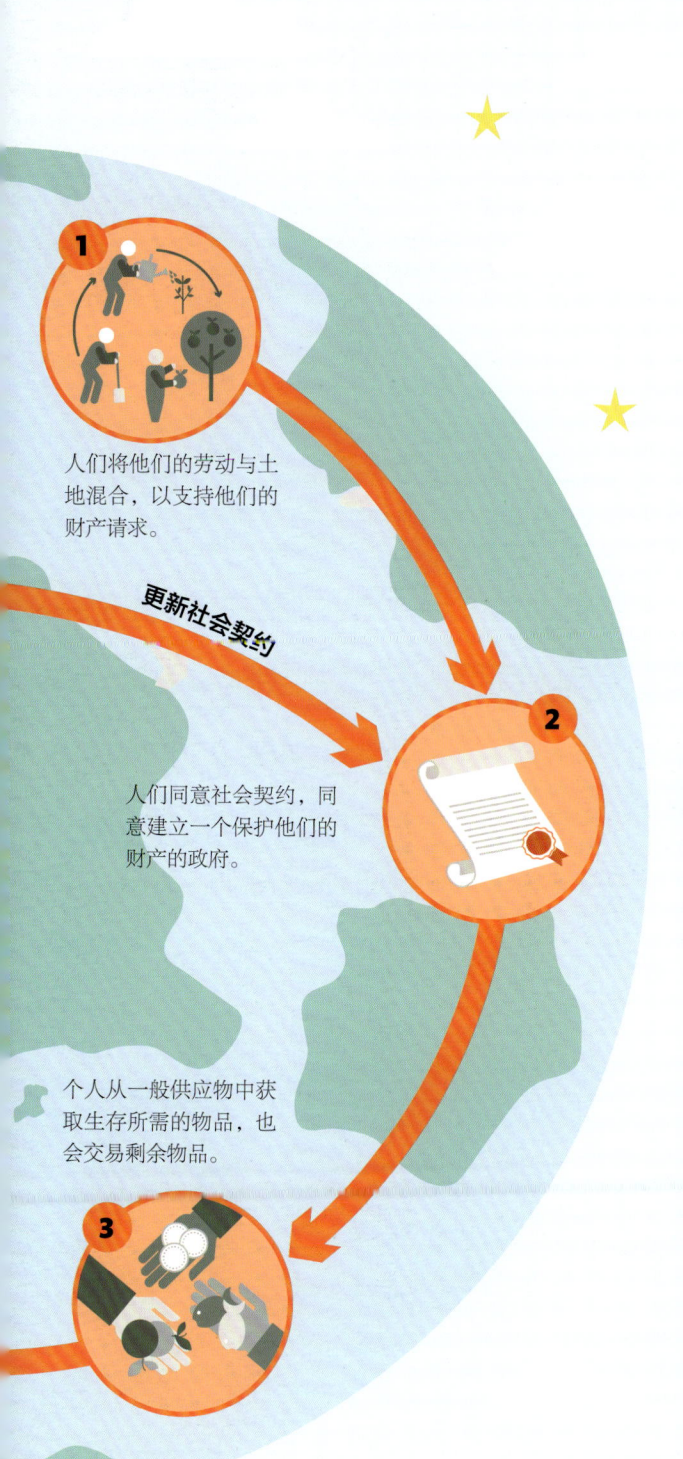

洛克理论的缺陷

洛克对财产正当性的论证在若干方面存在问题。财产请求需要多少劳动力？劳动力本身是如何构成的？洛克并未做出清晰的说明。例如，如果一个宇航员在火星上种植胡萝卜，那么劳动是与整个火星还是仅仅与其中的一部分混合在一起？用栅栏隔开财产就足够了吗？如果有人将自己的番茄汁倒入大海，那么他是否就拥有了整个大海？

我的！

火星

哦……

1 人们将他们的劳动与土地混合，以支持他们的财产请求。

更新社会契约

2 人们同意社会契约，同意建立一个保护他们的财产的政府。

3 个人从一般供应物中获取生存所需的物品，也会交易剩余物品。

功利主义者与财产

功利主义哲学家证明财产和财富的正当性不是通过它们是如何被获得和交换的，而是通过它们的分配是否为最大多数人带来最大的幸福。例如，功利主义者可能会主张征收累进所得税，因为政府可以用税收为公共服务提供资金，而大多数人从公共服务中获得的利益超过了高税率纳税人的财务痛苦。

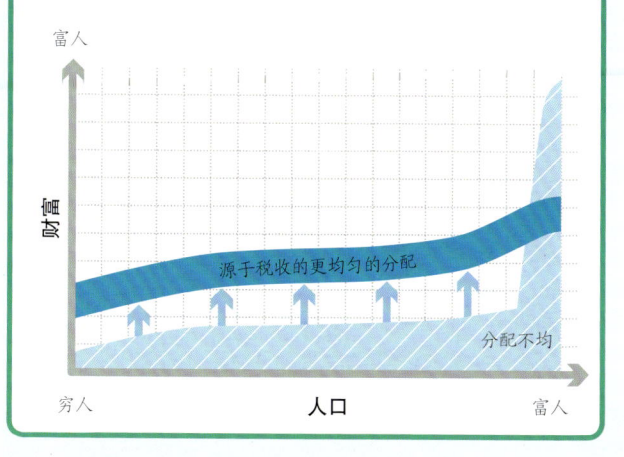

富人

财富

源于税收的更均匀的分配

分配不均

穷人　　人口　　富人

同意与义务

在资本主义民主国家中,政府取决于被统治者的同意。然而,这种同意的来源及其赋予一个国家公民的义务,对政府的性质具有一定的影响。

我们为何服从

托马斯·霍布斯认为,我们服从政府的义务源于我们不愿回到自然状态。这种自然状态如此令人不快,以致任何国家滥用权力的行为都会引起强烈的不满。约翰·洛克提出了另一种观点,认为我们必须服从国家,因为国家是我们通过社会契约而同意创建的。

然而,大多数人都生于一个有着预先存在的契约的社会,因而没有机会去反对它。洛克认为,同意既可以是默许的,也可以是明确的。使用政府提供的服务、继承财产,或在高速公路上自由行驶,可能就等于默许了。

这是一个备受争议的观念。继承财产等行为似乎并不意味着赞同政府。然而,洛克避免了为每一代人重启社会契约的问题。

明确的同意

在罗伯特·诺齐克(Robert Nozick)于1974年出版的著作《无政府、国家和乌托邦》中,同意的问题得到了重新审视。诺齐克引入了一个思想实验,作为对自由放任的社会的支持。在这个思想实验中,当地居民发现了一个广播系统,决定启动公共娱乐服务。每个人都要管理工作站一天。诺齐克问道,居民们在享受了为期几个月的服务后,是否形成了义务呢?

诺齐克的回答是明确的:"当然没有。"他认为,给一个在其创建中没有发言权的人带来利益,并不能产生义务。诺齐克驳斥了洛克关于继承财产、在高速公路上行驶或接受任何其他非自愿的利益都会产生义务的论证。对政府的默许并不能产生服从它的义务,只有明确的同意才能做到这一点。因此,对于自由放任主义者诺齐克来说,默许并没有为哪怕最小的政府提供任何正当性证明。

选举中的同意

在现代人看来,洛克不愿意为每一代人重启社会契约,对此,投票箱是一个很简单的解决工具。在资本主义民主国家中,选举赋予了公民对政府的同意权,并产生个人服从的义务。然而,人们可能认为,在选举中,公民只是在选择政府的组成,而不是同意政府的形式。

通过选举中的投票,公民同意被统治,并重申了社会契约。

"我们不能只……给人们好处并期待以某种义务作为回报。"

——罗伯特·诺齐克

参与和义务

在诺齐克的思想实验中,你所在的街区从社区运作的广播服务中受益。在这件事上,你别无选择,却被期待管理工作站一天,你认为你有义务吗?

政治哲学
同意与义务　210 / 211

1. **社区广播服务** 播放各种各样的节目，每天由社区中不同的人来管理和主持。

公共广播中心

出口　　广播室

2. 一张名字列表按日期被张贴出来，覆盖了一年中的每一天。你的名字出现在了列表中。

3. **在超过138天**的时间里，社区中的人一个接一个地播放音乐、讲故事、提供新闻资讯。你自由地倾听，从邻居们自愿给予的服务中获益。

4. **轮到你的时候**，你享受的默认的服务会迫使你认为有义务照着做吗？

公民享有何种权利

大多数民主国家保障公民享有广泛的自由。维多利亚时代的哲学家约翰·斯图亚特·密尔（1806—1873年）提出了一个简单的原则，来决定国家应该允许哪些权利。

宽容的观点

密尔担心多数人的暴政会压制少数人的观点，拒绝民主地决定权利体系的观念。他支持由"伤害原则"决定的广泛权利。该原则明确主张，只有可能伤害他人或限制他人权利和自由的自由才应加以限制。这一自由主义思想允许言论和宗教自由。

冒犯的权利

在密尔看来，造成冒犯的行为并不构成"伤害"，他期待这个观点是强有力的。然而，这就引发了仇恨言论和种族挑衅行为，以及我们是否有权无端冒犯弱势群体的问题。即使我们没有参与冒犯，我们也经常看到，伤害是真实的。

我们应在多大程度上容忍不能被容忍者，比如那些对终结所有权利不会感到内疚的专制极端主义者，这是一个经典的自由主义悖论。一些人在倡导某种学说的同时会与煽动和引发伤害的观点划清界限，然而在实际情况中，即使这种清晰的区分可能也无法阻止伤害的发生。

伤害原则

在密尔的"观念市场"中，表达任何观点都是受欢迎的，只要它不会造成伤害。如果一个正确的观点被压制，人们就失去了用错误的观点来交换真理的机会。如果一个错误的观点被压制，人们将被剥夺挑战或重申他们认为是正确的观点的机会。然而，有些看似没有害处的自由可能会在无意中对他人造成伤害。

过度自由
"观念市场"本身就是一个有争议的概念。表达错误观点的权利，比如在拥挤的剧院里大喊"着火了"，可能会引发意想不到的后果。

破坏性观念
唯一应当被排除在"观念市场"之外的是那些可能会对他人造成伤害的权利和信念。

自我关涉的行为

伤害原则适用于影响他人的观点和行为，但密尔并没有对只影响自身的关涉自我的行为做出说明。原则上，只影响自身的行为不会对他人造成伤害，它似乎受到伤害原则的保护。然而，即使是私人行为，也有可能对公众造成伤害。例如，既然人们在自己家中定期过量饮酒对他人无害，我们就可以声称，这项权利受到伤害原则的保护。然而，如果大多数人都行使这一权利，那么就可能会对社会产生重大的负面影响，伤害问题便出现了，但我们很难准确地指出这种伤害或潜在的伤害是何时形成的。

言论自由
如果法西斯主义者为自身目的（比如限制自由）使用言论自由，那么会发生什么呢？

选择自由
如果棕色鞋子卖得最多，选择自由是否会损害生产黑色鞋油的生产商？

宗教自由
宗教宽容应包括所有的信仰甚至那些迫害其他信仰的信仰吗？

观念市场

禁止有害观念

"所有的观念都需要被倾听，因为每个观念都包含真理的一个方面。"
——约翰·斯图亚特·密尔，《论自由》（1859年）

自由的类型

20世纪，哲学家和政治家重新界定了传统的自由观，强调自由既有积极的意义，也有消极的意义。

界定自由

关于自由的现代思考已经超越了密尔对自由的定义，即自由仅仅是个人束缚的缺乏。20世纪，一些政治家，如美国的富兰克林·罗斯福（Franklin Roosevelt）、英国的威廉·贝弗里奇（William Beveridge）及俄裔英国哲学家以赛亚·柏林（Isaiah Berlin），都指出这一观点存在各种各样的问题。在文章《两种自由概念》中，柏林认为，如果贯彻其逻辑结论，自由作为束缚的缺乏（例如人们可以自由行动、发言和加入社团，而没有来自当局的胁迫）可以很容易变成不自由。正如他所写的："人类在很大程度上是相互依赖的，没有什么活动是完全私人的且不妨碍他人的生活。"换言之，一个人的自由可能会导致另一个人的贫困，或者如柏林所说："梭鱼换来自由的代价是鲦鱼的死亡。"例如，言论自由可能会导致仇恨言论，也可能会导致少数族裔的被妖魔化。

柏林的观点是，"自由"是一个复杂的概念，在政治讨论中，它经常会导致混乱。为了有助于问题的解决，他区分了"积极自由"（自由生

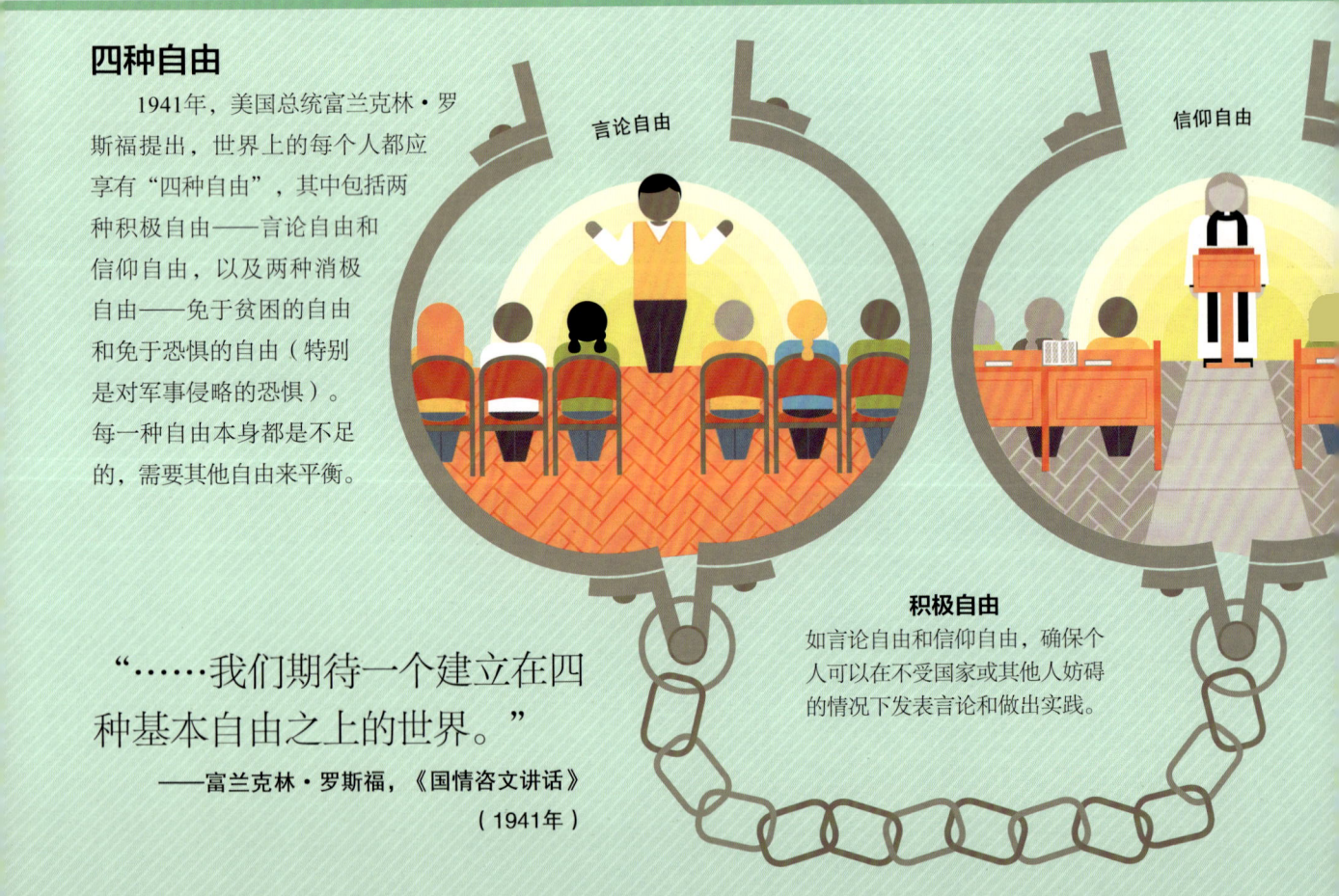

四种自由

1941年，美国总统富兰克林·罗斯福提出，世界上的每个人都应享有"四种自由"，其中包括两种积极自由——言论自由和信仰自由，以及两种消极自由——免于贫困的自由和免于恐惧的自由（特别是对军事侵略的恐惧）。每一种自由本身都是不足的，需要其他自由来平衡。

言论自由

信仰自由

积极自由
如言论自由和信仰自由，确保个人可以在不受国家或其他人妨碍的情况下发表言论和做出实践。

"……我们期待一个建立在四种基本自由之上的世界。"
——富兰克林·罗斯福，《国情咨文讲话》（1941年）

活）和"消极自由"（免于束缚）。他认为，在自由的两个方面都得到满足的社会，妥协必然会发生。

自由主义的局限

自此之后，哲学家们继续争论道，尽管消极自由可能是自由的必要条件，但它不足以保证自由。例如，言论自由对饥饿的人来说似乎毫无价值。正如美国参议员亨利·卡博特·洛奇（Henry Cabot Lodge）曾经写道："一个饥饿的人对三明治要比对自由更感兴趣。"因此，哲学家平衡了免于束缚的自由与其他类型的自由，例如摆脱肮脏、匮乏和疾病的自由，而这样的自由实际上是某种对社会的诉求（获取食物、避难所等）。

对此，政府可以通过提高税收来强制人们获得自由的权利，有些人可能认为这是对自由的侵犯。伊努曼尔·康德将这种干预描述为"可想象的最大的专制主义"，这在现代人听起来可能会觉得夸大其词。

✓ 知识点

▶ **积极自由**是在没有社会和经济动荡的环境中自由生活的自由，特别是免于来自国家和其他个人的胁迫的自由。

▶ **消极自由**是免于束缚的自由，特别是免于贫困的自由。

▶ **富兰克林·罗斯福**提出他的"四种自由"的观点。仅一个月后便发生了日本海军航空兵轰炸珍珠港事件，这一事件突出了免于恐惧的权利的必要性。

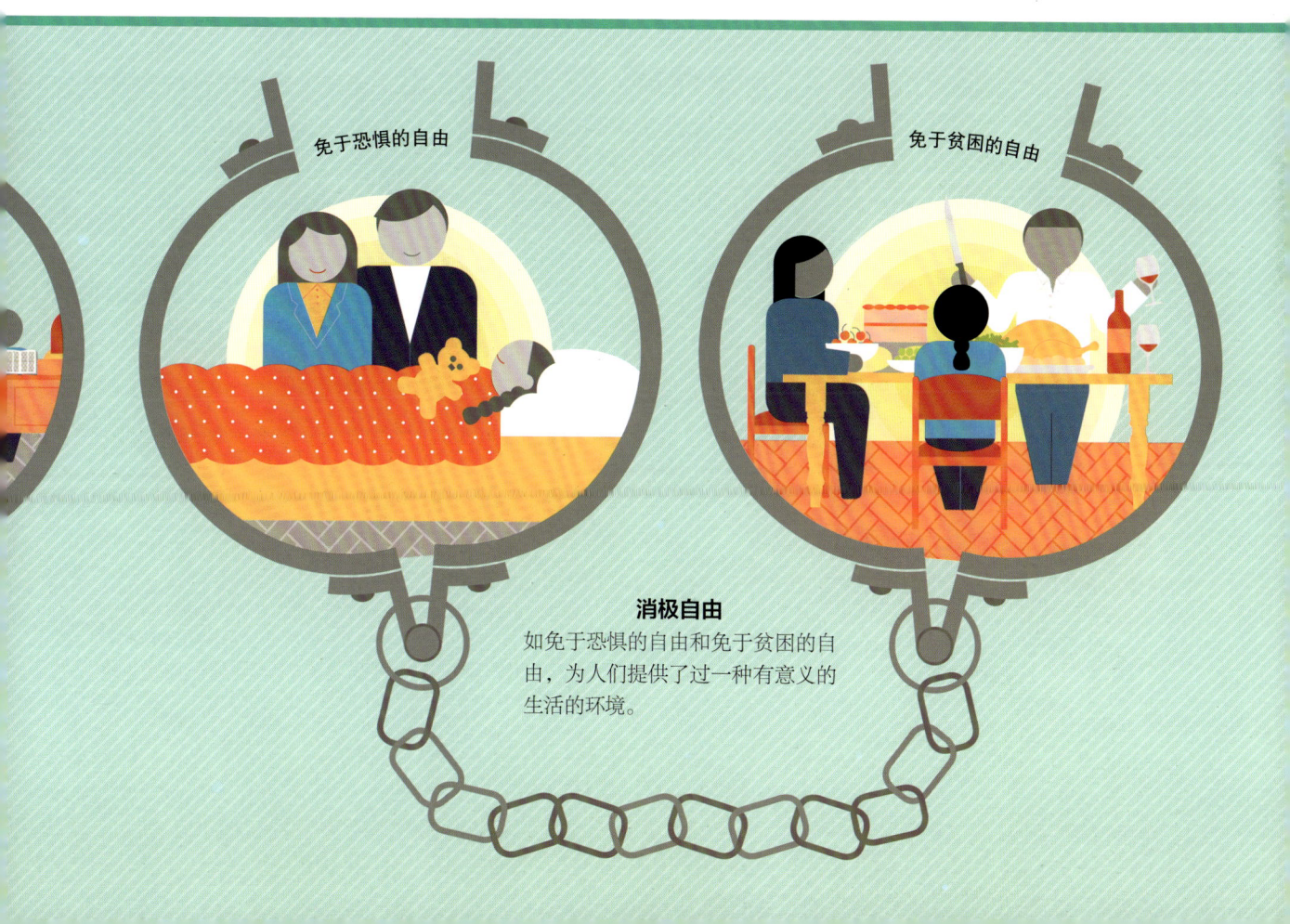

免于恐惧的自由

免于贫困的自由

消极自由
如免于恐惧的自由和免于贫困的自由，为人们提供了过一种有意义的生活的环境。

权利是否应受到限制

一些哲学家认为，个人的权利，甚至是少数族群的权利，在与整个社会的安全和稳定发生冲突时，应该受到限制。

广泛的权利

如今，许多国家都保障了完全的选举权、防止歧视的权利、言论自由的权利、生育权、成立工会等团体的权利、确保法律案件得到公正处理的权利，以及对弱势群体进行法律保护的权利等。然而，是否有理由限制这些权利呢？本杰明·富兰克林写道："那些放弃自由去换取一丁点儿安全感的人，既不值得享有自由，也不值

自由的程度

实际上，大多数人会拒绝严格限制权利（威权主义）和几乎不限制权利（自由放任主义或无政府主义）两个极端。在现实世界中，对自由的限制只能在大多数人的利益中被证明是正当的，但是这些利益的具体情况却存在争议。例如，许多国家通过颁布禁止发表仇恨言论的法律来限制言论自由的权利，但对某些人的冒犯可能会被其他人视为无害。国家安全的需要，特别是当许多国家面临真正的恐怖主义威胁时，也可能会凌驾于言论、隐私和抗议的权利之上。大规模的移民使大多数发达国家变得越来越文化多元化，这意味着宗教自由和文化实践的权利也需要被谨慎处理。自由文化主义者建议对其采取包容和宽容的态度，而怀旧的社群主义者则认为少数族群应该遵守他们所生活的社会的主流文化规范。

极端

受限的自由

1 微不足道的个人权利
威权主义的政府的首要任务是保护国家和维持秩序。他们倾向于对公民的权利进行严格限制，以维护政权，保护自己免受批评或挑战。

2 为了国家利益
许多国家以国家利益为由来证明限制个人权利是正当的。例如，某些国家可能会通过扩大监管的权力来否定隐私权，或者通过在审讯中使用酷刑而忽视人权。

得享有安全感。"但是，一些哲学家认为，为了应对某些全球威胁，如恐怖主义，人们应该为了更广泛的共同体牺牲自己的某些权利。

合理的限制

托马斯·霍布斯认为，为了享有国家的利益，公民必须放弃他们的权利。他认为，限制个人权利是推行秩序的唯一途径，不这样做就将在他所称的"自然状态"中发生内战。

威胁公共安全的个人权利的一个经典哲学例证是，如果有人行使言论自由的权利而在拥挤的剧院里大喊"着火了"，可能会产生意想不到的后果。

> ✓ **知识点**
>
> ▶ **自由文化主义者**倡导保护少数人的身份和需要。
>
> ▶ **社群主义者**强调共同体在定义和塑造道德概念中的地位。
>
> ▶ **自由主义者**支持建立更小的国家和更大的个人自由。
>
> ▶ **无政府主义者**认为人们应该不受政府约束地生活。

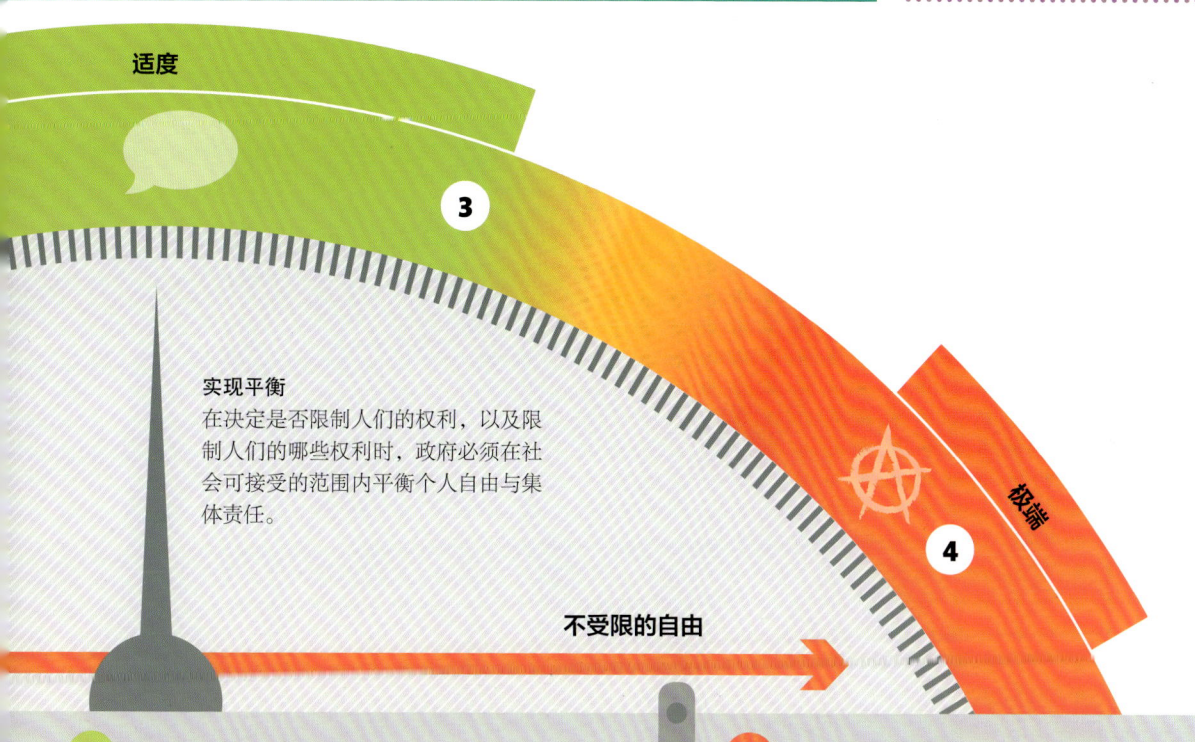

适度

实现平衡
在决定是否限制人们的权利，以及限制人们的哪些权利时，政府必须在社会可接受的范围内平衡个人自由与集体责任。

极端

不受限的自由

3　保护少数人的权利
社会变迁使得社会越来越多样化。社群主义者认为，权利应该在大体上与多数人的价值观和规范保持一致，而自由文化主义者则旨在保护少数人的权利。

4　废除对权利的限制
自由主义者认为，人们有足够的理性进行自治，国家权力应该尽可能地受到限制。无政府主义者认为，不应限制人权，任何人都无权支配他人。

我们如何应对变革

政治哲学探讨如何改善社会，以及如何推动变革。针对自上而下的稳定改革和自下而上的革命，埃德蒙·伯克（Edmund Burke）和其他政治哲学家提出了不同的观点。

保存还是推翻

伯克（1729—1797年）在其对保守主义的经典辩护《法国大革命的反思》（1790年）中写道："一个没有变革方式的国家就没有保守方式。"伯克相信，制度和对传统的尊重将社会联结起来。他认为，变革是由精英推动的，是缓慢稳定的，并且符合整个社会的最大利益。

激进变革的支持者认为，制度服务于精神，他们不太可能容许侵蚀其地位的变革。实现变革的唯一途径是大规模的革命。

自上而下的稳定改革

伯克推崇世袭统治，例如英国的王权、贵族和世袭特权制度，因为它结合了保守原则与改进和改革的可能性。在他看来，一个社会的稳定是由对制度的尊重来保证的，而制度是由其在过去的持久性和社会贡献证明的。一个民族"不会期待永不回望祖先的后代"。颠覆国家是不可能带来改革的；任何改革都必须是渐进的，并经过行之有效的考验。用伯克的话说，"这种变革模式可能需要很多年……小心谨慎是智慧的一部分"。

保守的变革观

- **社会**可以被理解为活着的人、他们的祖先和那些尚未出生的人之间的契约。
- **社会黏合剂**是对既定的宪法、程序或制度的"眷恋"或"喜爱"。
- **国家改革**应渐进而缓慢地进行，而不应破坏其现有的结构和传统。
- **特权精英**是改革的代理人，负责监督改革工作，如国家资助的有益于整个社会的教育和民主改革。

实践中的意识形态

保守的缺点

伯克的模式允许一个经过深思熟虑的变革速度，但取决于精英对变革必要性的认识和推动。然而，当这些变化可能影响精英的利益时，结果往往是变革停滞不前。

左翼思想家认为，国家不是仁慈变革的源泉，而是维护精英利益的机制。在现实中，我们很难看到能为伯克的观点辩护的事实。而且，伯克几乎没有提供实际的例子来说明保守的变革是如何做到的。

革命的缺陷

革命的变革方式可能会导致社会大规模解体，这是伯克能预见到的风险——我们无法预测社会之锚被切断后会发生什么，也无法对其进行控制。

例如，法国大革命的民众起义以拿破仑·波拿巴的统治结束。法国大革命最终迎来了专制政权，而这种结果并不是大多数革命者所希望的。

自下而上的革命

一些政治哲学家呼吁一种更激进的变革形式，即通过自下而上的革命来推翻旧秩序，建立新的社会形式。他们声称，历史是阶级冲突的循环往复。

革命的变革观

- **人类历史** 最典型的特征是阶级斗争的持续进行，历史由各个阶级之间的不平等驱动着。
- **这个循环的改变** 将通过革命来实现。人们将推翻旧秩序，建立一种新的社会形式。
- **人们通过革命站在新的社会秩序的最前线。**

劳动是人类生存的自然条件

卡尔·马克思指出："劳动并不是它所生产的使用价值即物质财富的唯一源泉。"

马克思的劳动二重性理论

商品作为使用价值和价值的统一体，可以由生产商品的劳动二重性来说明。生产商品的同一劳动可以从具体形态和抽象形态两个方面进行考察，区分为具体劳动和抽象劳动。具体劳动是人类社会生存和发展的永恒条件，它是劳动的自然属性。抽象劳动则体现劳动的社会属性。具体劳动和抽象劳动是对立统一的。

马克思在这里第一次确定了什么样的劳动形成价值，为什么形成价值及怎样形成价值，阐明了具体劳动和抽象劳动在商品价值形成中的不同作用，在此基础上揭示了剩余价值的真正来源，创立了剩余价值理论。

劳动力变成商品

劳动力作为买卖对象，变成商品，必须具备两个基本条件：第一，劳动力的所有者必须有人身自由；第二，劳动力所有者必须既没有生产资料，又没有生活资料，他除了把自己的劳动力当作商品出卖，就别无他法。

剩余价值理论

剩余价值理论是马克思主义政治经济学的基石,剩余价值规律是资本主义的绝对规律。劳动力成为商品是货币转化为资本的前提,工资的本质是劳动力价值或价格。资本主义生产是劳动过程和剩余价值生产过程的统一,其目的是最大限度地追求剩余价值。

"同任何其他商品的价值一样,劳动力的价值也是由生产从而再生产这种特殊物品所必需的劳动时间决定的。"

——卡尔·马克思

"和其他商品不同,劳动力的价值规定包含着一个历史的和道德的因素。"

——卡尔·马克思

做出更客观的政治决策

大多数人会从他们自己主观的视角来处理政治问题，比如给谁投票，或者支持什么政策。然而，一些哲学家提出了更为客观的回答政治问题的方法。

客观性声称

人们经常根据他们处于什么样的立场来判断政治观念，人们会问"这对我有好处吗"，而不会问"这个政党或政策对每个人都有好处吗"。弱势群体可能希望改变政治制度，但具有决定性的政治权力的特权群体则不太可能欢迎变革。

功利主义声称其核心原则"最大多数人的最大幸福"具有客观性，认为一个政策应令大多数人满意，即便该政策没有惠及的人也可以对此表示放心。

约翰·罗尔斯（1921—2002年）提出了客观性的另一种形式。他要求我们想象自己处于一种"原初状态"，也就是处于一种在社会出现之前的假想状态，那时还没有财富和财产的分配。在这个"无知之幕"的背后，我们无法知道我们在社会或经济等级中的实际地位，我们也不知道我们的自然资产（我们与他人相比的能力和优势），以及我们的性别和种族。罗尔斯问道：在这个"幕布"的后面，我们会为我们的社会选择什么样的正义原则，以及我们会赞成什么样的财富分配呢？他建议我们根据两个原则，即自由原则和差别原则来做出决策。

最大化最小值

罗尔斯认为，我们应"最大化最小值"，以确保社会上最不富裕的人不会处境不利。这恰恰是因为，一旦我们揭开"幕布"，我们可能会发现自己就在这个群体中。罗尔斯认为，这将带来更公平的财富和资源分配。罗尔斯的论证是为分配的正义辩护。他的思想实验诉诸我们主观的正义观之外的事物。他试图达成大多数人都会认同的理想，并为个人的政治决策提供合理的哲学基础。

> "如果一些人对自由的丧失可以让其他人过得更好，就将其视为正当的，这并非正义的范畴。"
> ——约翰·罗尔斯，《正义论》（1971年）

分享自由和财富

在罗尔斯的"原初状态"中，"无知之幕"令人们无法知道他们相对他人拥有的财富、社会地位和自然资产。罗尔斯相信，在这种情况下，个人的行为符合社会上所有人的利益，个人会选择能够确保自由和财富公平分配的正义原则。

政治哲学
做出更客观的政治决策

1. 我想要自由。

2. 我应该使我过上好生活的概率最大化。

3. 我不知道我在社会等级制度中的地位。

4. 我必须尽一切努力脱离经济秩序的底层。

5. 我不知道在一个不平等的社会中我将面临什么，所以我应该尽可能使社会平等。

罗尔斯的正义原则

罗尔斯认为，在一个假想的"原初状态"中，我们最有可能使用两个原则来创造公正的社会和经济条件，即自由原则和差别原则。

自由原则

自由原则倡导针对广泛的基本自由体系的平等权利。

▶ **良心自由** 我们可以如我们选择的那样坚持自己的信仰和观点。

▶ **结社自由** 我们可以自由地与他人公开或私下聚集。

▶ **言论自由** 我们可以自由地发表意见，无须害怕被指责。

▶ **个人财产** 我们可以拥有私人财产。

▶ **民主** 我们可以自由行使投票权。

差别原则

差别原则只允许在一定条件下存在社会或经济不平等。

▶ **不平等应造福于最穷困的人**，财富和机会的不平衡应积极地影响那些拥有较少的人。

▶ **任何人都可以增长他们的财富**，而不管其社会地位如何，因为财富与对所有人开放的权力地位相关联。

视角主义与政治

19世纪80年代

一些哲学家认为，视角主义，即客观真理不存在的观点，可以帮助我们达成共识。对于其他人来说，视角主义可能会使我们忽视专家意见。

主观真理

弗里德里希·尼采是第一个提出视角主义哲学的人。他认为不存在客观真理，只有同等有效的主观解释。这一观点在20世纪后半叶得到了复兴，当时，包括让·弗朗索瓦·利奥塔（Jean-François Lyotard，1924—1998年）在内的几位哲学家都得出了与尼采相似的结论。在《后现代状况》中，利奥塔怀疑他所称的"宏大叙事"。这种"宏大叙事"试图进行广泛的笼统叙事，声称提供了一个关于历史或文明的唯一真理。他说，这些"宏大叙事"声称在它们的中心有一个真理（大写字母T），这是我们应该摒弃的。相反，他认为我们应该用小的叙事视角来看待世界，每个叙事要围绕着特定的背景，而且应同等有效。

在《偶然性、反讽和团结》中，理查德·罗蒂（1931—2007年）指出，我们应该"照看好自由，而真理会照看好它自己"。他认为，主观真理的广泛共识比唯一预先定义的客观真理要好得多。在罗蒂看来，达成这个共识使我们在做政治选择时能够具有更广泛的、更有教养的参与性。

尼采
不存在所谓的客观真理，只有主观的、个人的视角。

客观真理死了

尼采的视角主义是对诸如解放和进步的宗教和启蒙运动思想的反对。在尼采看来，这些思想要求每个人都有相同的道德标准，却不考虑人们的个人视角。利奥塔也反对启蒙运动的思想、科学和宗教，他将这些视为过时的、压迫性的"宏大叙事"。罗蒂驳斥了绝对客观真理的观念，认为我们应该互相倾听，并且拥抱真理，以不同的方式表达这一观念。

科学

自由主义

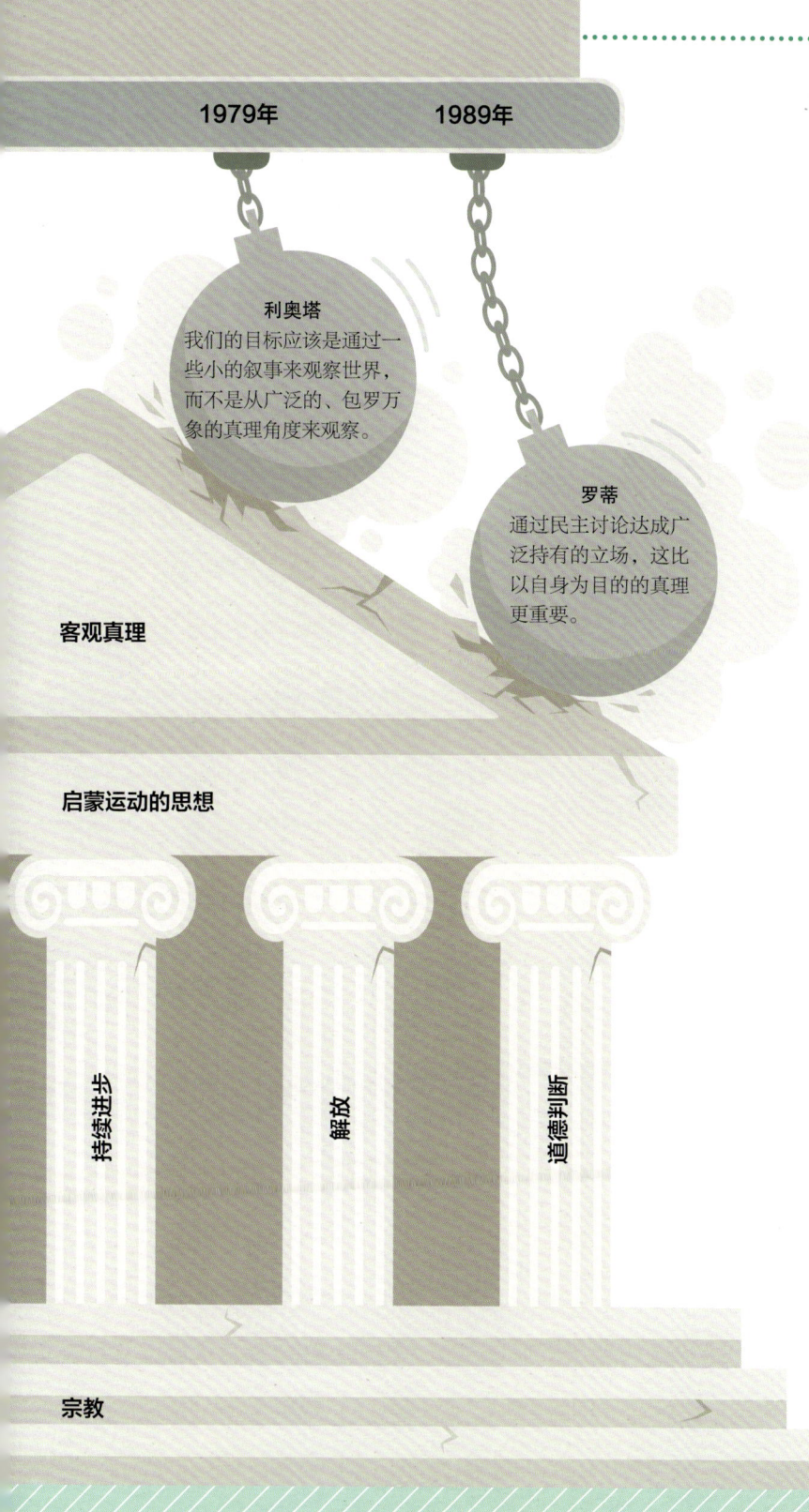

政治哲学
视角主义与政治 **224 / 225**

1979年 — **利奥塔**
我们的目标应该是通过一些小的叙事来观察世界，而不是从广泛的、包罗万象的真理角度来观察。

1989年 — **罗蒂**
通过民主讨论达成广泛持有的立场，这比以自身为目的的真理更重要。

客观真理

启蒙运动的思想

持续进步　解放　道德判断

宗教

视角主义的危险

许多人认为，罗蒂相信个人会尊重他人的意见，并对主观真理达成共识，这种看法过于乐观。实际上，视角主义对政治具有危险的影响。在缺乏客观真理的情况下，个人会失去做出良好的历史和政治判断的能力。如果没有客观的参考点，个人可以选择适合自己的信息，并相信自己的事件解释，使自己的观点变得更加根深蒂固。这使他们不太可能听取专家的意见，或将自己的观点显露在他人的挑战之下。因此，他们可能会基于不充分的信息或民粹主义诉求来使解决方案简单化，从而做出糟糕的政治选择。

视角主义也可能会摧毁政治哲学本身。如果没有客观的真理，就没有渴望实现的理想标准。此外，视角主义是哲学的自我挫败，它声称所有的观点都是同等有效的，但视角主义本身只是一个观点，它不能断言自己比其他观点更有效。

"没有事实，只有解释。"

——弗里德里希·尼采

正义战争

几个世纪以来，政治哲学家一直在争论，战争是否可以在道德或宗教的基础上被证明是正当的，以及战争期间是否存在有关道德的战斗或行为方式。

战争与道德

战争能够被正当化吗？如何做到这一点？战争应如何进行？正义战争理论试图解决这三个关于战争的基本问题，它主要源于基督教神学家的思想，如奥古斯丁和托马斯·阿奎那的思想。这些基督教神学家质疑，战争和流血是否能与道德和基督教信仰相一致。

阿奎那认为，战争行为应该是最终的手段，毕竟解决国家间争端的和平方式已经用完了。战争行为应该有正当的理由。最终，正义的战争应该获胜，因为导致痛苦和死亡的战争是错误的。

除了这些判断战争是否正当及如何正当的标准，阿奎那还为战争应如何进行提供了一系列原则，例如战争造成的伤害不应超过任何潜在的利益，战斗人员和平民应有所区分，战争的输家不应受到羞辱。

这些原则提供了一套标准，政治掌权者或战斗人员可以根据这些标准判断他们是否有权宣布战争或参与战争，评论家或历史学家也可以对战争

> "我们不会为了战争去寻求和平，而是为了和平而战。"
> ——奥古斯丁

和平主义与现实主义

某些版本的和平主义和现实主义比其他版本的更为极端。最极端的和平主义者认为，战争在道德上始终是错误的；最极端的现实主义者认为，我们永远无法做出关于战争的道德判断。然而，温和的和平主义者认为自卫战争是正当的，温和的现实主义者能够广泛地接受正义战争理论。

有限的参与 许多和平主义者认为，如果可能的话，对侵略的回应必须是有限的和非暴力的。

完全非暴力 大多数和平主义者认为，所有的战争都是暴力的，因此战争永远无法被正当化。

和平主义

政治哲学
正义战争 226 / 227

是否正确进行回顾性的判断。

现代的战争观

在过去的几个世纪中，正义战争理论面临着和平主义和现实主义两种对立哲学的挑战。和平主义者反对在任何地方可能发生的战争，最极端的和平主义者认为战争是永远无法被正当化的。现实主义者认为，道德在冲突的判断中没有地位，应该根据国家利益来判断战争。

正义战争原则的应用

- **《日内瓦公约》** 它规定了有关战争行为的国际规则，包括战俘权利和保护平民。
- **《联合国宪章》** 它规定了各成员国只能把战争当作自卫手段来保障国际安全。
- **战争罪** 它由国际刑事法院处理，并根据正义战争原则做出判决。

自卫
一些和平主义者认为，自卫战争是必要的和可接受的。

根据需要放弃原则
一些现实主义者接受正义战争原则，但在某些条件下会放弃这些原则。

冲突加剧
许多现实主义者认为，如果冲突加剧，甚至平民在赢得战争和最终统救更多生命的事业中都是可以被牺牲的。

战争无法用道德来评判
对于一些现实主义者来说，如果战争是最实际的选择，抽象的道德原则不应阻止人们走向战争。

现实主义

女性与父权制

所有的女性主义者都认为，女性应该享有与男性相同的权利，但许多人仍在争论当男性掌握大部分权力时实现这一点的最佳途径是什么。

父权制问题

父权制是一种社会制度。在这种制度中，男性比女性更有权力，女性需要努力才能获得与男性相同的就业和政治权利。这在工作场所和家庭中都很普遍，女性一直被期待对家庭琐事和照顾孩子负有主要责任。

女性主义者能做什么

玛丽·渥斯顿克雷福特（Mary Wollstonecraft）的《女性的辩护》（1792年）是第一批女性主义作品之一。她在其中提到，这个社会是父权制的。她认为，对女性的再教育是创造一个更公平、更平等的社会的一种途径。

哲学家、自由派政治家约翰·斯图亚特·密尔支持女性享有平等权利。他认为，男性和女性都需要接受再教育来质疑父权制。

解决方案

如右图所示，上述问题的主要解决途径是教育，如女性再教育、男性再教育和公共教育。

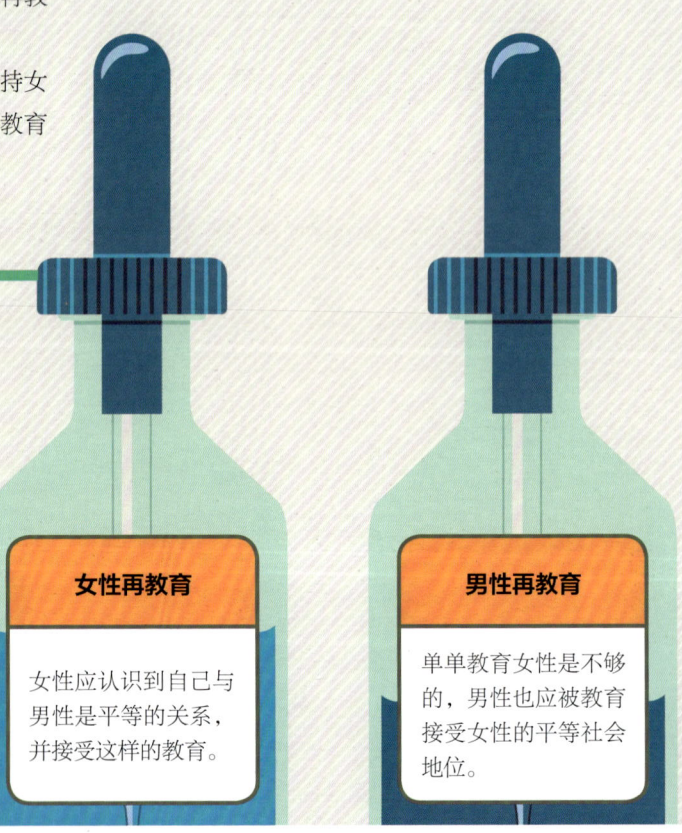

女性再教育

女性应认识到自己与男性是平等的关系，并接受这样的教育。

男性再教育

单单教育女性是不够的，男性也应被教育接受女性的平等社会地位。

解决方案

方方面面的父权制

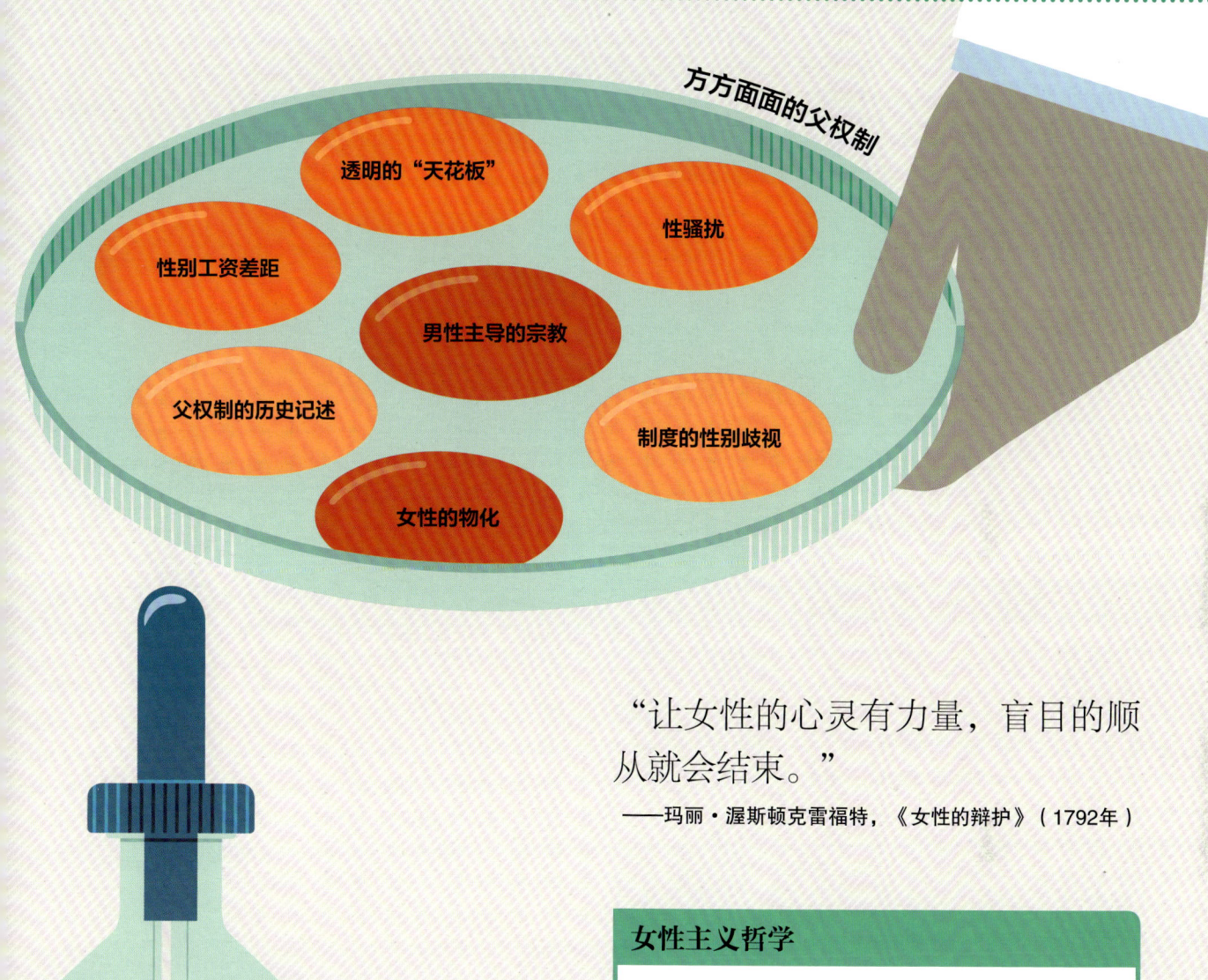

- 透明的"天花板"
- 性骚扰
- 性别工资差距
- 男性主导的宗教
- 父权制的历史记述
- 制度的性别歧视
- 女性的物化

公共教育

整个社会都应接受男女平等的教育。

"让女性的心灵有力量，盲目的顺从就会结束。"

——玛丽·渥斯顿克雷福特，《女性的辩护》（1792年）

女性主义哲学

在20世纪60年代和70年代的妇女运动兴起之前，哲学本身是父权制的，绝大多数哲学思想都是由男性提出的。女性主义哲学提出了三个主要问题：

▶ **性别角色** 性别在传统哲学问题和概念的形成中扮演了什么角色？

▶ **偏见** 传统哲学如何反映和强化对女性的偏见？

▶ **平等** 捍卫假定男女平等的哲学概念和理论的最佳方式是什么？

7 逻辑学

哲学家提出论证来捍卫他们的观点。然而,他们也对论证本身的性质具有自己的看法。这就是逻辑学的领域。逻辑学会询问:是什么使一个好的论证具有说服力?

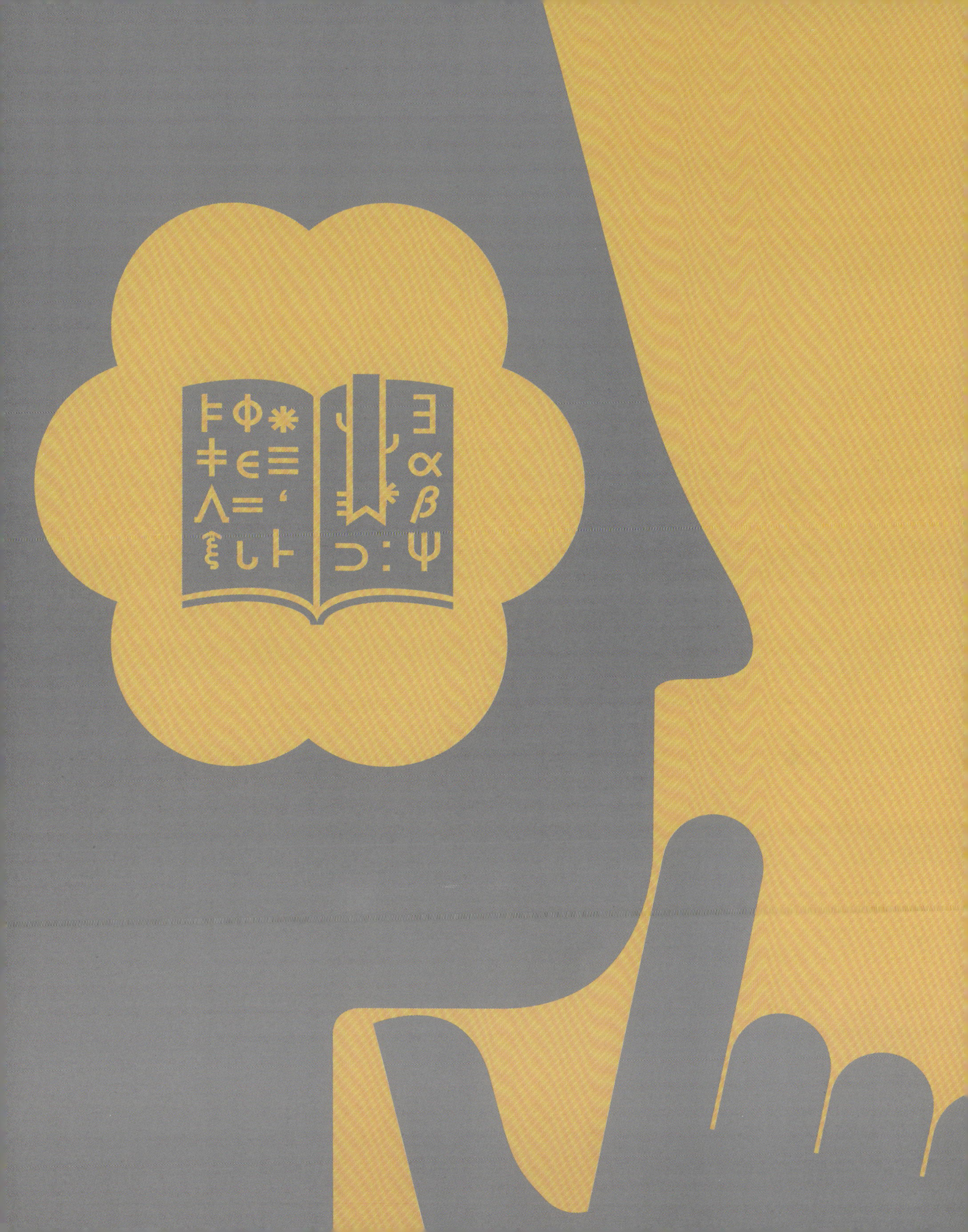

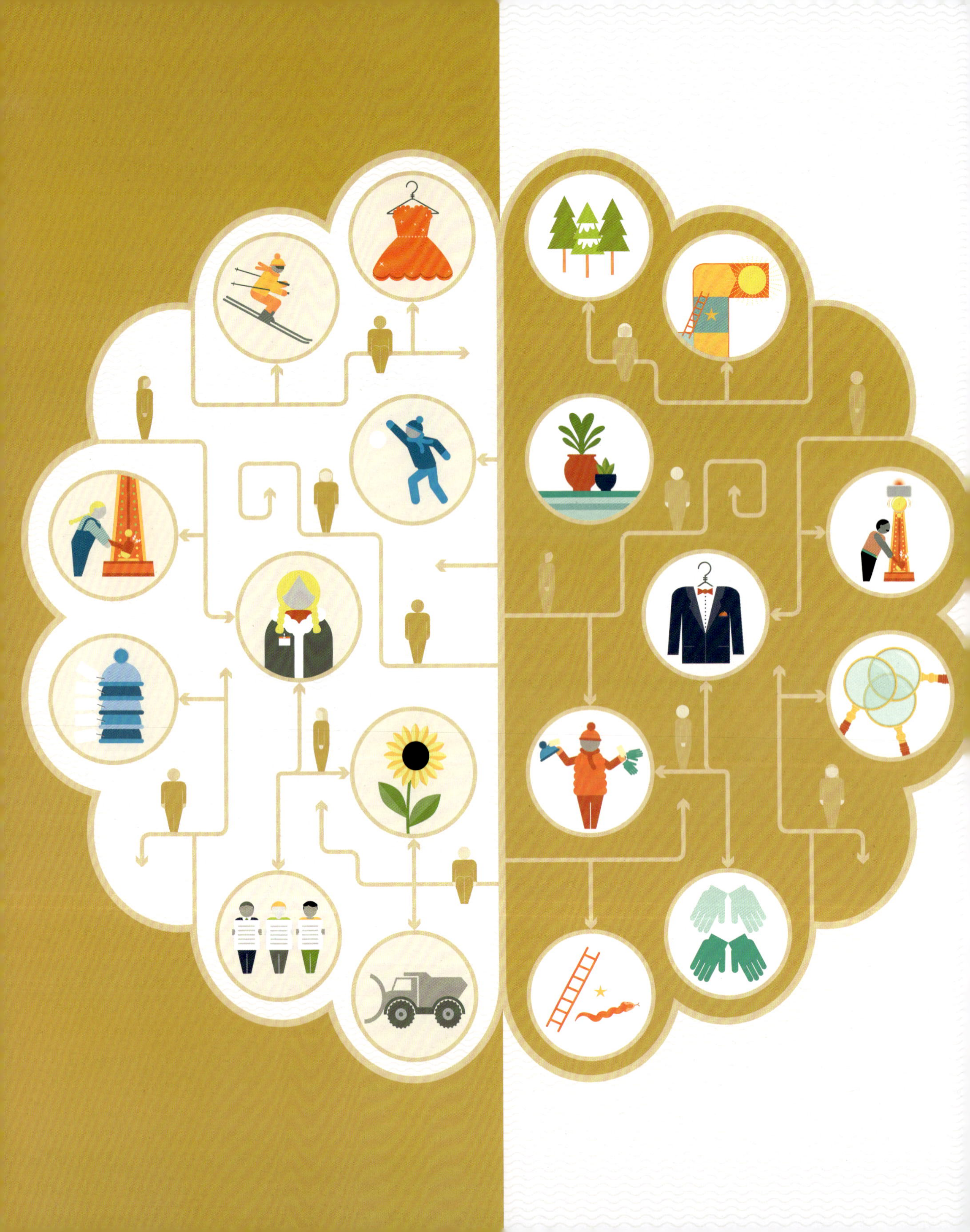

引言

亚里士多德认为,人类是唯一的理性动物。虽然一些哲学家不同意这一点,但是,人类的理性肯定与其他动物的理性不同。人类的理性把我们带上了月球,帮助我们了解地球的运转,并使我们能够创建一个合作大于竞争的社会。

就较小的范围来说,理性使个人能够制订计划,从而实现目标。无论我们的目标是什么,我们都需要决定如何最大限度地实现它们。推理有两种形式:决定真理的理论推理和决定成功的实践推理。坏的理论推理往往会导致错误,坏的实践推理往往会导致失败。亚里士多德试图用一种区分好推理与坏推理的方式来描述推理。这就是逻辑学,它的主题是论证,即如何从真实前提中推出真实结论。

论证分为两大类:演绎论证和归纳论证。演绎论证指从一般前提推出关于特定事态的特殊结论。例如,"所有的狗都是棕色的,菲多是一只狗,所以菲多是棕色的"这一论证根据关于狗的性质的一般前提得出了关于菲多的特殊结论。这是一个"三段论"的例子。亚里士多德发现了这种论证,它的形式为"一切A都是X,B是一个A,所以B是X"。在这里,关于菲多的结论是有效的,而不管事实上是否所有的狗都是棕色的。归纳论证指从特殊的事态中得出一般的结论。例如,"我看到的天鹅都是白色的,所以所有的天鹅都是白色的"。在这里,结论是无效的,因为它不过是基于前提的推测而已。然而,归纳论证是科学的方法,是理论建构和修正的方法。

亚里士多德专注于演绎论证,他的三段论在两千多年后仍在使用。19世纪,德国数学家戈特罗布·弗雷格将逻辑学带入现代。他创造了一种形式符号系统,可以翻译用日常语言表述的句子,从而揭示其内在的逻辑结构。

这种形式逻辑的有效性存在局限。并不是所有的演绎论证都能被证明是确凿无疑的,归纳论证的过程则在逻辑上没有正当理由。即使是最好的归纳论证,其结论也只能是根据前提的真实性得出的。尽管如此,这两种论证形式对实际推理都极为有益,并且逻辑语言支配着我们用计算机做的一切事情。逻辑学能够让我们一瞥我们认知能力的潜力和局限性。

理性

亚里士多德相信人类是唯一理性的动物。他认为，人类是理性的，因为我们能够有理由地行动，并运用理性思想从旧的信念中获得新的信念。

有理由地行动

有理由地行动就是当我们行动的时候，我们的心灵对我们的行为进行描述，并在实现某个目标的希望中去执行它，即使这个目标没有实现。例如，我伸手去拿我的咖啡壶，在这样做的时候，我可能会打翻一个花瓶。我本来不想把花瓶打翻，但是打翻花瓶的行为和伸手去拿咖啡壶的行为是同一个，而后者是一种有意图的行为——我选择去执行它，以满足我对咖啡的渴望。

我们知道，正常的人通常是理性的，因为我们一般会出于特定的理由行动。这意味着，我们的许多行为都是和一系列与信念合理相关的推理过程相关联的。因此，一个信念可能包括支持另一个信念的理由（如果第一个信念为真，第二个信念则更有可能为真），或者两个信念可能牵扯第三个信念（如果前两个信念为真，那么第三个信念必然为真），或者一个信念可能与另一个信念相矛盾（如果第一个信念为真，那么第二个信念为假，反之亦然）。所有这些理性关系都有助于确定我们应该接受或不应该接受一个给定的信念为真的范围。

什么是逻辑

逻辑是对论证的研究，这意味着逻辑也是对推理的研究，因为推理是基于论证的。论证可以是好的，也可以是坏的。同样，推理可以是好的，也可以是坏的。通过这种方式，逻辑为行为设置了标准。有趣的是，如果我们没有理性，就不可能是非理性的。我们有理由地行动的能力意味着，我们有能力因好的或坏的理由行动。当我们因坏的理由行动时，我们是非理性的。

然而，许多行为不能说是理性的还是非理性的。此类行为不是出于理由而做出的，它们被认为是无关理性的行为。例如，无关理性的行为包括对事物或事件的本能或情感反应。

两种思考方式

现代心理学家认为我们的心灵有两种思考方式。第一种思考方式会让我们对刺激产生快速的自动反应，第二种思考方式会让我们对问题产生缓慢、理性和有意识的反应。

方式一

一个人看到有一个雪球朝他的脸飞过来，他下意识地低下头，但可能看上去他像在有理由地行动，也就是说，他似乎在为了躲避雪球而低头。然而，他在整个行动中其实并没有什么信念和欲望，他的行动是自动的，就像一种条件反射。

动物理性

非人类的动物是否会出于特定理由而行动呢？我们中那些养宠物或喜欢看自然节目的人可能会相信，大量的动物行为表明它们是理性的，它们出于理由而行动。然而，我们必须知道，动物不能告诉我们它们为什么会以这样的方式行动，而人类却能够，因为人类会使用语言。动物不能告诉我们它们的行为是否有理由，这一事实并不意味着动物的行为不是有理由的。但是，为了更确定这一点，我们需要进行细致的实验。我们知道，理解语言对理解逻辑是至关重要的。

虽然一些动物听起来像在说话，但它们无法使用语言来解释它们的行为。

"生活中，当你在思考一样东西的时候，没有什么会比你把它思考成的更重要。"

——丹尼尔·卡尼曼
《思考，快与慢》（2011年）

方式二

需要付出更多努力并关注更多方面的思考方式是我们所说的第二种思考方式。心理学家丹尼尔·卡尼曼（Daniel Kahneman）举了一个需要第二种思考方式解决问题的例子：手套和帽子的总价格是1.1英镑，帽子比手套贵1英镑，那么手套的价格是多少？

识别论证

在逻辑学中，如果我们做出一个宣称，我们将被期待证明它是正当的，并表明该宣称的反论不存在。要做到这一点，我们首先必须能够识别论证。

何为论证

为了更好地推理，即提出论证来支持或反对一个宣称，我们必须将论证与我们使用语言的其他方式区分开来。一个论证是一组句子或一个可以分解成几个短句的复合句。

前提与结论

在构成论证的任何一组句子中，句子必须与前提（给出的理由）和结论（做出的断言）相关联。例如，这是一个由三个短句组成的论证："人是会死的（前提一），苏格拉底是人（前提二），所以苏格拉底是会死的（结论）。"这种结构的论证被称为三段论。

一组句子要成为一个论证，其中一个句子必须进行断言，而其他句子则需要给出得出这个断言的理由。

语言阵容

除了构建论证，人们还以许多方式使用语言。例如，人们断言（"今天是星期二"）、提出问题（"今天是星期二吗"）、发出命令（"关上门"）、做出预测（"它将出现在门后"），以及提供解释（"因为这是她说的"）。哲学家必须能够从这些语言使用中挑出论证。

断言
断言是一种表达一个事实或一个信念的陈述，它通常是在没有证据表明事实或信念为真的情况下说出的。

问题
问题是指为了询问某事或找出信息而提出的疑问。

如何发现非论证

一个论证必须包括结论（断言）和前提（得出结论的理由）。如果没有断言，没有给出理由，那么它就不是论证。以下是两个非论证的例子。

没有结论

"苏格拉底去图书馆。苏格拉底出门后遇到一场风暴。风暴吓坏了苏格拉底的鹦鹉。"这些句子中没有一句进行了断言，而其他句子也并非是为得出结论而给出的理由。因此，这不是一个论证。

有条件的

"如果苏格拉底是一个人，那么他是会死的。"这不是一个论证，因为其中的短句（"苏格拉底是一个人"和"他是会死的"）都是针对对方的断言。这个句子是有条件的，且被断定的是整个句子。

✓ 知识点

- **论证的结论**是在给出的前提的基础上做出的断言或宣称。
- **论证的前提**是为断言（结论）给出的理由。一个前提可以被包含在另一个前提中。
- **三段论**是亚里士多德定义的一种逻辑论证形式。一个简单的例子是："所有的狗都有四条腿，罗孚是狗，所以罗孚有四条腿。"其中，第一个前提是一般的陈述，第二个前提是特殊的陈述，最后的结论必然为真。

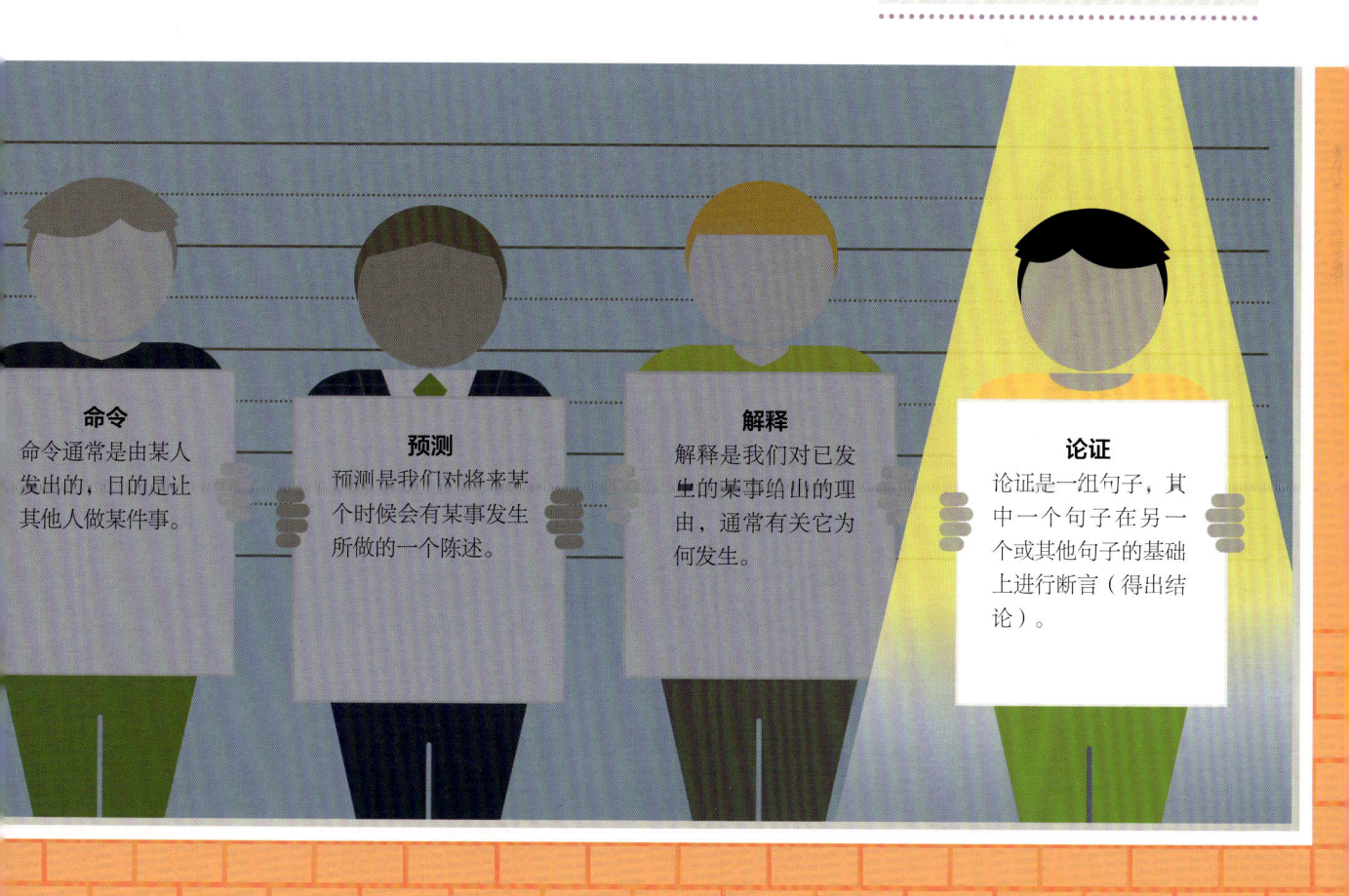

"真理源于朋友之间的争论。"

——大卫·休谟

命令
命令通常是由某人发出的，目的是让其他人做某件事。

预测
预测是我们对将来某个时候会有某事发生所做的一个陈述。

解释
解释是我们对已发生的某事给出的理由，通常有关它为何发生。

论证
论证是一组句子，其中一个句子在另一个或其他句子的基础上进行断言（得出结论）。

分析论证

分析一个论证涉及确定它的前提和结论,以及消除任何会使确定前提和结论更加困难的不相关或不清楚的东西。

简单论证与复杂论证

识别论证后,检验其结论是真是假的下一步是分析论证。为了分析论证,我们必须确定它的前提和结论,并把它设置成逻辑书的样式。有些论证如此简单,以至于分析它们似乎毫无意义。然而,我们在日常生活中遇到的大多数论证都是非常复杂的。这些论证可能包含一些与结论无关的信息或意义不清的词语。通过分析这些复杂论证,我们可以消除不相关的或令人困惑的细节,从而了解论证的前提和结论究竟是什么。

分析一个复杂论证

在日常生活中,我们遇到的大多数论证都非常复杂。这些论证可能包含不相关的细节或模棱两可的内容,而且很难让人确定它们的前提和结论。下面这个论证就非常复杂,要想理解它是不容易的,除非我们分析它的逻辑书样式。

① 红队只有在击败蓝队的情况下才能成功避免降级 ⑤,而且在前进的道路上,④ 他们只有输给绿队,④ 他们才不会降级。

③ 因为快速看一下图表就会发现,④ 他们无法避免不晋级 ⑤,除非 ④ 他们击败绿队或蓝队。③ 即便那样,还需要绿队击败黄队。②

③ 可以肯定的是,如果绿队击败了黄队,④ 他们就不会输给红队。②

隐含前提

一个论证可能会遗漏或隐含一个前提，这可能是因为那个前提是显而易见的。例如，如果有人说正在下雨，他外出要带雨伞，他不必加上"因为我不想淋湿"。然而，如果一个前提因有争议而被隐含，那么当我们分析这个论证时，我们就应该提供这个前提。例如，如果有人认为因为他们没有小孩，所以他们应该比那些有小孩的人少交税，那么他们就隐含了一个有争议的前提，即人们只有在使用服务时才需要为之付费。

逻辑书样式

把论证设置成逻辑书的样式涉及把前提按照得出结论的逻辑顺序罗列出来。例如，"如果蓝队输了，红队就会晋级。蓝队已经输了，红队晋级了"这一论证可以列出：

▶ **前提一** 如果蓝队输了下一场比赛，红队就会晋级下一轮。
▶ **前提二** 蓝队输了下一场比赛。
▶ **结论** 红队晋级了。

分析论证的六个步骤

对于分析论证的逻辑书样式，首先要确定它的结论和前提，然后消除任何令人困惑的因素，比如不相关的因素、交叉引用的词语和不一致的术语，最后确保任何有争议的前提（我们可能不同意的前提）没有被论证所遗漏。

① 确定结论
结论是做出的宣称。我们可以通过找出如"所以"或"因此"这样的词来确定它。在左页这一论证中，结论是：红队只有击败蓝队和输给绿队，才能避免降级。

□ 结论

② 确定前提
存在三个前提（得出结论的理由）：除非红队击败蓝队或绿队，红队才能避免降级；红队不能避免降级，除非绿队击败黄队；如果绿队击败黄队，绿队也将击败红队。

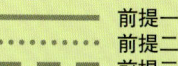

── 前提一
⋯⋯ 前提二
－－ 前提三

③ 消除不相关因素
不相关的因素可能是前提的一个理由（"快速看一下图表就会发现"），或者是一个短语的转换（"可以肯定的是"）。它们与结论没有关系，可以被删除。

☁ 不相关的因素

④ 移除交叉引用
如果我们将交叉引用替换为它们所引用的词语，那么我们就更容易理解一个论证。在这里，最后一个"他们"是指绿队，而倒数第二个"他们"是指红队。

○ 他们=红队
● 他们=绿队

⑤ 移除不一致的术语
在这个论证中，"降级"和"不晋级"是指相同的事情。为了使论证更清楚，我们应该使用其中一个术语，而不能同时使用两个术语。

▨ 意指相同事情的不同术语

⑥ 提供有争议的隐含前提
在许多论证中（不是这里的论证），一个或多个前提可能会被遗漏或被隐含，我们应该找出并提供这些前提。

评估论证

评估一个论证包括确定它是否可靠，也就是结论是否出自前提，以及这些前提是否为真。

好论证

如果一个论证的结论出自它的前提，那么，这个论证就是好论证。无论前提是否为真，这都是事实。一个好论证的部分或全部前提可能是假的。例如："所有的女人都是不朽的（前提1）。苏格拉底是一个女人（前提2）。苏格拉底是不朽的（结论）。"这里，两个前提都是假的。然而，只要结论出自前提，无论前提是否为真，结论是否为真，论证本身就是好论证。如果一个结论不出自前提，那么这个论证就是坏论证。如果一个结论是从一组前提得出的，那么只要接受前提为真，我们就有充分的理由相信结论。在一个好的演绎论证中，我们可以确定，如果前提为真，那么结论必然为真。在一个好的归纳论证中，如果前提为真，那么结论很可能为真（尽管不像演绎论证那样确定）。

可靠的论证

一旦我们确定了一个论证是好论证，下一步就是询问

如何评估论证

评估论证是一个两阶段的过程。只有当论证被发现是好的，其前提才能被评估。如果论证是好的，并且它的前提都为真，那么它就是一个可靠的、理想的论证。

起点

好论证
一个好论证的结论出自它的前提。

1 结论出自前提吗？

是 / 否

再次尝试

> "逻辑为发明和判断提供力量。"
> ——索尔兹伯里的约翰
> 《元逻辑》（1159年）

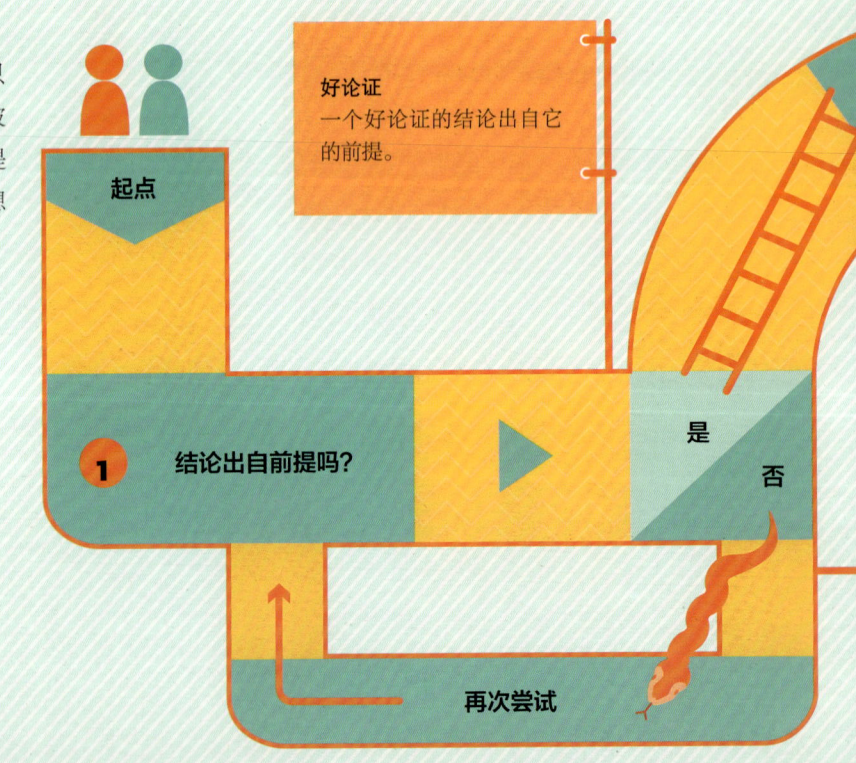

它的前提是真是假。然而，要知道一个前提是真是假往往是困难的，这就是为什么好论证如此重要的原因。

如果一个演绎论证是好论证，而它的结论是错误的，那么我们就知道至少有一个前提是假的。因此，一个带有错误结论的好的演绎论证，对于识别一个或多个假前提非常有用。归纳论证不一定有用，因为从真实前提得出的结论也可能是错误的。

哲学家是研究论证好坏的专家，研究论证的前提是否为真的专家则是科学家。理想的论证为论证是好的，并且所有的前提都为真。这就是我们所谓的可靠的论证。所有的可靠论证都是好论证，但并非所有的好论证都是可靠的论证，因为一个好论证仍然可能出自假的前提。

科学方法

科学方法使用好的演绎论证来确定一个假设（通常由归纳论证得出）正确与否。1859年，数学家乌尔班·勒维耶（Urbain Le Verrier）发现，下面的好论证的结论是错误的。

前提一：如果牛顿的运动定律是正确的，水星的轨道将是规则的。
前提二：牛顿的运动定律是正确的。
结论：水星的轨道是规则的。

勒维耶观察到，水星的轨道是不规则的（也就是说这个演绎论证的结论是错误的）。这意味着，这个好论证至少有一个前提是假的。所以，要么是我们误解了牛顿的运动定律（并不意味着水星的轨道是规则的），要么是牛顿的运动定律不正确。爱因斯坦后来证明，太阳的质量会影响水星的轨道（牛顿的运动定律并非总是正确的）。

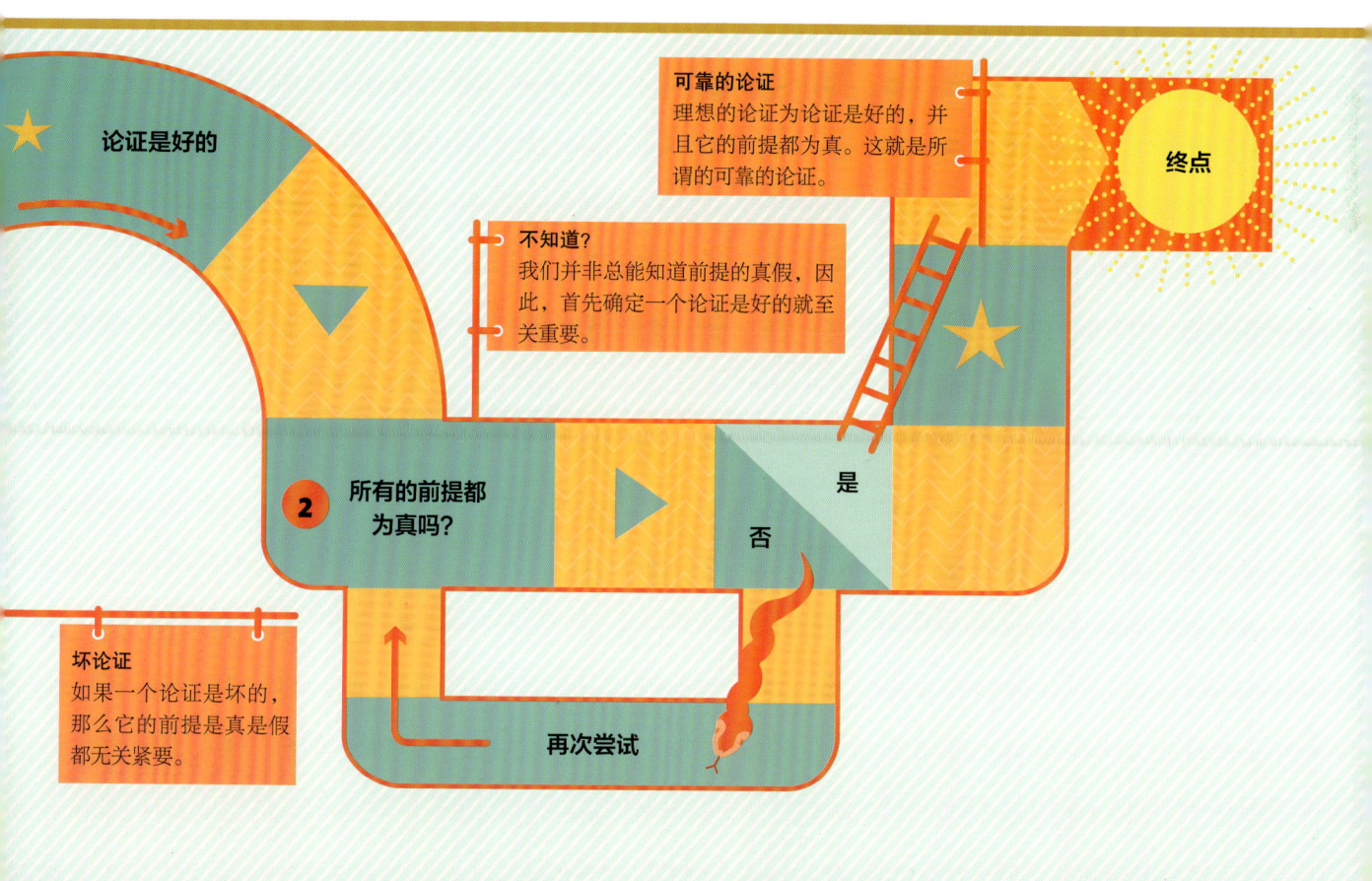

论证是好的

可靠的论证
理想的论证为论证是好的，并且它的前提都为真。这就是所谓的可靠的论证。

终点

不知道？
我们并非总能知道前提的真假，因此，首先确定一个论证是好的就至关重要。

2 所有的前提都为真吗？

是 / 否

坏论证
如果一个论证是坏的，那么它的前提是真是假都无关紧要。

再次尝试

演绎论证

亚里士多德是第一个研究演绎原理的哲学家。演绎论证的构建方式是，如果它们是有效的，并且前提为真，那么结论也必然为真。

有效即好

在一个好论证中，结论（断言）出自前提（给定的理由），而无论前提是真是假。一个好的演绎论证被称为有效论证。当且仅当逻辑上不可能存在这样的情况，即它的前提为真，而它的结论为假，一个论证才是有效的。

有效性的概念经常被误解。例如，我们可能认为带有假前提的演绎论证是无效的。但是，只要我们能从给定的前提中得出（推论）论证的结论，那么不管前提是真是假，这个论证都是有效的。

假但仍有效

正如一个带有假前提的演绎论证可能是有效的，带有一个错误结论的演绎论证也可能有效。例如："老虎总是有条纹的（前提1）。家猫是小老虎（前提2）。家猫总是有条纹的（结论）。"这是一个有效的（好的）演绎论证，因为如果前提为真，结论也会为真。但是，这个结论不正确，所以它的论证是不可靠的，那么至少有一个前提为假（前提2的事实并非如此）。在一个可靠的论证中，前提必须为真，结论必须出自这些前提。

有效性与真理

如果我们知道演绎论证的结论错误，但论证有效，我们就可以推断出前提必然为假。因此，有效性和真理是不一样的。有效性保存真理，但它不会产生真理。如果一个有效论证的前提为真，那么由逻辑来保证的该论证的结论也为真。对于一个论证来说，这是一个非常有用的性质。

1

有效或无效

演绎论证是否有效是一个二选一的问题——论证要么有效，要么无效。不存在关于有效性的程度的问题。

评估演绎论证

像对待任何一个论证一样，评估演绎论证，首先要问的问题是结论是否出于前提。当且仅当不存在反例时，该论证才有效。第二个要问的问题是，前提本身是真是假。一个可靠的演绎论证具有真前提和一个从真前提得出的结论。

逻辑学
演绎论证 **242 / 243**

2 真理与确定性
如果一个有效的演绎论证的前提为真，那么我们可以确定结论为真。演绎有效性赋予我们确定性（基于前提的真理）。

> "每一个优秀的哲学家至少是半个数学家。"
> ——戈特罗布·弗雷格

检测演绎论证
演绎论证的三个特征使我们能够区分演绎论证和归纳论证。

3 先天可评估
只需使用构成论证的话语，我们就能判断演绎论证是否有效。除了对这些话语的理解（我们的先天知识），我们不需要任何其他背景知识。

✓ 知识点

▶ **反例** 是一种前提为真而结论为假的可能情况。如果不存在反例，那么一个论证就是有效的。

▶ **先天知识** 并不依赖于有关世界的经验。演绎论证可以被先天地评估，并且在实践中被确定为有效的或无效的。

▶ **可靠的演绎论证** 是有效的，它的前提为真。这意味着它的结论也为真。

归纳论证

与演绎论证不同,归纳论证永远不会有效。这是因为,即使它的前提为真,归纳论证的结论也可能不为真。

归纳的本质

演绎和归纳是两种不同的论证方式。演绎给予我们确定性,因为一个好的(有效的)演绎论证总是这样的:如果它的前提为真,那么它的结论一定为真。例如,如果所有的人都是会死的,苏格拉底是人,那么苏格拉底是会死的。归纳论证并非如此,即使前提为真,归纳论证的结论也可能是错误的。因此,一个归纳论证好不好,不能从它是否有效来判断。然而,我们仍然可以通过评估归纳论证的前提为真时其结论为真的可能性来判断归纳论证的强弱。

归纳论证的类型

演绎论证的结论是从其前提得出的。与之不同,归纳论证乃基于假设。归纳论证具有多种类型。其中,归纳概括会假定某些事情总是如此,因为它在过去就这样发生了。一个因果概括会假定一个事物总会引起另一个事物。权威论证会假定被视为权威者的意见是正确的。类比论证则会基于一个事物对另一个事物可感知的相似性而做出宣称。溯因论证则会在现有证据的基础上,寻求对一个事物的最佳解释。

评估归纳论证

虽然几乎所有的归纳论证都是无效的,但是我们仍然可以根据归纳论证的强弱来评估它。一个归纳论证越强,它的结论就越有可能从其前提中得出。与演绎论证不同,归纳论证不能被先天地评估,也不能仅仅根据前提和结论来评估。为了评估归纳论证,我们需要了解有关其主题的背景信息。以"每次我驾车时,这条路上的交通状况都不好,所以明天路况也会不好"这一论证为例,我们需要知道说话者在这条路上开了多少次车,以及是否存在任何影响交通的事件。有了这些信息,我们就可以更好地评估这个论证是强是弱。

弱论证

"今年的6月30日阳光明媚,因此,明年的6月30日仍会如此。"天气难以预测,以至于结论不太可能从这个前提得出。

不太可能的结论

归纳论证的类型

归纳论证有许多不同的类型,每种类型的论证都与想要评估论证的人会问的一个或多个问题相关联。

类型	例子	问题
归纳概括	我一打电话,苏的语音信箱就开着,所以它必定一直开着。	我给苏打过多少次电话? 她想避开我吗?
因果概括	当我给苏打电话的时候,我感到紧张,所以给苏打电话让我紧张。	给苏打电话总是让我紧张吗? 还有什么让我紧张的吗?
权威论证	苏告诉我哲学死了,所以哲学死了。	苏是哲学专家吗?
类比论证	哲学像数学,数学容易,所以哲学容易。	哲学存在哪些方面不像数学吗? 所有的数学都简单吗?
溯因论证	电话铃响了,苏可能听到了我的留言,所以苏打电话来了。	还有其他人想打电话给我吗?

温和的论证

"利奥预测明天阳光明媚,因此,明天将是阳光明媚的。"这个论证的强度取决于利奥预测的可靠性。

可能的结论

强论证

"利奥的天气预测总是可靠的,因此,他目前的预测也是可靠的。"这一论证的前提给出了足够的证据,使得结论的可能性很大。

很有可能的结论

谬误

谬误是一种（由错误推理得出的）坏论证，却很容易被误认为好论证。认识谬误的各种类型，有助于我们识别出坏的论证和推理。

谬误不是假信念

在日常生活中，人们常常说谬误是假的信念，但事实并非如此。实际上，谬误是一种由错误推理导致的看似推理正确的论证。有时，人们为了操控对手，会故意做出错误的论证。然而，错误的论证也可能是人们在无意中犯的错。

谬误论证有许多种不同的类型，一些因论证的构建方式而错误，一些因论证的内容而错误。我们很容易把谬误误认为好的论证，任何人如果想要好好地推理、避免谬误，就必须能够识别最常见的谬误类型。

形式谬误
形式谬误取决于论证的形式、结构或逻辑顺序。它们与内容无关。

非形式谬误
非形式谬误取决于论证的内容。即使论证的内容按照不同的顺序排列，它仍然是谬误。

好论证与坏论证

假言推理是好论证的一种形式。它的第一个前提是条件句（"如果……那么"）。它的第二个前提是第一个前提的"如果"子句（"前件"）。它的结论是第一个前提的"那么"子句（"后件"）。如果它的前提为真，它的结论就必然为真。

肯定后件的谬误很容易被误认为假言推理的论证。在这个谬误中，第二个前提不是前件，而是后件。这是一个坏的论证，因为它的结论可以是错误的，即使它的前提为真。请看下面的例子：这件衬衫不合身，但这并非必然因为它太小了，也可能因为它太大了。

假言推理论证
- 前提一：如果这件衬衫太小，那么它就不合身。
- 前提二：这件衬衫太小。
- 结论：这件衬衫不合身。

肯定后件的谬误
- 前提一：如果这件衬衫太小，那么它就不合身。
- 前提二：这件衬衫不合身。
- 结论：这件衬衫太小。

谬误分类

亚里士多德发现了13种谬误，他将之分为两类：语言之外的谬误和语言导致的谬误。前者被称为形式谬误，后者被称为非形式谬误。这一广泛的分类方法在今天仍被使用。

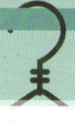

肯定后件
在这一谬误中，假设条件句的"那么"子句（后件）为真，则"如果"子句也必然为真。这是一个坏的论证，因为它可以被反例反驳。

否定前件
这个谬误假定，如果"如果"子句不为真，那么"那么"子句就不能为真。例如："如果这件衬衫太小，那么它就不合身。这件衬衫并非太小，所以它合身。"这里有一个很好的反例：衬衫因为太大而不合身。

合取谬误
合取谬误意味着，人们误认为两个事件同时发生比一个事件单独发生的可能性要大。然而，不管它们之间有多少关联，一个事件单独发生总比两个关联事件同时发生的可能性要大。

模棱两可
如果一个论证中的某个词或短语有多个不同的意义，就可能出现这种谬误。

偷换概念
偷换概念涉及对对方论证的误读或歪曲。例如，如果乔说小孩应该穿校服，米娅可能会指责他说小孩不应该表现自己。米娅创造了一种偷换概念的论证，这可能会转移乔的注意力，让他试图为自己辩护。

循环论证
在循环论证中，结论与前提（或前提之一）相同。例如："所有的凉鞋都是鞋，因此所有的凉鞋都是鞋。"这一论证是有效的，但没有用处，因为任何接受这个前提的人已经接受了这个结论。

形式逻辑

评估论证的一个最好方法是把它翻译成一组公式化的符号，以消除论证中的歧义，并揭示它的逻辑结构。

翻译自然语言

将一个论证从自然的日常语言转换为它的逻辑形式，需要用符号替换词语。这些符号代表了论证的各种要素，并展示出它们是如何相互关联的。将一个论证形式化之后，我们就可以使用一个纯粹的机械系统来评估它，并将之与其他论证进行比较。用符号代替词语，我们就可以把注意力集中在论证的形式结构上。

形式逻辑最常见的分支被称为命题演算。它把一个论证分解成可能的最简陈述——命题。然而，许多论证不能被分解成命题演算，因为它们的有效性依赖于命题的形式。在这种情况下，我们有时可以使用谓词演算来

形式化论证与检验

如果可以用命题演算或谓词演算将一个论证转化为它的逻辑形式，就能够通过遵循一套简单的规则来帮助我们进行评估。这些规则只适用于一个论证被形式化之后。

命题演算
这个常见的演绎论证能够被翻译为命题演算。
前提一：如果向日葵盛开，那么阳光将会普照。
前提二：向日葵盛开。
结论：阳光将会普照。

分配字母
要应用命题演算，需识别构成论证的命题，并为每个命题分配字母。在这里，字母是P和Q。

P：向日葵盛开。
Q：阳光将会普照。

用字母代替命题
通过用字母代替命题，我们揭示了论证的逻辑结构。在这里，论证取决于条件句或逻辑常数"如果……那么"。

逻辑常项
前提一：如果P 那么Q
前提二：P
结论：Q

为逻辑常数插入符号和括号
下一步是用代表它们（箭头）的逻辑常数替换逻辑词语"如果"和"那么"，并插入括号来明确箭头所连接的句子字母。

前提一：（P→Q）
前提二：P
结论：Q

形式化论证的结果
可以用满足符（⊨）来表明：符号左边的公式为真，符号右边的公式为假。这使前提和结论之间的关系形式化。

(P→Q), P ⊨ Q

分析论证。谓词演算是形式逻辑的第二个最常见的分支。

形式逻辑的局限

许多论证不能被转换为形式语言。任何归纳论证都不可能被形式化，许多演绎论证则不能被形式化为命题演算或谓词演算的简单语言。

逻辑常项

逻辑常项是具有恒定意义的词语。在形式逻辑中，它们由符号来表示。有不同形式的符号集（符号变体），这里使用的是最常见的集。

常项	意义	符号
否定	"非"	~
合取	"和"	&
析取	"或"	∨
条件句	"如果……那么"	→
双条件句	"当且仅当"	↔

前提一：所有的水仙花都是黄色的。
前提二：那花是水仙花。
结论：那花是黄色的。

谓词演算

有些论证，如左边的论证，不能被翻译成命题演算，否则其形式结构会丢失。这些论证必须被翻译成谓词演算。

Dx: x是水仙花。
Yx: x是黄色的。
a: 那花。

分配字母

为论证的各个要素分配字母。在这里，Y表示"是黄色的"，D表示"是水仙花"，a表示"那花"，x表示一个未知的且同时满足Y和D的事物。

前提一：∀x (Dx → Yx)
前提二：Da
结论：Ya

展示逻辑结构

为了揭示一个论证的逻辑结构，必须先把它形式化。在这里的结论中，∀x表示"一切x这样的事物"，（Dx→Yx）表示"如果x是黄色的，x就是水仙花"。

∀x (Dx → Yx), Da ⊢ Fa

形式化论证的结果

最后，必须把论证表达为谓词演算的结果，使前提和结论之间的关系形式化。可以用断定符（⊢）来表明：符号右边的公式可由符号左边的公式来证明。

原著索引

Page numbers in **bold** refer to main entries.

A

a priori knowledge **68–69**, 243
abductive arguments 244, 245
Abelard, Peter 46
the Absolute 70, 71, 72
absolute rule 72, 200, **202–203**
abstract concepts 35
accidental properties 39
Achilles and the tortoise **24–25**
Act Utilitarianism 186, 187
actions
  and morality 168
  and rationality 235
Adler, Alfred 100, 101
Adorno, Theodor 134, 135
aesthetics 94
air 16, 17, 31, 42, 43
alienation 124
altruism 175
analogy, argument from 244, 245
analytic philosophy 85
analytic truths **102**, 176
anarchism 216, 217
anatomy 50
Anaxagoras **28–29**, 161
Anaximander 16, **18–19**, 21
Anaximenes 16
animals 54, 126
  reason in 233, **235**
  rights of 167, **190–191**
Anselm of Canterbury 46, 47, 89
antecedents 246–247
antithesis 70, 72, 73, 74
anxiety, nature of **124**
apeiron (the Boundless) 18, 19, 21
Aquinas, Thomas 46, **48**, 200, 226
arche 16, 18, 22
arguments
  analysing **238–239**
  deductive 233, **242–243**
  evaluating **240–241**
  fallacies 246–247
  formalizing and testing **248–249**
  good and bad 240–241, 242, 246
  inductive 233, **244–245**
  recognizing **236–237**
  sound 241, 242, 243
  study of 234–235
  valid 242, 244

aristocracy 72, 73, 200, 201, 218
Aristotle 15, 16, 20, 21, 29, 32, **38–45**, 46, 48, 50, 51, 60, 71, 86, 106, 145, 156, 162, 168, 201, 233, 234, 242, 247
  virtue ethics 167, 176, **180–181**, 182, 184, 195
artificial intelligence 156–157
assertions 236, 237
assisted dying 192, 193
assumptions 49, 65, 106, 118, 244
astronomy 42–43, 49, 51
atheism 78
atomic sentences 236
atomic theory **30–31**
Atomists 30, 40, 44, 50, 152
attitude, natural and phenomenological 118–119
attraction 26, 30
Augustine of Hippo 46, 226
Austin, John Langshaw **104–105**
authoritarianism 215, 216
authority, argument from 244, 245
automatic response 234
Ayer, A.J. 92

B

Bacon, Francis 50, 51, 52, 60
bad faith 127, 131, 188, 189
becoming, concept of **70**, 71
behaviourism 145, 150–151, 152, 156
being
  being-for-itself 126, 129
  being-in-itself 126, 129
  being-in-the-world 123, 131, 132
  being-towards-death 124
  concept of 70
  nature of 122, 124
beliefs
  about external objects 118
  justification of 76–77
  moral 176–177
  and rationality 234
  religious **77**
Bentham, Jeremy 137, 186
Berkeley, George 15
Berlin, Isaiah 214–215
Beveridge, William 214
bias
  and binary oppositions 138
  gender 110–111
  individual 108
binary oppositions 138
biological foundationalism 141

biological naturalism **158–159**
biology 19
Blackburn, Simon 183
body
  the lived **132–133**
  as a machine **56–57**
  and mind **54–55**, 145, **146–147**, 149, 150, 160, 162
  nature of the **162–163**
Boethius 46
Bohm, David 161
Boo/Hurray theory **174**
brain
  functionalism 157, 158–159
  and mind 56, 147
  mind-brain identity theory **152–153**, 154, 156
Brentano, Franz **116–117**
Burke, Edmund **218–219**
Butler, Judith 136, **140–141**

C

calculus, propositional and predicate 248–249
capitalism **75**, 134, 136, 219, **220–221**
Carnap, Rudolf **94**, 150
Cartesian dualism 54
categorical imperatives 185
Catholic Church 46, 48, 50, 58, 162
causal completeness 147, **152–153**
causal generalization 244, 245
causation 15, 44, 69
cause and effect 50, 152
cave allegory (Plato) 36–37
Chalmers, David 147, 160
change
  constant state of 22, 26, 27
  illusion of 23, 24, 30
  management of **218–219**
Chinese room **158–159**
choice
  freedom of 59, 188–189, 213
  responsible 188–189
Chomsky, Noam 61, **162–163**
Christian faith 46–47, 52, 73, 78, 79, 226
Churchland, Paul and Patricia 154
circular arguments 247
citizenship, rights of 217
civil government 204–207
civil war 217
claims 236, 237
class conflict **74–75**, 219
cloning 167, **194–195**

colonialism 208
commands 236
commodity fetishism 221
communism 74, 75, 219
communitarianism 216, 217
compound beings 43
computer science 156–157, 233
concepts, innate 66–67
conclusions
　arguments 236–249
　true and false 244–245
conditional sentences 237
conditioning 131
conformity 136
congenital conditions 194
conjunction fallacies 247
conscience, call of the 124
conscious response 234, 236
consciousness 70, 97, 145, 147, 149, 157, 159, 160, 161
　and euthanasia 193
　and freedom 126–127
　nature of **100**
　phenomena of 118, 119, 122
　theory of 116–117
　and time **120–121**
consensus 134
consent 204, 205, 208, **210–211**
consequences 186
consequent, affirming the 246–247
conservatism 218, 219
constraint, freedom as lack of 214, 215
consumerism 134
continental philosophy 115
contingent truth 68
controversial premises 239
Copernicus, Nicolaus 42, 50
cosmic cycles 26–27
cosmos 21
counter-arguments 236
counter-examples 242, 243
critical theory 115, **134–135**
cross-references, removing 239
cruelty to animals 190, 191
cultural conditioning 131, 153

D

Dancy, Jonathan 168, 169
Darwin, Charles 77, 80
Dasein (state of being there) 123, 124
Dawkins, Richard 195
de Beauvoir, Simone 115, **130–131**
death
　euthanasia **192–193**
　life before **124–125**
decay 30
decision-making 188, 206
　and moral rules 168, 169

objective political **222–223**
deconstruction **138–139**
decriminalization 193
deductive arguments 233, 240, 241, **242–243**, 244, 249
deductive logic 52–53, 69, 233
democracy 73, 78, 80, 200, **207**, 210, 212, 225
Democritus **30–31**
Dennett, Daniel 154
deontology 176, **184–185**, 190, 192, 194
Derrida, Jacques **138–139**
Descartes, René 15, 32, 50, **52–55**, 56, 58, 60, 62, 63, 71, 81, 85, 97, 145, **146–147**, 148, 149, 152, 160, 162, 163, 190
descriptions, theory of **88–89**
detachment 108
determinism 79, 172, 173, 175
deviant behaviour 136
Dewey, John **80–81**
diagnostic techniques 195
dialectic 32, 70, 72, 74
dichotomy paradox **24**
différance 138
Difference Principle 222, **223**
dilemmas, moral 168
disciplinary power **136–137**
discrimination, protection against 216
discursive rationality 134
divine right 200, 205
Dolly the Sheep **195**
double effect 193
doubt **52–53**, 54, 55, 97
dreams 52
dualism 15, **35**, 145, **146–147**, 150, 159, 160
　mind/body 54, 55, 56, 62, 152
　property 59
duty, towards animals 191

E

Earth 16, 17, 18, 19, 21
　geocentric universe **42–43**
economic forces 74–75
education 80, 136, 137, 207, 228
efficient cause 41, 44, 50
Einstein, Albert 100, 101, 107
electoral consent **210**
elements, four 16–17, **26–27**, 42, 43
eliminative materialism **154–155**
elite 200, 201, 218, 219
emancipation 134
embryos, cloning 194
emotions 117, 153
　and morality 174, 176
　rational versus affective **206**
empathy 183
Empedocles **26–27**
empiricism 15, 32, **38**, 39, 50, 52, 56, **60–61**, 63, 66, 81, 85, 115, 132, 133

Enlightenment 50, 206, 224–225
entitlements 215
epiphenomenalism **147**
epistemology 15, 39, 64
　feminist **110–111**
epoché **118**, 119
equality, gender 229
equivocation 247
Eriugena, John Scotus 46
essence, and existence 126, 127, 130
essential properties 39, 48
essentialism **140–141**
eternity 46
ethics
　existentialist **188–189**
　Humean **182–183**
　and the law **170–171**
　value judgements 94
　see also morality
euthanasia **192–193**
evolution 80, 81
　and morality 175
existence 15, 23, 32, 52, 53, 54, 89
　authentic 124
　embodied 131
　and essence 126, 127, 130
　human **122–123**
existentialism 115, 122–123, 126–127, 130, 136
existentialist ethics **188–189**
experience 38, 64, 66, 69, 115, 146, 147, 148, 150, 152, 183, 187
　limits of 124
　lived 128, 129
experimentation 50, 51, 52, 63
explanations 236, 237
expression, freedom of 214, 215, 216
extension, and thought **58–59**

F

fact-value distinction **178–179**
facts
　and ideas **64–65**
　matters of 65
　moral 176, **177**
faith 46, 55, 77
fallacies 25, **246–247**
falsification **100**
fear 124
　freedom from 214
feeling 147, 148, 157
Feigl, Herbert **152–153**
feminism 135, **228–229**
　feminist epistemology **110–111**
　feminist postmodernism **140–141**
　gender identity **130–131**
　three waves of **141**
feminization 130–131
final cause 41, 44, 45, 50

fire 16, 17, 18, 19, 42, 43, 45
first cause 45
folk psychology **154–155**
food 29
forces 26
form
  and function **40–41**, 48
  and intrinsic purpose 44–45
formal cause 40, 44, 45, 50
formal fallacies 246–247
formal logic **248–249**
Forms, realm of the **34–35**, 36, 37, 94
Formula of the End in Itself 185
Formula of Universal Law 185
Foucault, Michel 115, **136–137**
four causes **40–41**, 44–45, 50
four freedoms 214–215
Frankfurt School 134, 135
Franklin, Benjamin 216–217
free will 78, 79, 130, 167, **172–173**, 175
freedom
  of choice 59, 188
  critical theory 134–135
  degrees of **216–217**
  evolution of 72
  and identity **126–127**
  individual 206, 207, **212–213**
  kinds of liberty **214–215**
  Liberty Principle 223
  and the "other" 129
  women's 130, 131
Frege, Gottlob 85, **86–87**, 88, 94, 152, 233, 243
Freud, Sigmund 100, 101, 130
Fromm, Erich 135
functionalism **156–157**, 158–159

G

Galilei, Galileo 40, **50–51**, 56, 145, 163
Geist ("Spirit") 70, 71, 72, 73, 74, 94
gender 136, 140–141, 199, 229
gender bias 110–111
gender identity **130–131**, 140–141
gender roles 141
gender theory 135
General Will **206–207**
generalization, causal 244, 245
Geneva Conventions 227
geocentric universe **42–43**, 50
geometry 16, **20–21**, 34, 54
germ theory 155
GHGN (greatest happiness for the greatest number) 176–177, 179, **186–187**, 190–191, 192–193, 195, 209
ghost in the machine **150**, 152
God
  attributes of 58
  benevolent 53

as creator 46, 48, 53, 58
existence of 15, 46, 47, 56, 77, 89, 116, 188
and monarchy 200
and secularisation 79
and substance 59
golden mean 180
golden rule **168**, 169
good and evil 78
good faith 188
government **200–229**
gravity 51, 163
groundlessness 124

H

Habermas, Jürgen 134, 135
Hakim, Catherine 228
happiness
  GHGN 168, 176–177, 179, **186–187**, 190–191, 192–193, 195, 209
  quantity or quality 186
hard problem **147**, **160–161**
Harding, Sandra 111
Harm, Principle of 212, 213
harmony 72
  pre-established **153**
  of spheres 21
hate speech 214, 216
Hearth 21
heavenly bodies 18, 21, 42, 45, 56
Hegel, Georg Wilhelm Friedrich 15, **70–73**, 74, 80, 94, 115
Heidegger, Martin 12, 115, **122–125**, 132, 138
heliocentric universe 42, **49**
Heraclitus **22**, 23, 27
heresy 58
heterosexuality 140
hierarchies 138, 140, 222
history
  all human activities shaped by 80
  class conflict **74–75**
  and Geist **71**, 72
  and progress **72–73**
Hobbes, Thomas 54, **56–57**, 59, 60, 152, 156, 199, **202–203**, 204, 206, 208, 210, 217, 220
Horkheimer, Max 134, 135
human body
  and cloning 194–195
  and perception 132–133
human existence **122–123**
human nature, work and **220–221**
human rights 204
Hume, David 15, **64–65**, 71, 92, 178, 237
  Humean ethics 167, **182–183**, 195
Hume's fork 64
Husserl, Edmund 115, **118–121**, 122, 126, 133
Huxley, T.H. 147
hypotheses 241
hypothetical imperatives 185

I

idealism 15, 70, 74, 85, 115
ideas 39
  and facts 64–65
  innate 60, 61
  of reflection 61
  of sensation 60
  as tools **80–81**
identity, and freedom **126–127**
identity theory 136, 152, 153, 154
illocutionary acts 104–105
illusions 23, 24, 36, 53, 152
images 31, 36
immaterial world 55
immortality 55
imperatives 185
inalienable rights 205
inclination 184
individual psychology 100, 101
individuals
  normalization 136
  rights 216–217
inductive arguments 233, 240, 241, **244–245**, 249
inductive reasoning 39, 51, 52, 65
industry 136, 137
inequality 223
infertility treatment 194
informal fallacies 246–247
inheritance 208
injustice **171**
innate knowledge **37**, 38
inquiry, process of 81
instrumental rationality 134
instrumentalism **80–81**
intellectual virtues 180
intellectualism 132, 133
intelligence 151, 154
  artificial 156–157
intentionality **116–117**, 132
intentions 153
iron 31
irrelevancies, eliminating 239

J

Jackson, Frank 146
James, William **76–77**
Jefferson, Thomas 205
John of Salisbury 240
judgements
  on existence of external objects 118
  functional nature of 81
  moral 168
  subjective 119
  synthetic a priori 69
justice 222

K

Kahneman, Daniel 235
Kant, Immanuel 15, 65, **66–69**, 71, 85, 115, 161, 167, **184–185**, 187, 190, 191, 215
Kepler, Johannes 50, 51, 145
Kierkegaarde, Søren 58
killing, intentional 191, 192
knowledge
  a priori and a posteriori **68–69**, 243
  acquisition of 32, 38
  categories of 174
  deductive reasoning 52–53
  empirical 39, 60
  epistemology 64
  feminist epistemology **110–111**
  functional nature of 81
  innate **37**, 38, 60, 61, 69
  limits to 66
  moral 170-1, **174–175**
  and objectivity 108
  and power 136
  verifiable 119
  web of belief 102–103
Kuhn, Thomas **106–107**
Kymlicka, Will 217

L

labour 74, 75, 208, 209, 219, **220–221**
language
  and arguments 236–237
  function of 104–105
  impossibility of private **96–97**
  language-games **98–99**
  limits of 145, 148–149
  logic of 94
  misuse of 97, 150
  philosophy of **86–99**
  translating natural 85, 233, 248–249
  and understanding logic 235
law
  and ethics **170–171**, 176
  and euthanasia 193
Le Verrier, Urbain 241
learning 60–61
legitimacy 200, 208
Leibniz, Gottfried 15, 50, 60, **62–63**, 65, 153, 159
Leucippus 30
liberal culturism 216, 217
liberal rationality 134
liberalism 115, 134, 224
libertarianism 210, 216, 217
liberty
  distribution of 222
  kinds of **214–215**
  limits of 215

  natural 204
  and safety 216–217
Liberty Principle 222, **223**
life
  before death **124–125**
  right to 191
  sanctity of human 192, 193, 194
lived body 131, **132–133**
Locke, John 15, 32, 52, **60–61**, 64, 66, 81, 170, 171, 199, **204–205**, 206, 208–209, 210, 220
locutionary acts 104–105
Lodge, Henry Cabot 215
logic 233
  analysing arguments **238–239**
  deductive arguments **242–243**
  evaluating arguments **240–241**
  fallacies **246–247**
  formal 233, **248–249**
  inductive arguments **244–245**
  and language 94
  and mathematics 85
  rationality **234–235**
  recognizing arguments **236–237**
  underlying 88–89
  and web of belief 102–103
logic-book style 238, **239**
logical atomism **90–91**
logical behaviourism 150, 151
logical constants **249**
logical positivism 85, 92–93, 102
  vs phenomenology 119
Logos **22**
love 26, 27
Lyotard, Jean-François 224, 225

M

machines 54, 55
  bodies as **56–57**
  intelligence 154, 156–157, 158
majority rule 205
male-dominated society 110, 111, 130, 140
Marcuse, Herbert 135
Mars 49, 51, 209
Marx, Karl 15, **74–75**, 100, 101, 115, 135, **218–221**, 222
material cause 40, 44, 45, 50
material world 55
materialism 54, 74, 145, 146, 147, 160
  eliminative **154–155**
mathematics 20–21, 65, 85, 102–103, 243
matter 150
  and form 40, 41
  and mind 145, 160, 161, 163
  states of 16
meaning
  and context 99
  and logic 88–99

  and observation **92–93**
  picture theory **90–91**, 94, 96, 104
  and public convention 149
  questioning 138
mental acts 117
mental states 116–117, 152–153, 154, 157
Merleau-Ponty, Maurice **132–133**
metaphysics 15, 64, 91, 97, 115, 145
  dispensing with **94–95**, 138
miasma theory 154–155
Milesian school 16, 21
Mill, John Stuart 167, 174, 186, 187, **212–213**, 214, 228
mind
  behaviourism **150–151**, 156
  biological naturalism **158–159**
  and body 53, **54–55**, 56, 58–59, 145, **146–147**, 149, 150, 160, 162
  and brain 56
  "dual process" theory of **234–235**
  eliminative materialism **154–155**
  functionalism **156–157**, 158–159
  and matter 145, 160, 161, 163
  mind-brain identity theory **152–153**, 154, 156
  objects in the **116–117**
  other minds 128
  philosophy of 97, **144–163**, 145
  shaping the world with the **66–67**
  universal 160
mind-brain identity theory 56
minority groups 214, 216, 217
modality 67
modus ponens arguments 246
monads **62–63**
monarchy 72, 73, 200, 201, 202–203, 205, 218
monism 15, 145
  Parmenidean 23
  Russellian 160
  substance **58–59**, 150
Moon 18, 42, 43
Moore, A.W. 108
Moore, G.E. 177
moral beliefs **176–177**
moral compass 170
moral dilemmas 168
moral epistemology 170
moral facts 176, 177
moral generalism 168, 169, 170
moral judgements **182–183**
moral knowledge **174–175**
moral law 176, 177, **184–185**
moral nihilism **175**, 176
moral particularism **168**, 169, 170
moral rules 168
moral truth **176–177**
moral virtues 180, 181
morality 167
  animal rights **190–191**
  cloning **194–195**

deontology **184–185**
does moral truth exist? **176–177**
euthanasia **192–193**
existentialist ethics **188–189**
fact-value distinction **178–179**
and free will **172–173**
Humean ethics **182–183**
and the individual 78–79
and the law **170–171**
and moral knowledge **174–175**
rules and principles **168–169**
utilitarianism **186–187**
virtue ethics **180–181**
and war **226–227**
mortality 124–125
motion
　of atoms 30
　impossibility of 24–25, 30
motivation, and actions 182

N

Nagel, Thomas **108–109**
names 39
　and meanings 86
national security 216, 217
natural language 248–249
natural law 200
natural selection 80
naturalism 80
　biological **158–159**
naturalistic dualism 147
naturalistic fallacy 177
nature
　laws of 50–51, 57, 146, 173
　purposes in **44–45**
nature or nurture 61
necessary truth 68
negative freedoms 214–215
neurological reductionism 159
neuroscience 155
Newton, Isaac 50, 63, 101, 106–107, 162, 163, 241
Nietzsche, Friedrich 15, **78–79**, 115, 136, 224, 225
nihilism 175, 176
non-arguments 236, **237**
non-being 70
non-cognitivists 167, 174, 176, 182, 191
nonsense 90, 91
normalization **136**, 137
noumenal world **66**
nous 28, 29
Nozick, Robert 210
numbers, sacred **20–21**

O

objectification 128, 129
objectivity
　and gender bias 110, 111
　limits of **108–109**
　and political decisions **222–223**
　postmodernism 138
objects
　inanimate 126
　mental (intentional) **116–117**
　and phenomena 118, 119
obligation 184–185, **210–211**
observation 50–51, 52, 54, 100, 187
　of individuals 136, 137
　and meaning **92–93**
　and moral truth 176, 177
Occam's razor **49**
octaves 20
oligarchy 201
ontological argument **46**
ontology 23
opposites, conflicting 22
opression
　of gay and transgender people 140
　of women 111, 130, 131, 140, 141
orbits, elliptical 51
ordinary language philosophy **105**
Original Position 222, 223
"other", the **128–129**, 130

P

pacifism **226–227**
pain 147, 148–149, 150, 152, 160, 192–193
Panopticon **137**
panpsychism **160–161**
pantheism 58, 59
paradigm shifts **106–107**
paradoxes **24–25**
parallelism 59, 153
parliament 203
Parmenides **23**, 24, 26, 28, 30
particulars 34, 35, 38
passions 182, 183, 184
passive euthanasia 192, 193
patriarchy 110, 141, **228–229**
Peirce, Charles Sanders **76–77**, 80, 163
perception 31, 61, 66, 116, 118, 122, 123, 159
　phenomenology of **132–133**
perlocutionary acts 104–105
permanent vegetative state 192
perspective 108
　and gender 110, 111
perspectivism 79, **224–225**
phantom limbs 133
phenomenology 115, **118–119**, 126, 136
　existentialist 122
　of the lived body **132–133**
Philolaus 21
physicalism 56, 152, 153
physics, laws of 56, 102, 106–107
physiology 154
pineal gland **54**, 146
Place, U.T. **152**
planets 21, 43, 56
Plato 15, 23, 29, 32, **34–37**, 38, 46, 71, 94, 199, 200, 201
plurality 49
points of view **108–109**
political philosophy 198
　absolute rule **202–203**
　consent and obligation **210–211**
　government by the people **204–205**
　just war **226–227**
　kinds of liberty **216–217**
　limits to rights **216–217**
　managing change **218–219**
　objective political decisions **222–223**
　perspectivism and politics **224–225**
　popular sovereignty **206–207**
　property rights **208–209**
　rights and freedoms **212–213**
　who should rule? **200–201**
　women and patriarchy **228–229**
　work and human nature **220–221**
Popper, Karl **100–101**
positive discrimination 228, 229
positive freedoms 214–215
positivism 161
post-colonialism 135
post-structuralism 115
postmodernism 136, **138**
　feminist **140–141**
poverty, freedom from 214, 215
power
　disciplinary 115, **136–137**
　will to **78–79**
pragmatism **76–77**, 80–81
predetermination 54, 57, 59, 79
predicate calculus 248–249
predictions 236, 237
premises
　arguments 236–249
　true and false 240, 241, 242–243, 244
presentations 117
primal impressions 120, 121
principles, and rules **168–169**
prisons 136, 137
private language argument **96–97**, 150
problem-solving 80, **100**, 235
property
　preservation of 204, 205
　rights 199, **208–209**, 210
propositional calculus 248–249
protention 120, 121
Prussian state 72, 73
pseudo-science **100–101**

psyche 31, 35, 42
psychology
  behaviourist 151
  folk **154–155**
  scientific 116
psychotherapy 97
punishment 136–137
purpose 44–45
Putnam, Hilary 152, 157
Pythagoras **20–21**

Q

qualia **146**
qualities, primary and secondary 61
quality 67
quantity 67
questions 236
Quine, Willard Van Orman **102–103**
quintessence 26, 43

R

race 141
race theory 135
rationalism 15, 32, 38, **52–55**, 62, 66, 81, 85, 206
rationality 233, **234–235**
  animals 190, 191
  instrumental and discursive 134
  and morality 172–173, 174
Rawls, John **222–223**
realism **226–227**
reality 23, 36, 37
  dualism **146–147**
  as a process **70–71**
  as single substance **58–59**
realms, Platonic 34–35
reason 46, 54, 55, 69
  innate capacity for 60, 61
  and survival 80
  see also rationality
rebellion 171, 205, 221
reflexes 201
Regan, Tom 191
relation, categories of 67
religious beliefs **77**, 78
  freedom of 205, 213, 214, 216
Renaissance 46, 50
representations, mental 117, 132, 133
representative democracy 207
repression 221
reproductive cloning 194, 195
reproductive rights 216
repulsion 26, 30
research, animal 191
responsibility 126, 188, 189
retention 120, 121

revolution 73, 218, 219, 221
right and wrong see morality
rights
  animal **190–191**
  individual **212–213**
  limits to **216–217**
  natural 220
  to die 193
  women's **228–239**
role-playing 126–127
Rorty, Richard 224, 225
Rousseau, Jean-Jacques 115, **206–207**
rule of law 201, 205
Rule Utilitarianism 186, 187
rulers **200–203**
rules, and principles **168–169**
Russell, Bertrand 25, 85, **88–89**, 94, 115, 160
Ryle, Gilbert **150–151**, 152

S

safety, and liberty 216–217
Sartre, Jean-Paul 115, **126–129**, 130, 167, **188–189**
scholastic philosophy **46–47**, 48, 116, 162
Schopenhauer, Arthur 115, 161
science
  and intelligibility **162–163**
  and objectivity 108
  paradigm shifts **106–107**
  philosophy and 94, 102
  and pseudo-science **100–101**
  scientific method 241
  scientific truth **102–103**, 107
Scientific Revolution **50–51**, 52, 145, 162
Scotus, Duns 46
Scruton, Roger 191
Searle, John **158–159**
secularism 78, 79
seeds of everything **28–29**
self
  authentic 124, 125
  disembodied 53
  and the "other" **128–129**
self-awareness 124, 128, 129
self-criticism 228
self-deceit 127
self-defence 226
self-regarding actions 213
self-regulation 136
semantics 158
sensation 31, 60, 152, 154
senses 32, 34, 35, 36, 38, 39, 56, 66, 147, 148
  and perception 108
  and secondary qualities 61
  unreliable 52, 53, 54, 55
sentences
  atomic 236
  conditional 237

  constative and performative 104
  pseudo-sentences 94
  syntax and semantics 158
sentience 190
sex, and gender 130, 140, 141
sexuality 136
shame 128
showing 91
Singer, Peter 191, 193
Skinner, B.F. 151
"slave" morality 78–79
Smart, J.J.C. **152**
social change 134, 217
social constructs 130, 140, 141
social contract 202, 203, 204, 205, 206, 208, 209, 210, 218
socialism 75, 219
socialization 130
society 57
  ideal 72, 74
  managing change **218–219**
  norms and institutions 134, 135
  principles of justice 222
Socrates 29, **32–33**, 200
Socratic irony 32
somatic cell nuclear transfer (SCNT) 195
soul
  and body 54–55
  composition of 152
  kinds of 42
  transmigration of 20
sovereignty, popular **206–207**
space 19
space and time 66, 67, 69
species, origin of 27
speciesism **191**
speech
  freedom of 205, 213, 214, 216, 217
  function of 104–105
spheres, concentric 43, 108
Spinoza, Baruch 15, 50, **58–59**, 153
standpoint theory 110, **111**
stars 18, 21, 43
state
  power of 205, 221
  role of 220, 221
  subversion of 218–219
state of nature 202, 203, 204, 205, 206, 208, 210
statements
  analytic and synthetic 68–69, 102
  meaningful and meaningless 90–91, 92–93
stereotypes 110, 130
straw man fallacy 247
strife 26, 27
structuralism 115
subjectivity 108, 115, 118, 119, 148, 150, 159, 160, 188, 222, 224
substances
  and atoms 31
  and form 40, **41**, 48

infinite divisibility 29
material and immaterial 54, 55, 56, 58
monism **58–59**, 150
suffering
   animals 190–191
   and euthanasia 192–193
suffrage 216
suicide, assisted 170, 192, 193
Sun 18, 19, 42, 43, 49
supressed premises 239
surveillance 136, 137
syllogisms 233
symbols 248, 249
sympathy 162
syntax 158
synthesis 70, 72, 73, 74

T

taxation 209, 215
technological progress 135
teleology **44–45**
terminal illness 192
terminology, inconsistent 239
terrorism 216, 217
tetractys 21
Thales of Miletus **16–17**, 18, 19, 70, 160
therapeutic cloning 194–195
thesis 70, 72, 73
thought
   and being 52, 53, 54, 55, 149
   and extension **58–59**
   ideas as tools **80–81**
   as internalized speaking **150**
   objective 108
   rationality 15, **234–235**
time 25, 106–107
   and consciousness **120–121**
   and space 66, 67, 69
timocracy 201
totalitarianism 78, 115, 134
trade 208, 209
transcendental idealism **66–67**, 68
transubstantiation 41, **48**
truth
   analytic **102**
   "cash value" of 77
   and fact 63
   kinds of **68–69**
   and language 94–95, 138
   moral **176–177**, 179
   objective and subjective 199, **224–225**
   and reason 54, 63
   and relations of ideas 64, 65
   scientific **102–103**
   useful **76–77**, 80
   and validity 242
   value of **78–79**
Turing, Alan 156, 157
Turing test **156–157**, 158
tyranny 201, 205, 219

U

Übermensch ("Superman") 78
understanding
   categories of **66–67**
   nature of 15, 105, 159
United Nations Charter 227
universal qualities 38
universe
   Earth-centered **42–43**
   and monads 62
   nature of 15
   origin and structure 16, **18–19**, 22, 26, 28, 44, 46
unmoved mover **45**, 46
utilitarianism 115, 167, 168, **176–177**, 179, **186–187**, 190, 192–193, **194–195**, 209

V

validity, and truth 242
value judgements **94**
values, and facts **178–179**
Vaucanson, Jacques de 163
veganism 190
vegetarianism 190
veil of ignorance 222
Venus 86, 87, 152
verification **100**, 151
verification principle 92, 94
Vesalius, Andreas 50
Vienna Circle **92–93**, 94
views from nowhere 108, 109
virtue ethics 176, **180–181**, 182, 184, 191, 195

void 30
Voltaire 115
vulnerable, protection for the 216

W

war crimes 227
war, just **226–227**
water 16, 17, 19, 31, 42, 43, 45
Watson, John B. 151
wealth distribution 74, 75, 199, 209, 222, 223
the Will **161**
William of Ockham 46, **49**
Wittgenstein, Ludwig 85, **90–91**, 92, 94, **96–99**, 104, 145, **148–149**, 150, 151
Wollstonecraft, Mary 228, 229
women
   emancipation of 80
   as man's "other" 130
   oppression of 111, 130, 131, 140, 141
   and patriarchy **228–229**
   see also feminism
words
   as actions **104–105**
   language-games **98–99**
   meaning of 138
   as pictures 85, **90–91**, 96
   replacing with symbols 248, 249
   and rules **96–97**, 98, 148
   sense and reference of **86–87**, 98
work, and human nature **220–221**
worship, freedom of 214

Z

Zeitgeist ("Spirit of the Age") **73**
Zeno of Elea **24–25**

致谢

Dorling Kindersley would like to thank Hugo Wilkinson for editorial assistance; Phil Gamble for design assistance; Alexandra Beeden and Katie John for proofreading; and Helen Peters for indexing.

The publisher would like to thank the following for their kind permission to reproduce their photographs:

(Key: a-above; b-below/bottom; c-centre; f-far; l-left; r-right; t-top)

65 123RF.com: loganban (br). **86 123RF.com:** Panagiotis Karapanagiotis / karapas (b). **100 Alamy Stock Photo:** Geoff Marshall (b). **131 Alamy Stock Photo:** PhotoAlto (tr). **137 Getty Images:** Underwood Archives (br). **141 123RF.com:** Francesco Gustincich / develop (tr). **171 Alamy Stock Photo:** Michael Kemp (br). **191 123RF.com:** Andor Bujdoso / nd3000 (br). **195 Alamy Stock Photo:** ilpo musto (tr). **210 Getty Images:** Hill Street Studios (bl). **235 Getty Images:** Mike Powell (tc).

All other images © Dorling Kindersley
For further information see:
www.dkimages.com